应用型法学人才培养系列教材
编辑委员会

主　　　任	刘晓红
副 主 任	郑少华
秘 书 长	杨　华
编委会委员	(按姓氏笔画顺序)

卫　磊　　王　康　　王丽华　　王志亮

王祥修　　汤玉枢　　杨向东　　肖光辉

何艳梅　　张进德　　陈海萍　　胡戎恩

黄芹华　　曹　阳　　彭文华　　谭小勇

应用型法学人才培养系列教材
总 主 编　刘晓红
副总主编　郑少华　杨　华

律师实务

王祥修　主编

北京大学出版社
PEKING UNIVERSITY PRESS

图书在版编目(CIP)数据

律师实务/王祥修主编. —北京:北京大学出版社,2024.5
ISBN 978-7-301-35052-2

Ⅰ. ①律⋯　Ⅱ. ①王⋯　Ⅲ. ①律师业务—中国　Ⅳ. ①D926.5

中国国家版本馆 CIP 数据核字(2024)第 095482 号

书　　　名	律师实务 LÜSHI SHIWU
著作责任者	王祥修　主编
责 任 编 辑	孙维玲
标 准 书 号	ISBN 978-7-301-35052-2
出 版 发 行	北京大学出版社
地　　　址	北京市海淀区成府路 205 号　100871
网　　　址	http://www.pup.cn　新浪微博:@北京大学出版社
电 子 邮 箱	zpup@pup.cn
电　　　话	邮购部 010-62752015　发行部 010-62750672　编辑部 021-62071998
印 刷 者	三河市博文印刷有限公司
经 销 者	新华书店 730 毫米×980 毫米　16 开本　18.75 印张　306 千字 2024 年 5 月第 1 版　2024 年 5 月第 1 次印刷
定　　　价	58.00 元

未经许可,不得以任何方式复制或抄袭本书之部分或全部内容。
版权所有,侵权必究
举报电话: 010-62752024　电子邮箱: fd@pup.cn
图书如有印装质量问题,请与出版部联系,电话: 010-62756370

总序

党的十八大以来,中国特色社会主义法治建设发生历史性变革,取得历史性成就。在2014年10月23日党的十八届四中全会通过的《中共中央关于全面推进依法治国若干重大问题的决定》中,有一条贯穿全篇的红线是坚持和拓展中国特色社会主义法治道路,在中国特色社会主义法治道路上,以习近平同志为核心的党中央,将马克思主义法治基本原理与中国实践相结合,形成了习近平法治思想。

习近平法治思想具有鲜明的实践品格、磅礴的实践伟力,实践性是习近平法治思想的源头活水。习近平法治思想科学回答了建设中国特色社会主义法治体系以及到2035年基本建成法治国家、法治政府、法治社会的实践路线图。

法律的生命在于实践。法学本身就是一门实践性很强的学科,在坚持和拓展中国特色社会主义法治道路上,高校担负着社会主义法治体系的理论研究、法治宣传、人才培养等方面的重任。

上海政法学院立足"应用型"办学定位,紧紧围绕培养学生的专业应用能力和综合素质,不断优化专业结构,创新人才培养模式,建立协同育人机制,提升人才培养质量。根据社会需要、行业需求和新"文科"建设要求,学校积极调整优化法学专业的应用型人才培养模式建设,从教材建设着手,编写法学实务类教材。

本套教材有如下几个特色：

一是坚持以习近平法治思想为指导。本套教材以习近平法治思想为指导，把博大精深的思想观点转化为法治中国建设者和接班人的知识体系和学术体系，引导他们坚定中国特色社会主义法治的道路自信、理论自信、制度自信和文化自信。

二是坚持以应用型人才培养为目标。为回应中国特色社会主义新时代的法治建设新要求，培养理论与实践相结合的法学人才，本套教材的每一部均以鲜活、生动的案例为引导，坚持理论联系实际、坚持应用型人才培养导向。上海政法学院的办学定位是建设具有鲜明政法特色的一流应用型大学，其人才培养方案，尤其是教材建设，紧紧围绕法学应用能力的培养。所以，在一流本科建设项目资金的支持下，学校组织编写了本套应用型法学人才培养系列教材。

三是主干课程与特色课程相结合。根据教育部法学专业建设的指导意见，在法学核心课程"10＋X"的基础上，本套教材还体现了上海政法学院在监狱法、人工智能法、体育法等方面的专业特色。在编写《宪法学理论与实务》《行政法学理论与实务》《民法学理论与实务》《经济法学理论与实务》等法学主干课程教材的基础上，还编写了《监狱法学理论与实务》《人工智能法学理论与实务》《体育法学理论与实务》等特色教材。

踏上全面建设社会主义现代化国家的新征程，面向全面建成法治国家、法治政府、法治社会的新时代，学校不断推进特色发展，持续深化内涵建设，创新人才培养模式，坚持错位竞争和特色发展，争取早日建成具有鲜明政法特色的一流应用型大学，为国家经济社会发展和法治建设做出新的更大贡献！

上海政法学院
应用型法学人才培养系列教材编委会
2021年9月

编写说明

随着我国经济的快速发展,法律服务已经渗透到政治、经济、文化、社会、生态文明建设的方方面面。中国共产党第二十次全国代表大会提出,"坚持全面依法治国,推进法治中国建设",为律师行业深化改革确立了目标和方向。律师行业在不断发展过程中,通过解决现有纠纷、防范矛盾激化、预防法律和商业风险、服务企业运营等多种方式,发挥着越来越重要的作用。律师行业具有极高的实践性,掌握理论知识只是最基本的本领,更多的技能则需要在实践中摸索、学习、思考与总结。在新时代,律师需要掌握哪些基本技能?如何依靠这些基本技能将知识与经验应用于特定的客户服务之中?这些都是一个准律师或者新律师需要学习和考虑的重要问题。

上海政法学院国际法学院以教学科研为中心,注重理论与实践的紧密结合,已经完成或正在承担的国家、省(市)、校级科研课题110多项,出版专著和教材40多部。国际法学院遵循高等教育规律,倡导勤奋向上的学风,在强调通才教育、素质教育的同时,注重学生学习潜能和创造潜能的培养,与上海律宏律师事务所合作,同时邀请北京炜衡(上海)律师事务所、上海市竞业律师事务所、上海申同律师事务所的多位资深律师为法学专业本科生开设了一门专业选修课程"律师实务",该课程一经推出就受到学生的欢迎和踊跃选修。在国际法学院领导的支持与组织下,我们已经编写了《初级律师基本技能》(中国政法大学出版社2019年版)作为"律师实务"课程的指定教材。在课程开设的第三年,我们又出版了《律师实务提升》(中国政法大学出版社2021年版)。在前两本的基础上,我们编写这本《律师实务》来进一步提升"律师实务"课程。

律师是一个集思想性、科学性、艺术性于一体的实践性职业,不仅需要扎实的法学理论基础,也需要严谨的法律逻辑思维。本书的编撰,适应教学改革的要求,体现应用型人才培养特点,力求开拓创新。本书力求做到系统介绍基本知识,充分反映时代要求,理论与实践密切结合,富有启发性,彰显实践性教学特色。本书旨在使学生在学习前两本书的基础上进一步掌握多领域的实务操作技能和思考能力,为学生成长为未来的新律师提供更多的启发和帮助。

本书的编撰强调综合性、实用性、科学性三者的有机统一。

综合性。本书在内容安排上涉及律师心理学、仲裁实务、法律顾问、尽职调查等多领域律师实务,并从法官、检察官思维入手提炼出综合判断案件以及相关律师实务操作要点。另外,本书还设有律师综合技能提升方面的内容,培养学生与人交往能力及咨询谈判能力,更具综合性。

实用性。本书根据律师业务的实际情况安排内容,对每项具体律师业务的基本要求、处理思路、工作规范及具体操作技能等逐一进行剖析,将理论教学与案例教学相结合,寓理于例,用典型案例说明重要法学理论、法律制度及法律关系,并加入与学生交流互动环节,以便带领学生熟悉整套案件流程、各阶段文书的书写、案件的思考方式、辩论方案等实务内容,增强学生发现、提出、分析、解决问题的能力,力求从学生的角度出发,以适合学生理解与掌握的方式培养、训练学生的律师业务技能。

科学性。本书虽为实务教材,但注重结构的科学性、内容的新颖性,尽可能反映与律师实务相关的最新立法和最新研究成果。社会飞速发展,新的情势不断出现,本书在法律持续更新的情况下,力求做到内容严谨、分类科学、体例系统,无论是引用法学理论、法律规范,还是阐述自己的观点、解释案例,均遵循客观中立的主旨。

本书共十章,较全面系统地补充了《初级律师基本技能》《律师实务提升》未涉及的律师业务操作规范、业务流程及方法技巧。各章都列示有本章概要、学习目标、理论思考、案例分析等内容。

本书由上海政法学院王祥修教授担任主编，上海律宏律师事务所陈凤娅律师、上海律宏（湛江）律师事务所主任黄冬艳律师、上海忠托律师事务所祝赞旺律师担任副主编；上海律宏律师事务所的诸位律师共同参与编写，他们具有多年的律师执业经验，且在相关领域术业有专攻，经验丰富。撰写人员及分工如下（以撰写章节先后为序）：

第一章　律师心理学（金雅珮）

第二章　法律尽职调查实务（邹杨）

第三章　企业法律顾问实务（朱沙）

第四章　仲裁实务（郑治）

第五章　律师咨询与谈判（王夏青、延彬彬、赵书煜、吴宇恒、褚诸强）

第六章　用法官思维思考诉讼案件（张旻菲）

第七章　以检察官思维思考刑事案件（袁嘉诚）

第八章　律师交往能力的提升（范庭鼎、胡霞）

第九章　律师综合技能的提升（杜佳华）

第十章　律师的职业道德边界（王芸菁）

为了保证本书的质量，编委会多次召开会议，在整体风格设计、结构统筹、语言编排等方面进行了多次修改和调整，诸位律师付出了大量的时间和精力成就本书。

本书既贴近律师工作实际，又符合一般教育规律，适合将来有志进入律师行业的学生作为选修课程教材。由于我们是采取理论教师与实务律师共同编写的模式，故本书一定会存在许多不足和疏漏。真诚欢迎读者多提宝贵意见和建议，帮助我们不断修订和改进，共同探索准律师健康成长和发展的道路。

王祥修

2024 年 2 月

目录

第一章 律师心理学 / 001

    第一节 律师与心理学的关系 / 001

    第二节 律师的社会心理学 / 009

    第三节 律师接待中的心理学 / 015

    第四节 律师谈判调解中的心理学 / 023

    第五节 律师庭审中的心理学 / 031

第二章 法律尽职调查实务 / 040

    第一节 尽职调查概述 / 040

    第二节 尽职调查的工作流程 / 044

    第三节 公司主体的设立与存续 / 060

    第四节 经营业务与重大合同的法律审核 / 065

    第五节 公司财产的法律审核 / 069

第三章 企业法律顾问实务 / 076

    第一节 法律顾问概述 / 077

    第二节 企业法律顾问核心服务内容 / 084

第三节 企业运营法律风险和管理体系 / 090
第四节 企业法律顾问的服务方法和前景思考 / 102

第四章 仲裁实务 / 110

第一节 仲裁协议 / 111
第二节 可仲裁事项及范围 / 118
第三节 仲裁程序 / 123
第四节 仲裁裁决的撤销与执行 / 130
第五节 主要仲裁机构介绍 / 137

第五章 律师咨询与谈判 / 144

第一节 律师咨询与谈判概述 / 144
第二节 律师咨询的技巧 / 150
第三节 律师谈判的技巧 / 160
第四节 思考与实训 / 170

第六章 用法官思维思考诉讼案件 / 172

第一节 法律推理方法 / 172
第二节 要件审判九步法 / 179
第三节 律师接案时的注意事项 / 180
第四节 庭审前的准备工作 / 186
第五节 庭审中及庭审后的注意事项 / 190

第七章 以检察官思维思考刑事案件 / 194

第一节 检察官思维概述 / 195
第二节 检察官思维的养成及对处理刑事案件的影响 / 202
第三节 律师在办理刑事案件中需要掌握的技能 / 208
第四节 律师和检察官思维的差异与趋同 / 217

第八章　律师交往能力的提升 / 221
　　第一节　注重律师的职业形象 / 222
　　第二节　律师与当事人交往的技巧 / 229
　　第三节　律师与法官沟通的技巧 / 238
　　第四节　提升律师的沟通能力 / 243
　　第五节　思考与实训 / 246

第九章　律师综合技能的提升 / 249
　　第一节　高效办公 / 250
　　第二节　养成良好习惯 / 256
　　第三节　重新认识办公软件 / 263

第十章　律师的职业道德边界 / 274
　　第一节　律师的职业道德 / 274
　　第二节　律师与公检法之间的关系 / 279
　　第三节　律师与客户之间的关系 / 283
　　第四节　律师与律师事务所之间的关系 / 286

第一章

律师心理学

本章概要

律师心理学是一门相对比较新颖的学科。面对压力,律师需要学会自我抗压和减压;面对当事人,律师需要运用心理学的技巧掌握其心理变化和情绪波动;面对庭审,律师更要学会察言观色、随机应变。本章主要解析律师与心理学的关系,以及律师在接待、谈判、调解、庭审中所运用到的心理学知识。

学习目标

通过本章的学习,学生可以基本了解律师和心理学的微妙关系,基本掌握律师在接待、谈判、调解、庭审过程中经常会用到的心理学技巧,以便更好地将其应用于律师工作中。

第一节 律师与心理学的关系

一、心理学及心理咨询师概述

(一)心理学概述

"心理学"一词源于希腊语词根,最早由克罗地亚诗人马尔科·马鲁利奇使用。历史学与心理学之相关考证证明,"心理学"汉译译名之来源,与中国宋明儒学东渡日本有直接关系。19世纪末,心理学成为一门独立的学科,但直到20世纪中期,心理学才有了相对统一的定义。1879年,受自然科学的影响,德国学者冯特在莱比锡大学建立心理学实验室,标志着心理学脱离思辨性哲学成为一门独立的学科。

心理学是一门研究人类和动物的心理现象、意识和行为的科学。它既是一门理论科学,也是一门应用科学,包括理论心理学和应用心理学两大领域。心理学研究涉及意识、感觉、知觉、认知、情绪、人格、行为和人际关系等众多领域,影响着诸如教育学、管理学、传播学、社会学、经济学、精神病学、统计学以及文学等其他学科的发展。

心理学一方面尝试用大脑运作来解释个体的基本行为与心理机能,另一方面也尝试解释个体心理机能在社会行为与社会动力中的角色。心理学家从事基础研究的目的是描述、解释、预测和控制行为,应用心理学家还有第五个目标——提高人类生活的品质。这些目标构成心理学学科的基础。

(二)心理咨询师概述

心理咨询师是指运用心理学以及相关知识,遵循心理学原则,通过心理咨询技术与方法,帮助求助者解决心理问题的专业人员。心理咨询的对象既包括健康人群,也包括存在心理问题的人群。其中,面对家庭、择业、求学、社会适应等问题,健康人群往往期待作出理想的选择,顺利地度过人生的各个阶段,求得自身能力的最大限度发挥和寻求生活的良好质量。而心理咨询师可以从心理学的角度提供中肯的意见和建议,给出相应的帮助。

心理咨询师的训练以"尊重与客观"为基础,同时也会进行心理病理、衡鉴及评估的训练,但后者比重较轻,并且多为认知人格发展与社会文化影响等相关的训练,以及与医疗、社会福利等专业团队合作能力的训练。这些训练涉及很多针对各种治疗形式、治疗学派的理论技巧,并注重生命价值观改变、社会适应,以及人生议题的尊重与选择等。

二、律师与心理咨询师的关系

律师是依法取得执业证书,接受委托或者指定,为当事人提供法律服务的专业人员。心理咨询师是通过与来访者的直接接触,向其提供心理帮助并力图促使其行为、情绪、态度发生变化的专业人员。这两种职业之间越来越呈现优势互补、资源整合的发展趋势。

(一)律师与心理咨询师的相同点

第一,律师和心理咨询师这两个职业都具有专业性强、自由度高、挑战性大等特点。同时,律师和心理咨询师都需要经历漫长的学习周期,并需要较长的职业训练过程以达到一定胜任力,才能正式踏入本行业。不仅如此,律师和心理咨询师还需要长时间的学习成长过程,只有通过长时间的理论学习和实践摸索,才能逐渐理解如何能够更好地完成工作。此外,律师和心理咨询师这两个职业,每天都会与不同的人打交道,所遇到的案件也都完全不同,都需要根据实际情况来冷静地处理摆在面前的案件。

第二,律师和心理咨询师两个职业的根本目的都是帮助当事人解决问题。两者都需要秉持对当事人负责、尊重当事人并且极力维护当事人的权益这几个原则,而且应将这几个原则牢记在心并融入日常工作当中去。在日常工作中,两者都需要与当事人进行深度交流,要清楚自己的工作内容,并要明白哪些该做,哪些不该做。

第三,律师和心理咨询师在工作过程中都需要接触大量的当事人个人信息,当然也包括一些涉及隐私的信息。因此,两者都需要严格保守当事人的隐私或秘密,只能将这些信息单纯地用于工作、用于帮助当事人解决问题,这也是两者的基本职业道德、素养及操守。事实上,每个职业都有其需要遵守的职业道德,这也是执业人员行为的底线。其中,律师和心理咨询师的职业道德有许多相同的地方。(1)律师和心理咨询师都应当保护当事人的隐私,除非存在法律规定的需要维护公民合法权益、社会公共利益的例外情况。(2)律师和心理咨询师都应当保证当事人的知情权。律师和心理咨询师应当对当事人如实陈述,不得虚假陈述或刻意隐瞒。因为律师和心理咨询师在其专业领域内相比于当事人而言,处于一定的优势地位,所以必须充分保障当事人的知情权,使其掌握与自己切身相关的信息,从而达到与律师和心理咨询师相对平等的地位,实现当事人与律师和心理咨询师之间沟通顺畅,减少信息不对等情况的出现。(3)在当事人与律师、心理咨询师的委托关系中,当事人具有完全的决定权,而律师、心理咨询师只具有相对的解除权和拒绝权。当事人在委托关系中享有完全的决定权,包括是否与律师和心理咨询师建立关系、何时开始、何时结束关系以及如何处理委托过程中的相关事宜。与此不同的是,律师和心理咨询师在整个接受委托、提供专业服务过程中仅享有相对的拒绝权。需要注意的是,无论如何,律师和心理咨询师都必须保持专业的判断和最基本的职业伦理。(4)律师和心理咨询师都需要处理好与当事人的关系。律师不得进行"双方代理",对心理咨询师的要求则更为严格,不得与当事人产生亲密的关系,两者都需要把握好适当的边界与尺度,牢记职业操守,严格按照规定进行工作。(5)律师和心理咨询师都不得在工作中谋求不正当的利益。律师和心理咨询师都必须严格按照规定收取律师费或咨询费,除此之外不得谋求其他利益,同时律师和心理咨询师必须向当事人清楚地介绍相关的收费情况。

第四,律师和心理咨询师开展工作都需要当事人的积极配合。律师处理当事人委托的案件必须经过当事人的授权,所有的利益和风险也都由当事人承担;心理咨询师需要当事人的绝对信任和配合,才能达到咨询的效果。只有在当事人与律师、心理咨询师之间能够相互尊重,在处理问题过程中能够相互支持的情况下,律师、心理咨询师才能更好地帮助当事人解决问题。也只有这样,律师、心理咨询师才能够更有效率地处理工作,进而才能够使当事人最终得到满意的结果。

第五,律师和心理咨询师在处理案件的过程中需要保持感情上的克制,做到尽量客观地看待问题,避免掺杂个人情感。两者在工作过程中只需要做到设身处地去理解当事人的情感即可,不能投入过多的情感,由此方能做到客观公正地对待眼前的问题,而不是被当事人带入其情绪中去。也只有这样,才能更有利于工作,也更有利于解决当事人的问题。

第六,律师和心理咨询师的工作内容是相辅相成的。一方面,律师如果可以适当地运用一些心理学的知识和技巧,将能够更好地理解当事人的真实想法,进而促成各方进行良好且有效的沟通,更好地化解矛盾;另一方面,法律问题往往会影响一些当事人的情绪,有时甚至是一些当事人的问题根源所在,如果心理咨询师能够掌握一些基础的法律知识，那就可以更好地为当事人排忧解难，帮助当事人打开心结，解决根本问题。

（二）律师与心理咨询师的区别

第一，律师和心理咨询师的工作内容不同。一方面，律师的工作内容在于通过法律知识解决矛盾和纠纷，而心理咨询师的工作内容主要是运用心理学的专业知识与当事人进行沟通交流，以舒缓当事人的内心冲突，使其更好地与自己、与他人相处。另一方面，律师的工作包括对当事人以及对外部两个层面，律师不仅需要与当事人保持交流，同时还需要根据案情的复杂程度来决定是否需要与公安机关、检察院或法院等的承办人进行沟通；而心理咨询师在绝大部分情况下只需要与当事人进行一对一的交流，相对来说，心理咨询师的工作关系更加简单与纯粹。

第二，律师的工作更注重客观事实，以理性为主，而心理咨询师的工作必须兼具感性。律师在与当事人沟通案件情况的时候，需要将法律上可能产生的责任和后果实事求是地全部告知当事人，同时必须紧扣证据链，做到逻辑清晰、推理严谨。而心理咨询师在与当事人沟通时首先要做一个好的倾听者，不要随便评论或者批判当事人的观念或感受，只能在适当的时间用适当的方式加以引导。同时，心理咨询师的思维方式是兼具感性的，要注重自己的直觉和当事人的情绪。

第三，心理咨询师与当事人之间的关系必须是陌生的，而律师与当事人之间的关系相对开放。由于心理咨询师的工作性质，心理咨询师与当事人的关系越陌生、越纯粹，往往会使得咨询越有成效。心理咨询应当严格按照事先约定的时间在咨询室内提供咨询，这才能使当事人更好地敞开心扉，接受咨询。而律师和当事人之间的关系相对更加开放，律师可以是当事人的亲戚或朋友，律师与当事人之间的交流往往不限于律师事务所（以下简称"律所"）办公场所，可以在任何场所、通过多种不同方式进行沟通；而当事人在律师同意的情况下也可以随时通过电话、微信或者邮件联系律师。可见，律师与当事人间的关系更加开放，而心理咨询师与当事人间的关系相对受到限制。

三、心理学对律师工作的影响

(一) 律师工作的特性

第一,工作压力较大。做律师要比从事其他工作的压力更大。通常来说,由于委托人不懂法律规定或是案情复杂,因此把他无法解决的矛盾或纠纷委托律师替其解决,这就十分考验律师的心理素质、办事能力、协调能力、沟通能力等,因此,律师往往工作压力很大。同时,律师办理案件的责任也十分重大,一件普通经济纠纷可能涉及一个企业的存亡,一桩刑事案件可能决定一个人的财产、人身自由甚至生命。由于整个行业的特性,律师行业压力大已经是不争的事实。2020年4月22日,江西南昌某律所的95后合伙人律师因工作压力大加之过于劳累猝死。此外,虽然现在越来越多的律所开始重视对于青年律师的培养,但从整体而言,大多数青年律师,特别是从业不久的律师,都还面临着艰难的职业困境和突出的生计问题。由此可见,律师在日常工作、生活中都承受着许多方面的压力。

第二,工作节奏相对较快。一般来说,当事人委托律师处理案件时都比较着急,都希望能够更快、更有效地解决问题,因为当事人既然下定决心委托律师处理矛盾或纠纷,往往就是希望趁早将其解决。为此,律师的工作节奏必须尽量满足当事人的需求,同时还得保证案件质量,令当事人满意,这使得律师不得不在一个高速运转的节奏下处理工作。

第三,律师行业涉及知识面广,知识更新快。即使是专业化的律师,每天面对的法律问题类型也可能是不一样的,今天面对的是建筑业,明天可能面对IT业。如果律师对案件所涉行业不够了解,就没法承办相关业务。因此,律师往往必须用最短的时间去了解相关行业,这样才能更好地与当事人进行交流,从而更好地完成当事人的委托。同时,国家的法治进程很快,不断有新的法律法规和政策出台。这就要求一名律师不断地去学习,只有不断地学习,紧跟时代发展,才能尽快掌握新的法律规定,由此才能更好地完成整个案件。同时,这也是对当事人负责的态度。

第四,律师的工作相对而言独立性较强,诉讼业务更是如此。律师与企业员工的工作方式不同,在企业中一个项目可能需要多个部门通力合作来完成,而律师在承办诉讼案件时,通常是一个人独立完成整个办案过程。一般来说,律师处理案件并不需要太多与其他同事进行合作,主要依靠其自身的法律专业知识、诉讼技巧和经验能力来解决问题,并不需要其他律师太多的介入,这就导致律师的独立性较其他行业更为突出。

(二)心理学对律师工作的影响

第一,心理学能使律师保持平和的心态,从而更加从容地发挥自身所学知识来解决问题。一般来说,律师和当事人的智商并没有实质差别,律师只是因为以法律为专业,学习了多年法律知识并从事多年法律工作而获得了一定的经验,才能为当事人解决问题。因此,律师若要将自己多年所学和实践经验有效地用于案件处理之中的话,就需要时刻保持稳定的心态,不能激动、急躁。因为一旦律师的心态产生波动,在处理案件过程中就十分容易出现漏洞。司法追求法律真实和相应的证据链,律师只有在自己保持客观、冷静时,才可能真正地替当事人圆满地解决问题。而心理学的知识能够很好地帮助律师保持平和的心态,有条不紊地对待任何人和任何事,不为他人情绪所左右,同时也不扭曲客观事实和自己的真实判断。

第二,心理学可以帮助律师减轻压力,包括工作上和日常生活上的压力。众所周知,律师行业是压力较大的行业之一。律师行业的压力主要分为两个方面:一方面是业务开拓和经济收入的压力。因为律师的工作性质较为独立,需要自己去开拓业务,并且只有接到更多的业务,才能保证一定的收入水平,这也是律师行业的特殊性。另一方面的压力来自客户。因为律师需要对客户直接负责,只有妥善解决好客户的需求,使客户满意,才能保证好的工作效果,从而保证好的口碑,进而保持工作的良性循环。而心理学作为探索人的心理、意识和行为的学科,对于不同年龄阶段的人的特点、性格以及思维等方面都有所研究,有助于律师更清晰地认识自我,明确目标,扬长避短,从而提高工作效率,并由此产生对工作以外的生活的积极影响,从而帮助律师更游刃有余地平衡工作和生活,更充分地实现人生价值。

第三,心理学能够帮助律师提高专业程度。一方面,心理学能够加强律师的表达能力和沟通能力。律师行业对于书面和口头的表达能力要求都非常高,如果只是自己明白了整个案件的过程以及解决方法,但却无法清楚表达,那对于律师来说,往往还是无法妥善办好案件。因此,表达、沟通能力毫无疑问是律师的必备技能,而心理学知识能够帮助律师提高表达、沟通能力。具备心理学知识,律师可以从一个人的表达方式、肢体语言等了解其情绪等信息,从而更好地进行引导工作,这对于律师来说无疑十分重要。律师在与当事人沟通过程中,需要从细微之处入手寻找切实可行的沟通方法。同时,律师需要在书面及口头表达上寻找到更加清楚、更能让当事人理解的方式来表达自己的想法,而这些都是心理学能够帮助到律师的方面。另一方面,心理学能够帮助律师更加深入地了解当事人的感受,更加全面地分析整个案情的起承转合,从而帮助当事人更好地化解矛盾或纠纷。作为一名律师,经过多年系统化的法律专业知识训练和实务操作历练,一般已拥有较强的辩证分析思维能力,而对于情绪识别和表达等专业训练外的部分,心理学正好可以在一定程度上予以弥补。心理学注重人的灵性的开发以及潜意识的呈现,心理学技术能帮助律师识别当事人的情绪,使得律师在通过思辨能力处理案件之外,还能通过情绪的识别发现并解决问题;使得律师能够兼具理性和感性,既能提纲挈领梳理案情经过、归纳要点,同时又能明察秋毫、不放过任何蛛丝马迹。

案例分析实训

【案情简介】

A是一名能力很强的女律师,但是遭遇丈夫移情别恋、离家出走。A认为这是由于丈夫的心理咨询师B在提供咨询时鼓动其丈夫导致的结果。于是,律师A为了报复心理咨询师B,假扮成来访者,引诱B。心理咨询师B在巨大的诱惑之下,仍坚持坦诚相待。而后,A与B最终握手言和。

C是一位德高望重的心理咨询师,被一名冒充富商的来访者以投资为名骗走了一大笔钱,于是C找到律师A寻求救济。律师A利用自己的专业优势为C解决问题。而后,A在与B交谈中,忍不住匿名透露了C的案例。

【思考问题】

请分析律师和心理咨询师两个行业的共同点及行为准则。

第二节　律师的社会心理学

一、社会心理学概述

　　社会心理学研究个体和群体在社会相互作用中的心理和行为的发生及变化规律,分别在个体水平和社会群体水平上对人际关系进行探讨。在个体水平上进行研究的内容有:个体社会化过程、交往、言语发展、伙伴、家庭和居住环境及学校对个人的影响等。在社会群体水平上进行研究的内容有:群体交往结构、群体规范、态度、种族偏见攻击行为、风俗习惯和文化等。社会心理学是心理学和社会学之间的一门边缘学科,受到来自两个学科的影响。在社会心理学内部一开始就存在着两种理论观点不同的研究方向,即所谓社会学方向的社会心理学和心理学方向的社会心理学。解释社会心理现象上的不同理论观点,并不妨碍社会心理学作为一门独立学科应具备的基本特点。

　　所有的社会事件都有人的因素在里面。同样地,所有的社会事件都有心理的问题在里面。研究这些课题的心理学就是社会心理学。社会心理学从个体与社会相互作用的角度出发,研究特定社会生活条件下个体心理活动发生发展及其变化的规律。社会心理学强调社会与个体之间的相互作用,重视关于社会情境的探讨,重视个体的内在心理因素,其研究范围涉及个体社会心理和社会行为、社会交往心理和行为、群体心理,以及应用社会心理学等层面,即理论与方法、社会个体的态度与行为、社会影响和社会心理学的应用等领域。社会心理学的专业定位是以人文社会科学为导向,并坚持自然科学框架下融合人文社会科学基础的研究思路。

　　由于社会发展迅速,社会心理学研究的内容也随时代的发展而变化。在早期,社会心理学侧重于研究大型群体和群众的心理现象,如拉察鲁斯、斯坦塔尔、冯特等人关于民族心理学问题的研究,塔尔德、西格尔和勒庞等人关于大众心理的研究。这些研究者提出的某些思想的影响力持续至今。20世纪四五十年代,社会心理学主要研究群体影响和态度问题。之后,又出现实验社会心理学研究方向,并逐渐在西方特别是在美国成为主流。

二、律师应当具备的心理学态度

一个人是什么样的人,他就会做什么样的事;一个人做什么样的事,他就是什么样的人。在社会心理学中,社会心理学家认为态度和行为互相支持,当我们的行为是自发作出的时候,我们的态度经常是在潜在地起作用;当我们思考态度时,态度则会影响我们的行为。此外,社会角色规定的行为铸造了角色扮演者的态度。律师作为社会中的个体,内心遵循的态度往往会表现在律师处理案件、接待当事人的各种行为表现中,同时律师的行为亦能反映律师内心的态度,并会将这种态度传递给当事人。律师与心理咨询师在工作上有许多相似、相通的地方,因此律师也可以借鉴心理咨询师的执业态度。当事人来寻求心理咨询师帮助时,开始时往往会有防备之心。但是,如果心理咨询师十分理解当事人的困惑、处境,如同朋友一般非常真诚地对待他们,让当事人觉得是在一个安全、温暖的氛围中聊天,他们就会慢慢卸下防备之心,这样方能进行有效的咨询沟通。

律师同心理咨询师一样,要给当事人安全感。当事人找到律师时,大多深陷困境,需要律师提供帮助;而当事人只有充分信任律师,才能冷静下来,耐心听取律师的建议,才会将自己的困境一一道明,双方才能更好地配合,以解决当事人遇到的问题。

下面我们将一同探讨律师在接待当事人、处理案件的过程中,应当借鉴心理咨询师对待来访者的哪些态度,进而将其运用在律师工作中。

(一)尊重

尊重,是一种品质,更是一种习惯,也是人与人之间和谐相处的最基本元素。只有以尊重为基础,才能进行良好的沟通以提供后续服务,进而解决当事人遇到的问题。对于律师来说,尊重包含以下几个层层递进的含义:

1. 礼貌

从小家长、老师就会告诉我们要懂礼貌,这是每个人都必须具有的基本素质,亦是职场最基本的礼仪之一。礼貌体现在待人接物的一个个细节中,如律师在接待当事人时,当事人来了之后要给他倒茶,在进入会议室之前先敲门示意,咨询结束之后将当事人送到门口,这些看似微乎其微的小事都蕴含着对当事人的礼貌,而当事人则会因此对你产生良好的第一印象。

需要注意的是,礼貌是为了让对方感觉舒服,每个人由于性别、年龄、身份、国籍、文化等的不同,对于什么行为是礼貌或不礼貌有着不同的理解。作为律师,平常要接触形形色色的人,应在当事人到来之前先了解其基本信息,做好充分的准备,才能做到接待时不失礼。

2. 平等

心理咨询师遇到的来访者,律师接待的当事人,其实与我们生活中遇到的其他人是一样的,故对待他们要一视同仁;不能因为他们是前来寻求帮助的,心理咨询师、律师相较于他们具有更加专业的知识而以一种居高临下的姿态来对待他们;也不能因为他们身份地位高、资产雄厚而一味地奉承对方。在接待当事人时,律师要做到不因当事人外在的地位、条件、经济情况或内在的价值观差异等而区别对待,应当以一种平等的态度来对待当事人,做到不贬低他人、不奉承他人。贬低他人显然会让对方产生不好的印象,而一味地讨好他人亦不会得到真正的尊重。

作为律师,特别需要注意的是要克服优越感。一方面,律师往往认为自己相对于当事人来说是法律行业的专家,拥有丰富的法学理论知识和实战经验。不可否认,在专业领域,律师对于法律条文的理解以及规则的适用,相较于当事人来说就是专家,但在对法律不甚了解的当事人面前,律师不应表现得过于强势,认为当事人对于专业知识的了解甚少,所以应当百分之一百相信律师提出的专业意见。另一方面,在律师接待咨询的过程中,当事人往往会暴露出其内心的真实想法,有些可能暴露出人性的阴暗面,当律师发现这一情况时,不应对之嗤之以鼻、进行嘲讽或以居高临下的态度训斥当事人,双方要以一种平等的方式进行交流。

想让眼前的问题顺利解决,律师和当事人之间应该互相配合,成为一个团队,共同来解决问题。在法律方面,律师是专业的,但是解决问题不单单靠法律,还有很多实践或相关领域的知识是律师不了解的,要通过当事人帮助才能加深理解,以更好地运用在法律问题的解决方案上。所以说,律师和当事人之间又是互相学习的关系,当事人从律师身上学习法律理论知识和实战经验,律师从当事人身上学习各行各业的情况以及了解社会百态。因此,双方应当是一个平等的关系,并没有谁高谁低之分。无论当事人是否对律师表现出尊重,律师都需要尊重对方,将自己和对方放在一个平等的位置上。

3. 保密

心理咨询师在接待来访者时,可能听到很多涉及其隐私的信息。律师也一样,在接待当事人和处理案件时,不可避免地会接触到当事人的个人隐私、企业商业秘密信息。

保密不仅是律师的基本职业素养,也是尊重当事人的一种体现。当事人确信其隐私会受到严格保密,才能更加放心、安心、毫无保留地讲述自己经历的困难和痛苦,把自己内心深处的真实想法说出来,这样才能达到有效沟通,从而更好地解决问题。

那么,如何让当事人了解律师负有保密义务并会严格保密呢?在正式咨询前,律师可以向当事人阐明保密原则,明确清晰地告知当事人保密是作为一名律师的最基本职业道德,并且本人会严格履行这项义务;在与当事人接触过程中,以实际行动让当事人确信其个人隐私等情况均不会被对外泄露。当然,有时候也无须第一时间就告知当事人,而是在接待过程中遇到敏感、私密的问题时,若当事人犹豫是否回答,律师可以向当事人阐明保密原则,以打消当事人的顾虑,使咨询顺利进行下去。

在咨询之后,律师要采取合理的手段、措施来保护当事人的隐私,如文件案卷妥当保存、作为案例讲解的文章和课件中隐去当事人的真实信息,不随意与他人交流案件内容等。需要注意的是,律师的保密义务不限于在案件处理过程中,也延伸并适用于结案之后。

4. 热情

律师和心理咨询师一样,作为专业人士,如果以一种完全严肃的状态面对当事人的话,就会产生距离感。因此,在与当事人交流的过程中,律师适度表现出热情往往可以拉近彼此的距离,营造一个缓和融洽的氛围,可让当事人放下防备之心,为后续的咨询、沟通奠定一个比较好的基础。

热情可以从说话方式、语音语调以及眼神的交流、肢体的动作等细节上来体现,但是作为一个相对来说较为严肃的职业,律师只能表现出适度热情,而非过度热情。过度热情会让当事人觉得律师是要笼络人心或是有别的企图,因此律师要把控好热情的尺度,对于不同的当事人要进行适当的调整。

心理咨询师往往会在咨询结束时感谢来访者的配合,通过简短的总结、告知注意事项等方式让来访者感受到自己是被重视的、受欢迎的,而非遭人嫌弃的,并能够让来访者感受到心理咨询师热情的态度。律师可以借鉴心理咨询师的做法,在结束时对整个话题进行简单总结,梳理一下后续解决问题的思路,再次告知当事人注意事项等。

5. 信任

律师和当事人之间如果缺乏信任,就会产生误会和矛盾。当事人不信任律师,就不会将事情经过和所有细节一一告知律师;律师不信任当事人,亦不会将自己的方案细节告知当事人。但是,如果律师一味地信任当事人,认为当事人提供的信息均为真实、完整的,就如同埋了一颗定时炸弹,随时可能爆炸。当事人可能由于与律师的关系不够亲近而故意隐瞒一些细节,也有可能由于时间过于久远而对于重要细节记忆模糊或是有些许偏差,或者在陈述的时候表达不准确。因此,律师应当时刻保持清醒,理性地分析当事人提供的各项证据、材料以及其陈述中是否有不合理或冲突之处,并与当事人反复确认清楚,作出自己的判断,以此来还原案件的真实情况。

(二)真诚

律师应当如何表现出自己的真诚呢?最重要的是要做到实事求是,不能不懂装懂。作为律师,应当充分了解法律专业知识,但是对于形形色色的现实问题,律师也不是万能的,不可能对所有领域的知识都非常了解,因此在遇到无法处理的问题时,可以通过寻求同行合作、向专业领域的同行请教等方式加以解决,而非随意瞎扯。因为这不仅会让当事人发现漏洞,也是一种不真诚的体现。

认真对待当事人的每一个问题,是对当事人负责的态度;在遇到不懂的问题时,可以坦诚告知对方你对该领域的情况并不是非常了解,需要核实后再回复,这也是真诚的一种体现。

作为律师,经常会遇到当事人的灵魂拷问:我的案子能够胜诉的概率有多大?对于律师来说这没有一个正确的答案,律师要在对当事人、案件本身实际情况等了解的基础上,经综合考量之后再慎重回答。

(三)接纳

律师会遇到各种各样的当事人,对于当事人的情绪、内心活动、文化水平、宗教信仰等都应当以一种开放、包容的态度去接纳,这既是对当事人的尊重,也是更好地为当事人提供法律服务的基础。每个人都有一套自己的价值体系和是非标准,律师要做到完全接纳当事人其实是非常困难的,但至少要做到不随意评判是非对错。在办案过程中,律师必然会遇到一些内心无法接受的人、事或态度,但是当事人都是带着烦恼和情绪来的,作为律师要充分理解他们的情绪,只有做到真正的理解,才能更好地接纳当事人呈现的状态,从而以一个客观、中立、维护当事人合法权益的态度去为他们服务。

(四)积极关注

积极关注在心理咨询领域指的是咨询师要对来访者积极正面的方面予以关注,或者挖掘积极正面性的意义,并将这方面的内容向来访者表达,让他们拥有积极乐观的态度,以此来改变他们的消极情绪。

作为律师,要面对社会中纷繁复杂的纠纷及很多的社会阴暗面,积极关注的方式通常可以促进处理问题进度、保护律师自身的心理健康。如果律师陷入负面情绪无法自拔的话,就会导致整个人充满负能量,这不仅影响本人身心健康,也会影响到服务客户时的态度甚至给客户带去负面情绪。

律师的积极关注,可以体现在不轻易要求当事人诉讼上。例如,律师可以关注当事人能作的正向选择,调动他们通过各种手段解决问题的积极性,而非消极地直接走向司法途径。

(五)共情

共情,也称"神入""同理心""同感"。根据人本主义心理学大师罗杰斯的观点,共情是指体验他人内心世界的能力,也意味着你所共情的人知道你真正理解他。试想一下,当事人前来寻求律师帮助的时候,他的想法、情绪、需求如果无法得到律师的理解,律师只一味地以自己的想法去解释问题甚至强行建议、引导当事人,无疑会让当事人更加焦虑,并且会对律师产生极大的不信任感。

所以,律师要设身处地地理解当事人的行为和情绪,具备换位思考的能力和习惯,从当事人的角度去思考,将自己代入当事人的环境中,而不是一个置身事外的局外人的态度。要让当事人充分感受到律师在试图理解他,并且会从他的想法和立场出发以及为了更好地维护他的利益去处理问题。但是需要注意的是,律师在提供专业意见和解决方案时,要保持清醒的头脑,不能一味地受当事人的情绪以及不合理的想法的干扰,给出违背职业道德、有违公平的建议。

案例分析实训

【案情简介】

A是一名非常成功的女高管,由于丈夫的出轨、家暴等行为,她决定通过诉讼离婚。于是,她到律所向王律师咨询离婚相关的问题。但是,她刚与王律师接触时,对于自己的情况支支吾吾不愿意细说,生怕自己不幸的婚姻生活影响到工作、声誉等方面;当提及一些不愉快的细节时,她声泪俱下控诉、指责对方。

【思考问题】

在遇到这种情况时,作为律师,应当如何引导当事人陈述案情?

第三节 律师接待中的心理学

一、如何运用心理学接待当事人

(一)初次接待技巧

1. 明确初次会谈目标

无论是在心理咨询过程中还是在法律情境的对话之中,在初次接待当事人前,都应当明确初次会谈的目标。在初次接待当事人时,双方一般都对彼此缺乏了解、没有认知,所以第一印象就变得特别重要。首先,律师需要向当事人展示自己专业、高效的工作能力与沉稳、负责的工作态度。其次,律师在最初的一两次交流中应当引导当事人充分阐述案件事实,以便尽可能获取案件有效信息。最后,律师应通过观察当事人的神情、动作等对其性格特点与价值取向进行归纳、总结,以便在后续沟通中作出相应的合理应对。

律师初次接待当事人以及进行沟通的注意事项如下:(1)引导当事人全面、准确陈述案件事实经过;(2)律师在初次接待当事人时应简单介绍自己的专业背景、办案经验以及擅长领域;(3)律师要告知当事人进行诉讼的流程以及注意事项;(4)律师在初次接待当事人时应强调,律师处理案件需要当事人的积极配合,包括当事人按照律师的要求和指示提供真实、准确和完整信息以及相应证据材料等;(5)双方的权利义务在委托合同和附件的告知书中会详细列明(签合同时律师必须提醒当事人仔细阅读和签名);(6)律师应告知当事人案件处理的大致方向是诉讼还是调解;(7)律师应当尽到保密义务,并且告知当事人保密是其职业操守,让当事人不必为此担忧。

2. 记录会谈内容

律师在接待、会谈时最好能够当场做记录,但要事先征得当事人的同意,以免造成后续不必要的争论和当事人的戒备,对会谈内容采取录音录像的方式进行记录更是如此。同时,律师应向当事人声明将对会谈内容保密。

总而言之,律师与当事人进行沟通、交谈是否需要记录谈话内容、是否需要当事人签名,都需要视情况而定。但是,如果涉及对案件重要事实的确认、对程序或证据瑕疵的确认、对当事人实体权利的处理等,律师必须做好详细记录并由当事人签名确认,一来作为工作底稿,以及制作法律文书、判断案情和采取行动的依据;二来可以规避执业风险,以免当事人日后遗忘甚至恶意陷害。

3. 学会高效提问

律师同当事人进行会谈、沟通时,如遇滔滔不绝的当事人,律师应将提问的主动权掌控在自己手中,并且要尽量高效提问。经验丰富的律师在同当事人见面前会针对不同案件类型设置不同的基础问题清单。比如,律师在接待离婚案件当事人时,一般会询问以下问题:(1)双方如何建立恋爱关系的;(2)何时登记结婚的;(3)双方感情破裂的原因;(4)双方有无孩子,若有,孩子的年龄、性别、抚养状况等;(5)双方的财产状况及分割方案;(6)双方有无婚前或婚内财产协议;(7)是否第一次起诉离婚;等等。

律师在接待当事人时会采用开放式、封闭式两种提问方式。其中,封闭式提问是指提出的问题都带有预设的答案,所获得的答案不需要展开,一般用来呈现案件事实,获取案件重点,缩小双方的讨论范围,最常见的提问包括"有没有""是不是""要不要"等。然而,封闭式提问往往存在以下三点弊端:所获得的信息有限;被问者无法对自己的回答作进一步解释或说明;较难辨别出虚假信息。开放式提问是指提出范围比较大、比较广泛的问题,对问题的答案没有严格的限制,给当事人以充分自由的发挥空间,常常运用包括"什么""怎么""为什么"等词语在内的发问方式。这种方式能够使当事人吐露出更多与案件有关的情况以及个人情绪、观点等,往往能让提问者收获意料之外的有效回答。因此,律师在接待当事人时可有意识地采用开放式提问,以获取更多的案件信息。

同时,律师也不能提问过多,以免造成当事人与律师之间难以形成充分的信任感,导致剑拔弩张的氛围,无法进行高效沟通。若提问者没有掌握或者不善于使用语言交流的技巧,会谈过程中提问过多则可能造成一系列消极作用,如造成依赖、责任转移、减少求助者的自我探索、产生不准确的信息、使求助者产生防卫心理和行为以及影响会谈中必要的概括与说明等。因此,律师应当针对不同的当事人、不同的案件情况选择正确的提问方式,从而还原案件事实,最大限度地维护当事人的合法权益。

4. 把握谈话节奏

律师在与当事人谈话时,需要把握谈话节奏,这需要熟练运用以下几个方面的谈话技术:

(1)倾听。律师在倾听当事人讲话时,要注意把真诚和平等融于思想和行动中,始终保持专注,适时地作出鼓励性回应,不随意打断对方说话,不急于下结论。

(2)提问。根据案件需要,律师要多采用开放式提问引导当事人,并做到适时、正当提问。

（3）重复。若当事人的表述出现前后矛盾之处或者与证据材料不相符合，律师有所疑问的，可重复当事人刚刚叙述的某句话（往往是最后一句话、一个话题），引起当事人的重视，以明确要表达的内容，澄清说词中的矛盾之处或模糊之处，使律师对案件情况有更加准确和全面的理解。

（4）具体化。有时当事人对案件的描述会过于笼统、含糊、以偏概全，此时律师可以帮助当事人澄清那些模糊不清的观念、概念和问题，使当事人减轻心理压力。有时，当事人在律师的指点下将谈话涉及的问题具体化、明确化，问题往往也就迎刃而解了。

同时，律师在接待当事人时可以使用以下四项影响性技术：

（1）解释。法律作为专业性较强的行业，当事人往往难以理解法学领域的专业词汇、法律法规，因此律师经常要向当事人解释法律法规的含义、法律关系的性质、特定行为的后果等。律师在解释时，首先，必须准确地向当事人阐释法条规定以及涉及的法理；其次，律师必须准确把握案情，全面了解情况；最后，律师进行解释应该因人而异——对于文化水平高、领悟能力强的当事人，解释时可以更深入、系统、全面，而对于文化水平低、领悟能力差或社会阅历少的当事人，应尽量解释得通俗易懂，少用专业术语，多举例子，便于其理解和接受。

（2）指导。律师在同当事人进行沟通时经常要指导当事人如何陈述、如何采取措施、如何行动，在对当事人进行指导之前，必须确保当事人能够理解行动的目的、步骤、要求以及注意事项。值得注意的是，即使律师非常清楚案件的利弊关系以及当事人怎么做会比较好，也只能建议当事人如何采取措施，而不能强迫当事人采取行动，因为只有当事人自己才是其利益的最佳判断者，才能对其中的利害关系作出判断。

（3）自我开放。心理咨询师有时会将自己对来访者的感受或者自己的经历、思想、情感与来访者分享，以此帮助来访者对自己的感觉与行为后果有进一步的了解，并且从中得到积极的启示，这样的沟通方式称为"自我开放"。但对于律师而言，为了保持理性的分析能力，很少会对当事人采用自我开放的方式。然而，在某些案件中，为了更好地了解案件事实，取得当事人的信任，律师可以在与当事人进行沟通时适当运用自我开放技术,以迅速拉近彼此的距离。

(4)情感表达。是指自然人通过面部表情、语言、声调、身体姿态等方式向他人表达自己的情绪变化与情感想法。律师在开展工作时对于情感表达更要慎之又慎,只能在非常特殊的情况下以鼓励式的语气进行表达,否则容易引起当事人的不适。比如,律师可以诚恳地对当事人说"任何人在面对这种境遇时,都会感到特别艰难,需要鼓起全部智慧和勇气去面对,我觉得你非常理性、坚强",以此适当地给予当事人精神上的力量和支持。

(二)验证和整合资料

律师在拿到当事人提供的证据材料后,应进行分析、验证、整理与整合,并从证据的真实性、合法性和关联性出发来筛选资料。首先,律师要确保证据材料的真实性。比如,在民间借贷案件中往往会涉及虚假诉讼,某些当事人为了逃避法院的强制执行,或许会通过虚构债权债务关系然后聘请律师诉讼的方式来达到非法的目的。因此,律师同当事人进行沟通会谈时应细心、谨慎地处理证据材料,特别需要仔细查看借条的金额、日期、利息、还款时间、借款人签字、是否有涂改等多种要素,以客观判断案件的真实情况。其次,律师应对证据材料的合法性进行判断,最常见的如当事人通过"偷听偷拍"方式获取的证据,律师应当视案件具体情况作出判断并告知当事人相关证据是否可以使用、是否侵害他人合法权益等。最后,律师应对证据材料的关联性进行分析,判断案件事实与当事人提供的证据之间是否具有关联性,是否能够印证当事人的陈述。

概括而言,律师对证据材料的解读分析主要分为以下三个步骤:第一,律师应当研究证据材料本身所包含的信息,如其内容上和形式上能说明什么案件情况。第二,律师应当分析各个证据之间的联系,查看证据之间是否可以互相佐证、是否互相矛盾、是否能够形成严密的证据链;如果证据有所欠缺,应当通过怎样合法的方式进行补强等。第三,将以上所有的证据进行整合和规范化处理,对缺失的法律事实进行补全,大致形成完整的法律事实,再将该法律事实呈现给法庭。

二、如何克服谈判障碍

在接待当事人的过程中,律师常常会遇到一些阻碍因素,比如当事人内向沉默,当事人外向多话,当事人过分依赖等。一个好的律师会根据不同的当事人类型选择不同的接待方式,才能既帮助当事人解决法律问题,又了解到案情。

(一)沉默型当事人

律师在进行接待和沟通时常常会遇到内向害羞、沉默寡言的当事人,这类当事人通常包括以下六种类型,律师需要耐心接待,而后根据不同情况进行引导。

1. 怀疑型

律师同当事人之间还未建立真正的信任关系,当事人对律师还存有戒心,所陈述的案件事实当然就会有所保留。此时,律师应当以专业的态度进行循序渐进的引导,从而赢得当事人的信任。最重要的是应当强调保密原则,让当事人慢慢打开心扉。

2. 茫然型

当事人有太多话想要表达,却不知道如何正确表达案件事实。此时,律师应当结合当事人提供的证据材料帮助当事人梳理思路,以主导式的发问方式将案件事实逐渐还原,并提出一个初步的处理意见。

3. 情绪型

每个来找律师的当事人通常都是因为碰到自己无法化解的纠纷,所以往往会有一些负面情绪,比如当事人因为情绪低迷、愤怒、自责等不愿意与律师谈论案件。此时,律师要对其进行劝导,要与当事人充分共情,让当事人感受到律师对其的理解和接纳,从而使当事人平复情绪、打开心结。

4. 反抗型

有些当事人会以消极对抗或者激烈对抗的方式来应对律师的提问,非常不利于律师开展工作。此时,律师需要以诚恳和耐心等待时机,若当事人对抗过于激烈,可暂时中止或停止本次接待,等当事人有意愿进行沟通时,再选择适当的时间、用恰当的方式进行沟通。

5. 内向型

有些当事人生性内向、不愿向外展露真实的自我,在面对专业的律师时更加害羞、无法表达。此时,律师应当加以耐心引导和倾听,用封闭式提问和开放式提问相结合的方式引导当事人表达真实想法。

6. 思考型

有些当事人在阐述案件情况时可能对发生的案件进行回忆，出现短暂的沉默。这是一种积极的沉默，律师应耐心等待，并可在适当的时候给予当事人一定的提示，以减少沉默的时间。

（二）多话型当事人

律师时常会遇到过分善于表达的当事人。这类当事人表达欲强，跟所有人都会滔滔不绝地表达。对这类当事人，律师要进行有效制止和引导，才能获取自己想要的案件情况。事实上，这类当事人的表达中有效信息往往不多，他们通常表现为以下四种类型：

（1）宣泄型。对于情绪剧烈宣泄中的当事人，律师应充分理解他们的需求、耐心倾听，待当事人情绪稳定后再进行下一步的沟通，不能随意打断当事人的发言或显得不耐烦、不屑一顾，并在必要时给予当事人适当的引导。

（2）表现型。律师有时候会遇到表现欲强的当事人，这类当事人往往会高谈阔论、无话不谈甚至渲染、夸大自己的行为。此时，律师需要及时制止当事人与案件事实无关的言论，并对当事人的说辞进行引导。

（3）表白型。此类当事人往往将因自己面临的法律风险和遭遇的法律问题全部归因于他人，推卸责任。律师需要及时制止当事人推卸责任的行为，并且根据案情客观、公正地厘清各方责任。

（4）掩饰型。此类当事人会不停说话以掩饰自己内心真实想法，他们往往为了说话而说话，害怕咨询师的提问或担心与人正面交锋。面对此类当事人时，律师需要营造一个轻松的氛围，给予当事人充分的安全感，在涉及重要信息时，律师应充分、及时抓住机会引导当事人回答问题。

（三）依赖型当事人

此类当事人除了希望律师帮助其化解矛盾纠纷之外，还希望律师帮助其解决生活、情感、工作等所有方面的问题。对于律师而言，取得当事人的信任固然非常重要，但是保持适当的距离更是一门艺术。律师应当让当事人信赖，但又不过度依赖。

三、如何有效保障自身权益

（一）工作地点的设置

通常来说，律师的工作场所是律所，当然也可以按照当事人的要求选择就近的咖啡厅，或者到当事人的工作场所提供上门咨询服务。将当事人带到专业的、比较商业化的工作场所可以让当事人直观地了解律所的规模和实力，从而提升当事人对律师的信任程度，以便于达成合作。

（二）工作时间的设置

对于心理咨询师来说，工作时间有着严格限制，心理咨询师在开展心理咨询之外的时间不应与来访者有过多的联系和交流，以避免来访者过度依赖心理咨询师或者卷入彼此的生活、造成边界感不清。而大多数律师的工作时间是弹性的，工作时间取决于案件实际情况和当事人传递证据材料的时间等，所以律师无法像心理咨询师一样设置严密的工作时间。律师若不想在工作时间之外的时间被打扰，就要合理规划自己的工作时间，预估每一件事情需要花费的时间，养成在工作时间高效工作的习惯。

（三）工作边界的设置

心理咨询需要设置严格的工作边界，心理咨询师不应同来访者交换联系方式，也不应给熟人做心理咨询，一般不与来访者发生咨询之外的联系。而对于律师来说，同当事人交换联系方式是必然的。为此，律师可以设置一个专门的微信号或者设置朋友圈动态分享不对当事人可见。同时，律师的很多案源是通过熟人介绍的，对此类案件，律师更需要秉持小心谨慎的态度，做好相应的记录，按照规范的流程办事。如果律师认为熟人关系较难处理或者对案件涉及领域不大熟悉的话，可以将当事人引荐给其他同事或同行。

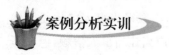
案例分析实训

【案情简介】

王女士因丈夫出轨、家暴、长期不抚育孩子等问题欲同丈夫诉讼离婚，来到律师事务所咨询离婚事宜。林律师接待了王女士。王女士在同林律师第一次会面时便大吐苦水,向林律师宣泄自己对婚姻的不满,并且将婚姻里的前因后果、恩怨情仇说了两个多小时,但其中一个多小时的陈述中的很多内容同法律并无关联。

【思考问题】

当遇到此类当事人时,律师在进行接待时需要注意些什么呢?

第四节 律师谈判调解中的心理学

一、如何运用心理学谈判

(一)谈判

谈判指的是各方当事人对于需要合作的项目、共同关心的话题或者有待解决的问题进行协商、博弈、沟通,以寻求解决的方法和途径,最终达成一致意见的过程。

根据谈判性质及谈判对象的不同,谈判可以分为以下三类:

1. 日常谈判

日常谈判是指发生在普通场合中人与人之间的正常交流。比如,母亲和儿子之间就是否要买某个玩具的交流,儿子说:"妈妈,如果我这次考 100 分,你就要送我一个变形金刚。"妈妈说:"好的,只要你这次能考到班级第一,妈妈就给你买。"这就是非常简单的家庭成员之间的日常谈判。除此之外,日常谈判还包括在正常社交过程中陌生人之间的沟通,比如买菜时的讨价还价等。因此,日常谈判是经常发生的、非常随意的、非正式场合的一种沟通方式。

2. 专业谈判

专业谈判一般是指在各个专业领域中由专业人士参与的谈判。比如,在商业领域中由企业家参与的贸易谈判,在救援领域中由谈判专家参与的劝解谈判,在金融领域中由金融家参与的信贷谈判,在研发领域中由科学家参与的技术谈判,在纠纷解决领域中由法律学者参与的化解矛盾谈判等。

专业谈判的技术含量远高于日常谈判,谈判双方一般都希望通过谈判达到某种利益目的,比如经济合作、融资贷款、化解矛盾、互惠互利等。因此,专业谈判是有目的性的、有准备的、有专业领域知识的正式谈判。

3. 外交谈判

外交谈判是指一个国家与另一个国家之间就政治问题、军事问题、经济问题、科技问题等方面的交流而进行的谈判。

外交谈判的主体只能是拥有主权的国家及国家联合体,而实际参与的谈判者是官方的外交机构和人员,如我国的国家主席、外交部部长、驻外大使等。他们代表的是国家的形象和观点,任何瑕疵都可能给国家的发展带来重大的影响,亦可能直接影响到整个国家在国际上的地位和形象。同时,外交谈判的过程和结果对各方来说都有很大的制约性,因此其程序非常严谨,需要谈判者提前做好充分的准备。

综上,在谈判前需要了解谈判的种类以及想要通过谈判达到的目的,从而做好充分的准备工作和应对策略,这样才能有助于谈判取得成功。

(二)律师谈判

大多数人对于律师的第一印象便是能说会道,而谈判是律师工作中必不可少的一个环节。律师谈判无疑属于专业谈判的一种,律师利用自己的专业法律知识和经验在谈判过程中帮助企业争取最大利益、帮助客户化解纠纷和矛盾等,是每个律师都需要具备的基本技能。可以说,谈判贯穿于律师执业的方方面面,特别是对于诉讼律师来说,谈判更是家常便饭。

《孙子兵法》云:"谋定而后动,知止而有得。"意思就是说,做任何事情之前,都要做好充分的准备,不打无准备之仗,方能立于不败之地,谈判亦如此。对于一名专业律师而言,参与任何一场谈判之前,都要做好以下几项准备工作:

1. 掌握客户及对手的背景资料

对于己方的委托客户而言,律师需要了解客户的真正需求,这离不开对客户的背景调查。如果客户是一家公司,律师需要掌握公司的基本信息,包括成立时间、注册资金、股权架构、经营范围、所处行业的竞争力等,只有深入了解客户基本情况、所面对的市场及其诉求,才能真正站在客户的角度,为客户创造更大的价值。

对于谈判对手而言,律师也需要在谈判前掌握对方的基本信息,知道对方的基本情况、竞争优势和弱势、掌握对手想从己方获取的利益等,只有这样才能让双方的谈判变得更加有效。

2. 拟定谈判方案

在掌握客户的基本需求之后,应针对谈判事项拟定相应的谈判方案。例如,可以预想对方可能提出的条件,而后根据委托客户的承受能力给出应对方案。当然,谈判的过程会有很多变数,拟定的方案一般能让律师应对大部分的谈判场景,另一小部分的变数则需要律师根据以往的谈判经验随机应变了。

3. 选定谈判人员

为了使谈判能够顺利进行,谈判人员的选择也非常重要。谈判组成员应当根据谈判内容的不同、谈判场合的差异及谈判对象的区别指派相关领域有经验的律师,从而实现当事人委托律师谈判的目的。

4. 模拟谈判场景

在参与某些重大谈判之前,律所内部可以开展模拟谈判训练。即由另外几名律师扮演谈判对手客户,从对方的角度与我方进行沟通较量。这样的模拟谈判可以更多激发谈判人员的灵感,并快速提升谈判人员的应变能力。

律师只有做好充分的谈判准备工作,才能在谈判中事半功倍,才能让当事人信任并将案件交到律师手中。

(三)运用心理学谈判

在整个谈判过程中,谈判对手的心理变化是至关重要的。如果能够适时观察出对手的心态,那么我们就可以有的放矢地采取针对性的策略,就会在谈判中掌握到主动权。而要想知道对手的心理变化,就要掌握并用好以下几个心理学小技巧:

1. 懂得察言观色

在谈判过程中,我们不仅要仔细听对方说话,还要细致观察对方的表情、仪态。一个人的一言一行、一举一动,都会从侧面反映出这个人的性格和心理。比如,走路时的姿态或坐姿,一般而言,一个人如果目光坚定、昂首挺胸、脚步有力,则说明这个人非常自信、勇于承担责任。这样的人在谈判中往往不太容易让步,但是当双方目标利益接近时,又往往可以果断拍板,从而达成合意。相反,如果一个人眼神迷离、神情恍惚、手足无措,则往往说明这个人缺乏自信、多思多虑、犹豫不决、很难拍板。除此之外,我们也可以通过观察对方的穿着、面部表情以及肢体动作等来获知对手心理变化的痕迹。

2. 学会识别谎言

《木偶奇遇记》中的匹诺曹本来是个木偶,但他一心渴望成为一个活生生的男孩。为了实现这个愿望,匹诺曹找到了善良的蓝仙女。蓝仙女答应了他的要求,但却有一个附加条件:匹诺曹必须诚实、勇敢、不自私自利。同时,作为惩罚,每当匹诺曹说谎时,他的鼻子便会不断地变长。这个童话故事被很多家长用来教育孩子不能说谎,要做一个诚实的孩子。现实中虽然说谎不会让鼻子变长,但是相关行为心理学研究显示,一个人说谎时,鼻子的神经末梢会有被刺痛的感觉,因此会有抚摸鼻子的行为,或者为了掩饰内心的慌乱,一些人有时可能有用手揉捏鼻子等行为。除了与鼻子有关的动作外,有些人在说谎时可能有捂嘴、抚摸头发、眼光闪烁、揉搓脖子、整理衣角/领带等行为。

这些动作往往幅度都比较小,很多时候几乎很难被察觉。这就需要我们在谈判时,对于对手的细小动作都观察入微。一旦对方出现某些反常的小动作,那么对方此时说的话我们就要慎重考虑了。

3. 试着抛砖引玉

当碰到一些谈判专家或者是谈判老手时,他们往往是深藏不露的,很难通过一些肢体上的小动作来观察他们的心理变化等。这时我们不妨抛砖引玉,或者明知故问,让对方回答,看看对方的答案是不是与我们早已掌握的一些情况相符合,从对方的谈话中获取有价值的信息。

4. 不妨以静制动

当谈判碰到阻力时,我们不妨试着以静制动,先听听对方的想法和态度。通过观察对方的反应来推测其心理波动,再确定我方下一步的谈判策略;或者可以中止本次谈判,如以回去还要与客户协商等为说辞,待想好应对策略后再进行下一次谈判。

谈判是一门学问,除了要有专业的知识外,律师也要学习一些心理学小技巧,并将这些技巧用于谈判实践中,这样才能更有利于实现谈判目标。

二、如何运用心理学调解

(一) 调解业务概况

1. 背景

习近平总书记在 2019 年中央政法工作会议中提出"把非诉讼纠纷解决机制挺在前面"。这项重要论断顺应了新时代我国社会面临的主要矛盾变化,为推动多元化纠纷解决机制建设指明了方向。

在群众纠纷数量日益增加的今天,通过法院诉讼已经成为维权的主要手段,但随之而来的是法院每年受理诉讼案件的数量的持续上涨。据统计,许多地区的法官已经达到日均一件的案件承办量,而当事人诉讼的时间成本也随之增加。要减轻法院办案压力,减少当事人维权成本,推动多元化非诉讼纠纷解决机制是法治社会发展的必经之路,而调解就是非诉讼纠纷解决机制的重要一环。近几年,各地人民调解组织相继成立,许多纠纷当事人也愿意选择更为快速便捷的调解途径解决纠纷,取得了良好的社会反响。

2. 上海地区概况

2021 年 4 月,上海地区的人民调解工作已趋于专业化,全上海 16 个区已全部建立非诉讼争议解决中心,并积极整合形成集咨询、受理、调解、法宣等"一站式"的多元纠纷化解平台。各区的非诉讼争议解决中心还下设包括房管物业、婚姻家庭、医疗纠纷、交通事故、劳动争议、知识产权等专业调解委员会,使民众真正感受到身边的法律服务。据统计,2023 年,上海人民调解和社会调解组织受案量超 69.2 万件,调解成功 48.6 万件。

3. 律师参与调解

律师是法律职业共同体中必不可少的一部分。调解工作如果有律师的参与和把关,调解无疑会更加规范化、合法化、有效化。2017 年,最高人民法院、司法部联合印发《关于开展律师调解试点工作的意见》(以下简称《意见》)。《意见》决定在北京、黑龙江、上海、广东等11个省(直辖市)开展律师调解工作试点,规定律师可以在法院诉讼服务中心、诉调对接中心设立"律师调解工作室",并鼓励支持有条件的律所设立"调解工作室",将接受当事人申请调解作为一项律师业务开展,同时可以承接法院、行政机关移送的调解案件。《意见》的出台无疑给律师参与调解工作提供了法律依据,同时也是对律师群体的信任和考验。

然而,很多律师在实际参与调解工作后发现,这并不是一项简单的工作,也与诉讼中对抗式的沟通方式有很大的区别。因此,律师如何利用自己的专业知识更好地参与调解工作,是值得探讨的问题。

(二) 如何在调解中运用心理学

心理学在我们日常生活中的运用是非常常见的,其实很多基层人民调解中心的优秀调解员对心理学知识的掌握及运用是相当娴熟的,只是平时我们没有注意而已。结合司法实践中很多优秀调解员的做法,我们总结出以下几条律师调解中的心理学:

1. 用真诚换取信任

律师参与调解工作,首先要具备的形象就是友好、热情和真诚,其中真诚尤为关键,以真诚换真心,让当事人觉得律师是客观的、中立的、专业的。其次,律师要运用朴实的语言、适宜的肢体动作来拉近与当事人之间的关系。因为根据心理学原理,建立良好的关系是成功调解的第一步,只有在取得当事人信任和认可的前提下,才能顺利开展调解工作。最后,律师也要把握好这种关系的尺度,不能与当事人过分亲近,过度的亲密关系不仅会让当事人有依赖性,也会让调解员失去客观的判断,不利于调解工作的开展。

2. 善用共情能力

共情,又称"同感""同理心",是指能够深入别人的内心世界,体会到别人内心的感受。女性朋友在闲聊时,往往会聊到"暖男"情商很高,特别会关心人,而个别"钢铁直男"情商几乎为零,根本无法沟通,一说话就让人生气。其实,这里所说的"情商"二字实际上就是指"暖男"共情能力更强一些。比如,一名女同学抱怨说:"今天上的课太难了,老师又布置了很多作业,怎么办呀?通宵都做不完了。"这时候,暖男会说:"是的,确实有点难,不过我可以帮你,别担心。"而"钢铁直男"可能说:"那你要认真听课呀,抓紧时间做作业,否则就真没时间睡觉了。"这实际上就是共情能力的差别。在调解中,善用共情能力可以迅速拉近调解员与当事人之间的关系。而共情能力可以通过以下两种方式来提升:

第一,回应对方的表达或者肢体动作。比如,婚姻家庭类案件的女方当事人经常会表述:"我老公从来不管家里的事情,对孩子的学习、成长更是不闻不问,孩子从出生开始就是我一手带大,我真的对这个家庭彻底失望了。更让人生气的是,只要我跟他妈妈发生一点儿冲突,他就躲起来,根本不像个真正的男人,所以我要跟他离婚。"这个时候,律师作为调解员可以适当运用共情法,对当事人说:"是的,您先生的行为确实令人生气,我可以理解你的情绪和感受。"这样简单的一句话就是共情方法的运用,一方面可以让当事人觉得调解员是设身处地为她考虑的,让她有种被理解、被接纳的感觉;另一方面可以激发当事人进一步表述的欲望,可以让调解员进一步获取关于案件的详细信息,方便各方深入交流。

第二,回应对方的深层感受。在调解过程中,当事人可能未将一些深层的或者更真实的情绪直接地说出来,但是倾听者能强烈地感受到当事人的内心里还包含着这种情绪。这个时候,调解员可以把这种情绪表达出来给当事人听,这样会大大增加他们被理解的感觉,也可以进一步增加调解员与当事人之间的信任度。以上述离婚案为例,调解员可以说:"从你的表述中,我可以感受到你对先生的失望,你也一定给了他很多次机会,但是他还是一点不改。同时,我还从你的表达中听出了另一种情绪,你是不是还感觉到很无助,希望有人可以帮助你、理解你?实际上,你仍然很爱你的丈夫,只是希望他可以多关心关心你,对吧?"这样适时肯定对方的情绪,承认对方情绪的合理性,是使用共情方法时很重要的技巧。

3. 表现积极关注

积极关注是指在交谈过程中对当事人的行为和语言的积极面、正向面、光大面予以积极关注,从而使当事人拥有正向的价值观。比如,在一个工地工人意外身亡案件中,家属要求公司按照工伤死亡全额赔偿,公司认为该工人与公司之间并不形成劳动关系,但由于该工人确实是在工地受伤后死亡,公司愿意对家属进行适当补偿。这时调解员可以抓住公司方愿意补偿的姿态,对公司配合协商的态度表示积极关注,充分肯定公司敢于承担责任的表态。即给予当事人积极的心理暗示,使其认为自己愿意协商的行为是正确的,从而有利于双方最终达成调解协议。因此,积极关注就是善于发现别人身上的优点和闪光点,并以此为突破口,积极进行正面肯定,使当事人获得幸福感、满足感,从而引导其行为。当然,积极关注必须建立在客观实际的基础上,调解员切不能无中生有,否则很可能适得其反。

4. 自我暴露情绪

在沟通交流过程中,我们可以适时向当事人简单披露一些自己的个人信息和亲身感受,称为"自我暴露"。这样的自我暴露可以增进与当事人的亲近感和信任度。比如,当事人说:"我老婆很烦的,上班总发一些消息影响我,不回吧,她又说我不关心她,但是这样真的很影响工作。"这个时候,男性调解员可以说:"女人都一样哈哈,我老婆也是这样的,特别黏,每天都有好多微信,但是这也说明你老婆很爱你呀,否则她也才不会发微信给你。"通过自我暴露,一方面拉近与当事人的沟通距离;另一方面可以将我们想要表达的思想传递给当事人,让他潜移默化地受到影响。

除此之外,在参与调解过程中,律师还需要具备足够的耐心、诚心、细心和爱心,不急于求成,不装腔作势,不轻易放弃,对当事人表现出充分的尊重和关爱,同时要展现出律师的专业素养,并采用心理学技巧不断提升自己的调解能力。

案例分析实训

【案情简介】

小王于2020年5月入职上海新新公司,担任业务员,口头约定工资为5000元/月。新新公司由于人事变动未及时与小王签订《劳动合同》,后公司经营不善,于2020年12月停发工人工资。小王遂提起劳动仲裁,要求新新公司支付未签《劳动合同》期间的双倍工资差额及拖欠的工资。

在诉前调解中,新新公司对于拖欠的工资愿意支付,但表示现在没有能力支付;而对于双倍工资差额,新新公司认为未签《劳动合同》系公司人员变动所致,非故意为之,因此不愿意承担。

【思考问题】

如果你作为律师调解员参与本案调解，你会怎么做？

第五节 律师庭审中的心理学

一、律师参与庭审的步骤

（一）庭前准备

俗话说："台上一分钟，台下十年功。"对于律师来说，开庭就是同样的道理。开庭前，律师必须尽可能掌握全部案件情况，包括案件事实、证据材料、对方可能的答辩点、对对方证据的质证意见、我方的反驳点、案件的争议焦点、我方诉请的事实和法律依据等。只有尽可能事无巨细地准备充分，才能从容应对庭审。

除此之外，在准备案件材料的同时，虽然我国并不是判例国家，但是查询相关已有的判例，对我方整理案件重点和风险是十分关键和重要的。从收集的相关案例中，一方面能够了解法院对同类案件的判案思路；另一方面能够补强我方诉请的相关证据。对于律师而言，搜索法律依据和查询案例都是非常重要的基本技能。

（二）庭中对抗

庭审是体现律师职业道德、法律功底并检验庭前是否准备充分的重要时刻。如何才能通过庭审对抗达到诉讼目标？

首先，律师必须熟悉庭审流程并掌握庭审节奏。每一个诉讼律师对于民事、行政、刑事诉讼流程都可谓了然于心，但是却不一定能准确控制自己在各个阶段的正确表达。比如，有些诉讼律师多年养成了一种"挑刺儿"的习惯，不管对方提供什么证据，也不管庭审进行到什么环节，他总喜欢反驳一下来展现自己的"法律水平"。又如，有些诉讼律师喜欢非常冗长地表达自己的代理意见，但是却不能围绕法院所整理的争议焦点来辩论,这无疑会给法庭留下不好的印象。因此,简单明了又概括重点地回答法庭问题和表达自己的观点,无疑是对诉讼律师庭审水平的基本要求。第一,在法庭调查环节,应当实事求是地回答法官提问,切忌顾左右而言他,更加不能阻止当事人回答法官的询问;第二,在举证质证环节,应当严格围绕证据的真实性、合法性和关联性进行质证,切忌一概否认对方证据的三性,而且应当充分说明自己质证的理由;第三,在辩论环节,应当紧紧围绕法官整理的争议焦点进行辩论,切忌宏观大论,随意发挥。

其次,律师出庭的最基本态度是专注和真诚。这既是律师对法庭的尊重,也是律师对于委托人案件的重视。但是,有些律师认为开庭只是个过场,敷衍了事;有些律师甚至在开庭时走神,连法官的话都没有听进去,对法官提问的回答也是不知所云;更有些律师,连自己都不清楚自己讲了什么。这些都是非常不负责任的行为。有时候,一个复杂的案件开庭时间会非常长,甚至会持续好几天,这就更加需要律师用专注的态度对待庭审。

最后,律师应当做到对事不对人。这也是律师职业素养的一种体现。有些律师不仅专业水平一般,法律素养也令人担忧,他们法庭上有时不仅不使用法言法语,而且会有对抗式的过激言词。要知道,法庭上无论是法官、当事人还是律师,大家只是身份不同,庭审只是为了还原案件真相,为法律适用奠定基础,没有必要恶言相向。但毋庸讳言,律师有时可能不可避免地遭受对方的攻击和敌意,也可能遇到法官的急躁、不耐烦,但是作为一名专业的法律人,律师仍然应当用自己所学在庭审中保持冷静的头脑,铿锵有力地阐述自己的观点,为当事人争取最大的合法权益。

(三)庭后总结

有些律师会觉得,开庭结束了,这个案子就等判决了。但是,庭审结束后的总结工作反而是至关重要的。开庭结束并不等于案件代理的终结,优秀的诉讼律师会在每一次开庭后总结本次庭审中出现的问题,总结己方的弱项和法律风险,思考是否补强其他证据,并时刻关注案件的审判进程,及时与法官沟通案件思路。必要的时候,在征得当事人同意的情况下,秉承当事人利益最大化原则,与对方当事人联系看是否能够达成和解。

二、庭审中引入心理学的重要意义

(一) 律师庭审中遇到的障碍

律师参与庭审的过程不可能总是一帆风顺,即使是小标的案件,也可能遇到意想不到的难题——可能是自己法条理解上的不透彻,也可能是委托人对自己不够坦诚导致庭审上的被动,还有可能是对方当事人的刁难,等等。如何应对庭审中的各种突发因素,则需要律师从长期的庭审中积累经验。

1. 应对不同个性的法官

我们在法庭上可能遇到各式各样不同性格的法官,有些温柔儒雅,有些刚毅果断,有些优柔寡断,有些咄咄逼人。相应地,律师要采用不同的诉讼策略来应对不同个性的法官。从现有的司法数据来看,法官的办案量确已饱和,每天都要面对形形色色、不同文化程度的当事人,脾气再好的法官有时难免也会失去耐心。在办案过程中,经常会听到当事人说:"能不能换个法官?我感觉这个法官对我很凶,是不是被对方收买了,感觉他很有偏向性。"其实,事实情况并不是这样,法官并没有对谁有成见,也没有被对方收买,只是因为法官本身个性如此或者是真的太累了。律师在碰到咄咄逼人的法官时,首先要做到的是沉着冷静,即使法官语气再不好,律师也不能与法官发生正面冲突。其次,律师要学会简明扼要地陈述自己的观点,让法官能够在短时间内抓住自己要表明的观点,这不仅能让法官觉得律师很专业,也能对案件的处理起到良好的推进作用。最后,律师要比法官更有耐心,在开庭时未能陈述的观点,可以在庭审后以书面方式提交法庭,同样可以对案件处理起到帮助作用。

2. 对方当事人的出其不意

虽然法律明确规定了举证期限,但是现阶段有很多法院并没有严格按照相关规定执行。而很多案件的当事人为了不让对方在庭前知道自己的观点,会选择在开庭时当庭提交一堆证据,不给对方当事人做准备的时间,这就会让另一方当事人措手不及。这样的"证据突袭"被很多当事人用于庭审中,目的是让对手出其不意,达到胜诉的目的。

律师在遇到对方的"证据突袭"时,应当快速浏览证据,看是否可以当庭质证。若无法当庭质证,律师可以要求法庭给予己方一定的质证期限。若选择当庭质证,律师应当紧紧围绕证据的三性进行质证,并可在庭审后向法院提交补充质证意见来完善当庭质证时的遗漏。

3. 我方当事人的不理解

律师除了要应对法官的各种质询及对方当事人的各种奇招之外,还有一个非常重要的工作就是满足己方当事人的要求。首先,所有的当事人对律师所作的陈述都是偏向于自己的遭遇,他们往往会将对自己不利的地方一言带过,而对自己有利的地方无限地夸大,而当律师向他们索要真正的证据时,他们往往可能无法拿出实质性的证据。其次,当事人认为律师都是无所不能的,有时可能无法理解为什么法院开庭流程这么长,为什么律师无法调取对方财产信息,为什么律师无法去公安部门调取相应的笔录等问题,这就需要律师花心思耐心地与当事人进行沟通。最后,所有关于案件的事实,律师都应当时时刻刻、事无巨细地与当事人进行沟通和反馈。一方面,这是律师工作价值的体现;另一方面,当事人也能因此感受到律师对案件的重视,从而增加当事人对律师的信任感。

(二)心理学引入庭审的必要性

1. 现阶段司法体制的必然要求

党的二十大报告指出:"坚持全面依法治国,推进法治中国建设。全面依法治国是国家治理的一场深刻革命,关系党执政兴国,关系人民幸福安康,关系党和国家长治久安。必须更好发挥法治固根本、稳预期、利长远的保障作用,在法治轨道上全面建设社会主义现代化国家。我们要坚持走中国特色社会主义法治道路,建设中国特色社会主义法治体系、建设社会主义法治国家,围绕保障和促进社会公平正义,坚持依法治国、依法执政、依法行政共同推进,坚持法治国家、法治政府、法治社会一体建设,全面推进科学立法、严格执法、公正司法、全民守法,全面推进国家各方面工作法治化。"

当前,中国特色社会主义建设已经进入了新时代,站在新的历史起点上,面对新的形势、新的挑战,为了更好地维护国家法治权威、维护人民群众的合法权益,所有法律工作者都必须不断提高自身的业务水平以适应新的形势和要求。

实际上,案件当事人遇到的不仅是法律问题,案件往往还会同时给他们造成情绪和心理问题。他们需要寻求法律帮助,同时也需要寻求心灵靠山。就像到医院就医,病人和家属希望听到的是医生对病情的深入问诊、嘘寒问暖,而不只是开张单子、就事论事。当事人走进律所、走进法院的时候,一般已经穷尽了所有的救济途径,最后才会选择使用法律的武器来保护自己。此时,律师要做的不仅是提供法律意见,同时还要运用倾听、共情、归因等心理学技术更好地为当事人提供法律服务。

2. 构建和谐社会的必然要求

党的十八大提出,倡导富强、民主、文明、和谐,倡导自由、平等、公正、法治,倡导爱国、敬业、诚信、友善,积极培育和践行社会主义核心价值观。法律工作中也时时刻刻体现和践行着这 24 字社会主义核心价值观。比如"平等"二字,之前的法庭座次安排大多为法官居中,双方当事人面对面的对抗式架构。而现在,当我们走进上海市第一、第二中级人民法院时,可以看到双方当事人的位置是以左右并排的形式布置的。这样的法庭座次安排,既体现了心理学技术,又完全符合现阶段我国和谐社会建设的要求。

三、律师庭审中常用的心理学技术

(一)倾听技术

倾听技术是心理学的核心技术之一,也是心理咨询师的基本技能之一。有人可能说:"听还不容易吗?我就让对方讲,讲到对方讲不动为止就行了。"其实,倾听是一门非常深奥的学问。正确的倾听对于增进人际关系具有巨大的作用;反之则会严重影响人际关系。在倾听过程中,需要做到以下几个方面:

1. 保持尊重与耐心的态度

庭审中,无论你处于什么样的角色,都需要对所有人保持尊重的态度,只有这样才能换取他人对自己的尊重。特别是对待法官,无论法官是怎样咄咄逼人、不留情面,都要对他有基本的尊重,法庭的节奏永远都是由法官控制的。同时,对于别人的发言,无论其观点与自己的观点多么截然不同,也不论对方讲得多么离谱,律师都要保持基本的耐心,不能随意打断他人说话。

2. 获取并正确理解言语信息

在庭审过程中,律师可能碰到形形色色的当事人和法官。其一,要接纳,不能急于反驳;其二,要能够从对方错综复杂的言语中获取并归纳重点。人说话时的音量、语速、音调等都会透露出相应的信息,作为倾听者要学会从中获取并解读这些信息。例如,有时当事人在回答某个法庭提问时音量变轻了、语气变轻了、反应犹豫了,这往往表明其对这个问题没有把握,其回答很可能有虚假成分。又如,在一起离婚案件中,女方律师在法庭组织的调解时突然拍案而起,用非常凶狠、严厉的语气质问男方:"某年某月某天,你是不是和别的女生出去开房了?!"男方突然被吓住,虽然男方律师及时就对方代理人的行为及证据提出了异议,但是女方律师这样的举动仍然给同为女性的审判者留下了深刻的印象,在调解时亦可能有所偏向。因此,在庭审中正确获取、理解他人的言语信息对于之后庭审节奏的把控是相当重要的。

3. 仔细观察并解读肢体信息

除了言语信息外,开庭时虽然各方当事人都是坐着的,但是仍然会有一些肢体信息可以传递出对方的内心世界。比如,在某个股东知情权纠纷中,律师发现涉案公司股东行使知情权的前置程序存在瑕疵,向法庭指出后,看到对方当事人明显肢体僵硬、脸颊泛红、呼吸急促,基本上能够说明此举正好击中了对方的要害。于是,律师抓住机会与对方庭外和解,最终对方撤回起诉。在这个案件中,正是由于律师及时观察到对方的肢体动作变化,才最终为委托人取得满意的结果。

(二) 非言语交流技术

非言语交流技术是指在人际交往中,双方不使用语言而通过其他方式使信息得到传递的一个过程。主要分为以下几种形式:

1. 外貌及穿着

外貌往往是一个人给别人的第一印象,"人靠衣装马靠鞍",一个人的穿搭会在一定程度上体现其性格。例如,在一个离婚案件中,男方穿着人字拖、破着洞的T恤衫来开庭,还跷着二郎腿不停地抖动,给人的第一印象真的是差到极点。当女方出示微信证据证明男方长期在外包养情妇,并曾陪情妇去打胎时,男方竟然堂而皇之地否认微信的真实性。即使在当庭播放男方的微信语音证实微信号确系男方本人使用后,男方也还坚称所有的微信内容系女方拿着男方的手机自己和自己的对话。这样的狡辩真是闻所未闻,男方从穿着到行为都淋漓尽致地展现了其极差的素质,亦玷污了法庭的尊严和权威。

2. 体态

体态具体包括一个人的头、脸、眉毛、眼睛、嘴巴、四肢等,与倾听技术中观察对方的身体信息一致。一般而言,距离大脑中枢越远的部分,受到大脑意志控制越少,就越能反映出当事人的真实心理。比如,紧张的人往往会将十指交叉握在一起,因此,双手紧握说明这个人很焦虑或是压力很大,而双手摊开则表示对方愿意与你坦诚相待。

3. 距离

对空间的使用、人与人之间距离及位置的安排也能在一定程度上反映出人的心理。比如,在案件调解过程中,有些法官会选择走下法官席,站到当事人的身边,这样的举动一下子就会拉近法官与当事人之间的距离,会为调解成功打下坚实的基础。

(三) 学会正确归因

归因是指一个人对自己或者他人所作行为的原因的推论过程。比如,小王的儿子考了全年级第一名,那肯定是因为小王平时盯得紧,给儿子报了很多补习班。这就是一个旁观者对别人家庭孩子取得好成绩的一个归因事例。在庭审过程中正确归因是非常重要的,不仅有利于归纳对方提交证据的意图,也有利于分析法官判决的走向,同时有利于找出自身的不足。当然,我们在利用归因理论的同时,要避免错误归因:

1. 自我服务偏差

很多当事人会认为,判决赢了是因为自己有道理,而判决输了则是对方"买通"了法院,这就属于典型的归因错误中的自我服务偏差。

2. 基本归因错误

基本归因错误,是指观察者经常把别人的行为归因于其人格或态度等内在因素上,而忽略他们所处情境(即外在因素)的重要性。例如,立案庭法官在回答当事人所需材料时语速较快,有些当事人会认为法官态度不好、不耐烦,但是却忽略了立案庭法官每天要接待几十号人,这样的问题每天都要重复上百遍。又如,在接待当事人时,当事人刚说到一半,有些律师就开始打断和反驳,这样非常容易陷入基本归因错误。因此,正确归因有助于律师更加耐心细致地接待当事人和处理案件。

3. 过度归因

很多人会将精明与上海人、不懂事与犯错简单联系在一起。与普通人一样,律师也会出现过度归因现象。所以,律师在处理案件以及开庭过程中,必须排除主观臆断,客观公正地为当事人提供服务。

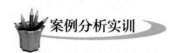

案例分析实训

案例1

【案情简介】

李律师今天下午接到一个案件,明天上午就要开庭,李律师非常紧张,从来没有这么紧凑地参加过一个庭审。

在庭审过程中,对方聘请的律师穿着随意,证据材料也没有制作证据目录,陈述观点也比较凌乱,法官质疑对方律师的专业水平。

【思考问题】

1. 虽然开庭时间紧迫,但是李律师应当做哪些庭前准备工作呢?
2. 庭审中,李律师可以运用哪些心理学知识来沉着应对庭审呢?
3. 若开庭时没有充分表达观点,李律师还可以用什么方法补救?

案例2

【案情简介】

王女士是一名非常成功的金融行业从业人员,儿女双全,曾经也拥有幸福美满的家庭。可是,近期王女士的丈夫李先生由于工作需要以及工作压力,经常外出参加饭局,很多时候喝得烂醉如泥后才回家,回家后有时会借着酒劲对王女士家暴,事后又像没事人一样如常生活。

张律师负责王女士的离婚诉讼案件,但由于家庭矛盾、夫妻关系往往涉及隐私,王女士并不愿意向张律师全盘托出。

开庭时,对方突然拿出很多证据,用以证明王女士在婚姻存续期间也是存在过错的。对这些证据张律师事先没有任何准备,并且法官是个急性子,急于完成庭审,不愿意听当事人用过多的言语来数落对方的过错。

【思考问题】

1. 作为律师,应当如何接待当事人,引导当事人还原案件事实、整理证据?
2. 面对对方举证中当庭出具的新的证据材料,律师应当如何应对?
3. 面对咄咄逼人的法官,律师应当如何从容应对?
4. 律师在整个案件处理过程中运用到哪些心理学技术能够更好地处理案件?

第二章

法律尽职调查实务

> **本章概要**
>
> 无论是诉讼业务还是非诉讼业务,法律尽职调查均是律师办案前期最重要的工作之一,也是律师必备的基础技能。法律尽职调查虽看似简单,但其涉及的内容及法律知识实则非常繁杂,一个很小的问题,如各方沟通不顺畅,都会造成尽职调查进程举步维艰。所以,尽职调查是对律师各项能力的综合考验。
>
> **学习目标**
>
> 本章从尽职调查的概念、流程、方法、案例等多个角度入手,希望能够为学生提供一份容易掌握的尽职调查指南。

第一节 尽职调查概述

一、尽职调查的定义与特征

尽职调查又名"审慎调查",具体调查什么是由调查目的决定的,而怎么调查则体现在调查过程中调查者所应具有的勤勉精神。本节所讲的尽职调查,就是律师在当事人授权委托的基础上,依据服务项目的需要,根据法律法规及基本的职业素养,对于项目中的交易主体、交易标的、关联事项等法律事实进行的调查,并在法律框架内与个人经验的基础上提供法律分析或判断,进行法律评估,从而提示风险以及完成交易之目的。一篇尽职调查报告短则几页,多则上百页,但是万变不离其宗,最重要的内核就是要与当事人的委托事项相关,所以律师在接受尽职调查之前必须听"懂"当事人的意思。当然,这个"懂"的过程可长可短,有时只需要几分钟,有时则可能需要多次沟通才能充分理解,而只有充分了解委托人的最终目的才能够开展尽职调查。律师在"懂"的基础上也要给予当事人"理"的法律建议,否则无论形成的调查报告是多么详尽充实,都不能让当事人满意。

尽职调查最早的运用在美国。美国《1933年证券法》明确规定,在虚假陈述或者遗漏重大的必要事实等行为导致损失等问题时,股票购买者可以对此主张权利。在此之后,为了呈现尽职调查的过程与避免败诉,券商、会所、律所等中介机构分别形成各自的调查方法与程序。随着资本市场的发展和演变,当下尽职调查已出现在很多法律事务中,比如企业股权交易、不良资产处理、诉前财产调查、场外市场交易等。通过尽职调查,可以帮助委托方了解被调查对象的情况,从而判断有无再进行交易的可能;可以帮助委托方确定项目的交易方案、设定合理的实施架构或完成交易的时间,这在并购业务中最为常见。在谈判业务中,这是知己知彼、百战不殆的一个重要手段,因为通过尽职调查可以知悉调查对象存在的财务危机或者运营弱点。例如,2020年的一部职场剧《平凡的荣耀》展现了很多尽职调查工作的内容,其中有个情节让人印象非常深刻。公司在与"一碗鲜"收购谈判前派出调查小组调查"一碗鲜"的真实经营状况,调查小组通过调查其实际客流与进货渠道采购量了解到"一碗鲜"的真实销售情况,发现"一碗鲜"的门庭若市是"虚假繁荣",使得原先处于强势地位的"一碗鲜"瞬间气势全无,从而为公司的收购谈判提供了有利的筹码,以比较理想的价格最终完成收购。这个小案例完美展现了尽职调查的重要性。

为了便于大家形成记忆,现将尽职调查的特征简单总结如下:

第一,尽职调查必须在委托人授权范围内进行。律师所有的代理权限均来源于委托人,因此授权委托是基础。律师与当事人达成合意后,必须签署委托合同和授权委托书,以书面方式明确委托的范围,以避免不必要的纠纷。当事人时常会有这样的误区,认为律师什么都可以调查,所以只要请了律师,想要什么材料他们都可以调查出来,关于委托事项的所有问题都应该能查出来。然而,事实并非如此。就上海地区来说,律师基于律师身份一定能够调取的材料只有户籍信息与工商信息,其他调查都需要调查对象、相关政府机构的配合。而实践中,不配合的调查对象大有人在,对此律师所需要的不只是律师证,更多的是要与调查对象进行有力沟通。所以,律师在碰到委托人有这样的误会时,一定要充分解释法律之"理",避免委托人将律师等同于私家侦探。

第二,尽职调查的目标必须明确,才能对基于项目关联性的法律事实进行法律分析与判断。律师在明确委托人具体需求的基础上,应当对委托人需求进行细化,使用"庖丁解牛"之法明确调查的对象、范围、内容和途径等事项。举例而言,上海股权托管交易中心属于地方性的场外交易场所,俗称"四板市场",顾名思义,市场交易等级排在新三板之后。该交易中心给企业提供不同层次的Q板、E板挂牌板块,企业可以根据自身情况作出选择。一般来说,企业在完成股改事项(Q板无须)之后即可在该平台挂牌上市。对于这种企业的尽职调查,挂牌业务调查的内容非常多,高达几十项,如企业工商信息、经营情况、人员、房产、知识产权、诉讼、处罚等情况,其中最重要的是关联交易、同业竞争,这些也是此类尽职调查要重点核查的内容。对此,律师可以先罗列出关联人(包括法人与自然人),然后通过审计报告来确定关联交易,进而再对关联交易中的定价是否公允、同业竞争的实质竞争问题等作出具体阐述。需要注意的是,此类挂牌业务的审核年限是有限制的,如其审计报告两年仅需要出具一期,所以在上述关联性方面律师只要对要求的期限内的关联交易作陈述,没有必要无限期地追溯。另外,由于尽职调查的目的是评价法律事实,因此在调查报告中不需要呈列所有的调查事实,而是要针对相关法律事实作出利弊分析,再在此基础上形成风险提示与法律建议。当然,也有人对此持否定意见,认为所有的调查事实都应该出现在调查报告上,这样才能显示出律师的工作量,毕竟律师收费是与工作内容与强度有关的。实际上,这是要区分具体情况的:如果调查事项本来就不多,可以一应俱全;如果调查事项十分繁杂,就需要有所选择,条理与重点要清晰,重点问题详细陈述,而不是乱成一锅粥地端出来。

第三,尽职调查必须依法进行,律师应恪守执业规范。律师在尽职调查时不得违反法律,合法性是基本要求。目前,在尽职调查领域我国尚无统一的法律规定,有关规定主要集中在证券业务规范方面,并没有统一的形式和标准,参考标准主要是《中华人民共和国公司法》(以下简称《公司法》)、《中华人民共和国证券法》和一些操作指引等。这就要求承办尽职调查的律师必须是个"杂家",除了关注宪法、法律、行政法规等比较重要的法律,也需要了解地方性法规以及一些特殊行业的政策性文件等。尽职调查必须依据调查时有效的法律,但在项目操作过程中有时候会碰到法律的新旧交替。例如,2021年1月1日开始实施的《中华人民共和国民法典》(以下简称《民法典》)取代了先前的《民法总则》《民法通则》等,这其中有很多新增的内容,也有许多删减的内容。又如担保问题,《民法典》实施之前的法律认可没有约定视为连带保证,而《民法典》明确规定未作约定的是一般保证。相应地,就同一法律事实所作的法律分析可能是截然不同的。因此,必须注意法律的更新,才能作出最准确的法律分析。

二、尽职调查的要求

尽职调查的事项不同,其要求也各不相同,具体规定散落在多部法律规范中。比如,《律师事务所从事证券法律业务管理办法》是从事务所的角度来进行规制的。总结相关法律规定可知,律师在办理尽职调查业务时,一是必须查明重要事实;二是必须尽到合理审慎义务。

(一) 查明重要事实

尽职调查中的重要事实,必须从整体上判断,要注意个案的特点,必须针对特定的目标、特定的要求及特定的项目进行,要注重获取信息的真实性、准确性和完整性,并应在整体判断基础上分列出重点,即重大事实。一个尽职调查项目可能因为时间、金额等客观因素,不可能做到面面俱到,所以要有的放矢。

(二) 合理审慎义务

律师在进行尽职调查时还有一个最基本的要求,即合理审慎。换而言之,超出这个标准之外,是无法追究律师责任的。事实上,这也是保护律师的方式。虽然律师职业具有一定的专业性,但是律师的专业性也是因人而异的,有些律师的业务水平相对较高,而有些律师则一般,所以不可能按最高水平要求和衡量尽职调查的业务,律师只要尽到合理审慎的义务即可。

三、尽职调查前的必要准备

(一)利益冲突审查

在非诉讼案件中,律师接受尽职调查委托前,必须首先进行利益冲突审查,不可出现利益冲突、双方代理等影响委托人利益的情形。利益冲突审查主要是在律所层面进行,审查范围比较宽泛,曾经或者可能涉及被调查对象利益的主体和事项均应当审查。如果经审查存在利益冲突,律师所在律所应当向委托人进行说明,征求当事人意见后决定是否进行下一步的法律服务事项。

(二)尽职调查事项的说明

尽职调查是否能够顺利完成,需要委托人、被调查对象等多方面的配合。如果参与人数比较多,还会涉及律师团队内部的配合。

在开展尽职调查之前,律师应尽量向委托人和被调查对象说明尽职调查工作的内容与流程。一般而言,在接触之初委托人和被调查对象往往会有很多顾虑,委托人同样可能犹抱琵琶半遮面,他们可能担心调查造成商业机密泄露或者披露过多信息对自己不利,而律师在项目开展之前进行说明可以在一定程度上消除委托人的疑虑,从而更愿意配合调查工作开展。同时,这不仅要求律师具备过硬的业务能力,有时候还要求律师展现高情商的一面,才能让委托人和被调查对象自愿揭开"神秘的面纱"。

【思考问题】

利益冲突审查是否为尽职调查必要步骤?请说明原因。

第二节 尽职调查的工作流程

经过多年的实践,尽职调查已形成专业的工作流程,一般操作步骤和内容包括以下几项：

一、确定尽职调查的对象及范围

律师首先必须了解本次尽职调查的目的，清楚各方在交易中的地位及相互之间的利益关系，并在知晓委托人的意图后，与委托人协商确定尽职调查的对象及范围。当然，这些仅是初步的工作，视项目大小，在尽职调查实施过程中，律师与委托人沟通协调的会议可能至少要开三次以上，沟通协调的内容涉及汇报调查进展、针对调查中出现的情况作结构调整等多个事项。确定尽职调查的对象及范围，也就确定了律师工作的方向与任务。

与此同时，有一项工作——收集整理与本次尽职调查事项相关的法律法规必须在立项之初就开始实施。有的著作中把这项流程单独列为一节进行重点说明，因篇幅有限，本书不作详细展开。需要注意的是，在法律法规检索方面，要选取权威的官方平台，要注意施行日期及相关的废止与修订，以保证其时效性。

搜集法律法规做起来不算难，而且经过一定时间的积累，这些法律法规与文件基本都会在律师常用的文档里，一般只要注意更新即可，遇到特殊情况再另行查找。这里要提醒刚入行的律师，必须做一个有心人，在工作过程中注意积累，做好留档，避免重复性工作浪费时间。就法律法规更新事项举例如下，一家新三板公司的股东因车祸去世，其股份发生法定继承，经过公证由其配偶（收购人）继承，收购人委托律所就此出具法律意见书。法律意见书初稿形成于2021年9月底，后面又经过多次修改，律师于2021年11月18日提交系统审核，后收到反馈意见，问题之一就是引用了失效的法律文件。律所再核查发现其中有个规范所涉标准已更新，新的规范性文件已于2021年11月15日开始实施，但是在提交系统审核前律师未作查核，导致法律意见书出现问题。这也提醒我们，提交法律文书前一定要进行相应的检索和查核。

对于法律法规、政策中没有规定或者冲突的问题，律师在尽职调查时需要向权威机构咨询。需要提醒的是，除非委托人授权，否则律师一般应匿名咨询。若无法得到解释，则律师可以通过深入的法理分析寻求答案。这也是项目实施的风险之一，律师必须如实告知委托人。

二、制作尽职调查问题清单

尽职调查事项清单的形式多种多样,可以是问卷、清单列表等方式。

在制作问题清单时,律师应当将与调查事项有关联性的法律事实与委托人重点关注的问题一一列出,如交易中双方特殊资质的要求。律师不仅要调查对方,也要调查委托人自身。以四板挂牌业务为例,律师需要对委托人的主体资质、财产等多个方面进行尽职调查,以核查其是否符合相关交易平台的要求,这个调查就是最典型的调查委托人自身。在诸如挂牌之类的业务中,常见的尽职调查方式是清单列表。被尽职调查企业根据清单上的问题,在规定期限内以书面形式回复,并提供相应的材料。对于没有或者缺失的材料,被调查方必须提供详细的书面说明。之后,针对尽职调查的重点内容,律师通常会以访谈等方式进行更深入、细致的调查。

需要特别提醒的是,诸如上市、并购之类的业务,因为大方向是类同的,所以采用的尽职调查清单、问卷很多是模板性的文件。对于律师来说,在制作清单或者问卷时,要特别注意两个问题:

一是要仔细核查委托人的信息,保证完全替换,并应特别注意检查模板中页眉、正文中的名称等内容。这些是初级律师刚接触时最容易出错的地方。2021年3月,哔哩哔哩向港交所提交了申报材料,拟在港交所上市。在其提供的公司资料中,拟上市主体的名称写的是"百度集团"。一下子舆论四起,网友认为哔哩哔哩此次上市材料很明显抄袭了百度集团的上市材料,连名称都忘记换了。这是忘记替换名称的典型案例。哔哩哔哩与百度集团用的是同一家律所,律所可能套用同一套模板,但未细致检查和替换,导致出现这种低级错误。此类事件往往会导致委托人的信任危机。

二是注意问题的时效性。模板对于同类业务具有较大的参考价值,但是这些仅是参考资料。有些资料或者问题会随着时间的变化不再具有调查意义,而有些事项又会出现特殊的要求,因此在将资料交给委托人之前,律师应当检查并确保每个问题都具有时效性与必要性。比如,根据工商要求,企业实缴资本情况应当提供验资报告进行备案,但是现在对于披露实缴这一事项,完全由企业自愿提供，不作硬性要求，所以在企业的内档材料中并不一定有相关材料。若没有，律师就得要求企业另行提供。在实践中，律师在完成拟尽职调查清单后应与委托人沟通，征求委托人的意见，以作补充与修改。

三、收集尽职调查材料

前述清单、问卷都是相对被动的调查方式，律师需要等待被调查方提供材料，要是被调查方不配合或者故意隐瞒，律师就很难获得真实有用的信息。所以在实践中，尽职调查一般需要综合运用访谈、书面审查、实地调查、查询、函证等多种方式，以全面地收集材料。一个尽职调查项目往往是综合运用多种调查方式的结果。

（一）尽职调查的方法

2011年1月1日施行的《律师事务所证券法律业务执业规则（试行）》在第二章"查验规则"中对律师在证券业务中的尽职调查方法作了详尽的规定，具体条款在这里不作赘述。这些规则是律师进行尽职调查最基本的指引和要求，不仅在证券业务中需要遵守，对于其他项目中的尽职调查也有很高的参考价值，因此可以此为基准，针对项目具体要求进行相应的增减。

（二）尽职调查的信息来源

1. 委托人与被调查方等的介绍

在委托律师开展尽职调查之初，委托人一般会作项目的详细介绍，也会提供一些初始文件供律师参考。基于这些材料，律师可对尽职调查的对象、范围、方式等作一个全盘规划。

对于委托事项及基本材料，律师可以重点关注两点：一是项目整体评估。在了解委托事项的基础上，律师需要对项目作全盘预估，要深刻理解项目本身的特点。例如，上海股权交易中心Q板对于企业的科创性有特殊的要求，这就是其区别于其他板块的特点，是律师应着重调查的方面。二是重点解决客户关心的问题。有些项目并不是一开始就有律师介入的，而是出现问题才找律师进行调查以解决问题的，所以律师应当着重解决客户遇到和关心的问题。

2. 各方提供的材料

交易各方、被调查对象提供的材料是律师获取尽职调查材料的主要来源。

各方提供文件的方式多种多样,而针对不同形式的文件有不同的规范要求。例如,纸质文件必须有提供方的签章或者签字;复印件必须与原件核对,保证与原件一致。这与诉讼中的证据规则要求是一致的。例如,企业提供的复印件与原件明显不一致,对于这种存疑的文件律师不能直接采用,必须再次深入核查。此外,对于光盘、网络资料应当让提供方说明来源,以便后续核查。

3. 现场访谈、实地考察可作为书面文件的补充

在尽职调查中,现场访谈、实地考察也是律师经常采取的方式。

访谈对象比较宽泛,委托方、相对方都可能成为访谈对象。之所以要进行访谈,是因为很多问题往往是纸质文件没有办法反映出来的,只有通过与各方当事人的直接沟通才能获取所需事实。小的项目参与人员比较少,基本上都是律师亲自操刀。大的项目一般会有很多参与人员,有时也会发生访谈对象记忆偏差等情况,相应地可能出现访谈结果与书面文件的不一致。当出现这种情况时,律师应当重新核实,并要求被访谈对象提供补充或作出必要说明。

现场访谈,必须首先对访谈对象身份进行核实,确保其披露的事实的准确性,并应制作访谈笔录等文件。访谈笔录等文件应当由被调查对象签字或者盖章确认。

实地考察可以对被调查对象的现状有一个清晰的了解,比如公司资产,通过实地考察可以发现是否真实存在、规模是否属实,以防止发生獐子岛扇贝"集体逃跑"之类的恶性造假事件。由此可见,通过实地考察可以避免重大遗漏,"百闻不如一见"说的就是这个道理。

4. 听取中介机构的意见

在四板上市过程中,企业一般会委托保荐机构、会计师事务所、律师事务所等共同完成企业上市项目,而这些机构都应对拟上市企业进行尽职调查。虽然各个机构的侧重点有所不同,但是基础信息是一致的,可以相互补充。为此,在这种复杂的项目中,律师应当和其他中介机构保持良好的沟通,以便各方互通有无。

5. 国家机构公开的信息

市场监督管理机构、土地登记机构、知识产权登记机构、税务管理机构、法院等多个国家机构也是尽职调查的重要的信息来源。随着《政府信息公开条例》等行政法规的实施，从这些部门获得公开信息已经非常便捷，而且在某些项目中，必须以政府部门公布的材料作为来源和依据。同时，信息技术的发展为律师节约了大量的时间成本，如上海地区企业的工商信息可以在网站上直接以律师身份申请获得。

6. 网络公开信息

现在的网络功能非常强大。例如，有些民事案件审理可能在线直播庭审内容，庭审后不久在"企查查"上查询相关信息，就会发现案件裁判情况已经在上面呈现了。事实上，当下不管是企业还是个人，都无法隐形。律师可以轻松地通过网络获取企业的一部分公开信息。这些信息可以让律师从多方面对被调查对象进行了解，有时候一个细节可能就是解决一个重大问题的突破口，如企业有涉诉案件，律师可基于此展开调查。当然，律师应当注意区别信息来源的权威性与真实性。

（三）尽职调查最新实用网站

在尽职调查中，律师对于收集到的信息和资料要进行核查与验证。传统的查验需要律师奔波于不同部门进行核查，而在当下互联网时代，可供律师进行查验的便捷渠道比较多，以下网站可以帮助律师足不出户就能够收集、核查信息，提高工作效率。

1. 企业主体信息网站

（1）国家企业信用信息公示系统。国家市场监督管理总局主办的"国家企业信用信息公示系统"网站（https://www.gsxt.gov.cn/index.html），具有全国企业、农民专业合作社、个体工商户等市场主体信用信息的填报、公示、查询和异议等功能，是目前查询企业法人主体资格最权威的渠道，网站上会列明企业的基本信息、历史变更、行政许可与处罚等信息。但是，诸如企业实缴资本这样的信息是企业自愿提供的，所以企业不主动申报的话，在该网站是查询不到的。另外，此类信息也可以通过省、市市场监督管理局网站进行查询。

（2）第三方查询平台。比较知名的"企查查"网站（https://www.qcc.com/）、"天眼查"网站（http://www.tianyancha.com/）等，关于企业的信息比较丰富，如企业实缴资本、关联企业等信息都可以直接查到，还能进行简单的数据分析，实用性很强，也很方便。

（3）全国组织机构统一社会信用代码数据服务中心。"国家企业信用信息公示系统"只能查询到企业主体基本信息，诸如社会组织、事业单位、医院等机构的信息只能通过"全国组织机构统一社会信用代码数据服务中心"网站（https://www.cods.org.cn/）进行查询。目前，组织机构统一社会信用代码及其基本信息已广泛应用到税务、银行、保险、政法、数据安全、电信、征信、制造、互联网等行业和领域。

（4）省、市信用网站。这类网站目前只有部分地区已建成，皆以推进企业信用体系建设为目的，如"深圳信用网"（www.szcredit.org.cn/）、"北京市企业信用信息网"（http://qyxy.scjgj.beijing.gov.cn/）、"信用浙江网"（https://credit.zj.gov.cn/）等。这些网站上的企业信息也比较丰富，还可以查询到企业人员参保等信息，可与其他网站信息互相补充。

2. 主体信用网站

（1）中国人民银行征信中心。"中国人民银行征信中心"网站（http://www.pbccrc.org.cn/）是查询企业和个人信用档案的最权威渠道。目前，该网站系统已经建成世界规模最大、收录信息全面、覆盖范围和使用广泛的信用信息数据库，基本上为国内每一个有信用活动的企业和个人建立了信用档案，通过建立企业和个人信用信息共享机制，有效解决了金融交易中的信息不对称问题，全面精准助力放贷机构防范和化解信贷风险，帮助企业和个人获得融资。其基础核心产品信用报告已成为反映企业和个人信用行为的"经济身份证"。自然人或者法人都可以在该网站上提出申请，申请通过后就可以查询所需的信用档案，也可以查询企业应收账款以及质押、转让登记信息，包括质权人名称、登记到期日、担保金额及期限等。

（2）信用中国。"信用中国"网站（http://www.creditchina.gov.cn/）是官方信用系统查询网站，是政府褒扬诚信、惩戒失信的窗口，主要承担信用宣传、信息发布等工作。该网站可以查询到企业经营异常信息、失信被执行人信息、重大税收违法信息等。在私募管理人登记的法律意见书中,中国基金业协会要求律师对申请机构在该网站是否存在负面信息发表意见。

除了上述网站,通常我们会用"学信网"(http://www.chsi.com.cn/)核查相关人员的学历信息,通过"绿盾企业征信系统"(http://www.11315.com/)查询一些信用信息。

3. 主体涉诉信息网站

(1) 人民法院案例库。"人民法院案例库"(http://rmfyalk.court.gov.cn/)是最高人民法院(以下简称"最高法")官方裁判文书网上公开平台,收录经最高法审核认为对类案具有参考价值的案例。近些年来,随着司法公开化的进一步深入,基本上所有诉讼案件的信息都会在网上公开。但是,2014年之前的判决要视每个地方的公开程度不同而有所差异,要查询之前的信息就要到各省级高级人民法院的网站,如"北京法院网"(https://bjgy.bjcourt.gov.cn/index.shtml)、"上海市高级人民法院网"(http://www.hshfy.sh.cn/)、"浙江法院网"(http://www.zjcourt.cn/)。

(2) 人民法院诉讼资产网(拍卖公告查询系统)。"人民法院诉讼资产网"(http://www.rmfysszc.gov.cn/)是由最高人民法院主办,面向全国各级法院、社会辅助机构和广大竞买人的诉讼资产综合信息发布和司法拍卖平台。该网站可查询包括被调查对象的状况及资产在内的情况。

除了上述网站,"北大法宝""无讼"等网站也收集了大量的案例,而且更新速度更快,可以通过这些网站查询后再验证。

4. 主体税收信息网站

(1) 增值税一般纳税人资格查询。"全国企业一般纳税人资格查询"网站(http://www.foochen.com/zty/ybnsr/yibannashuiren.html)覆盖全国企业一般纳税人,是比较常用的税收信息查询网站。

(2) "全国个体私营经济发展服务网(小微企业名录)"(http://xwqy.gsxt.gov.cn/)主要为社会公众和小微企业提供查政策、小微企业(含个体工商户)、专题找服务及相关链接等栏目服务,该网站系统公示的信息来自市场监督管理部门以及其他政府部门和企业,政府部门和企业分别对其公示信息的真实性负责。

5. 主体知识产权信息网站

(1) 中国商标局商标查询系统。国家知识产权局商标局"中国商标网"(http://wcjs.sbj.cnipa.gov.cn/)提供商标近似查询、商标综合查询、商标状态查询、商标公告查询、错误信息反馈、商品/服务项目查询六个查询平台,通过这些平台,可以查询到被调查对象的商标情况。此外,第三方平台如"标库网"(http://www.tmkoo.com/)等也可以辅助查询相关信息。

(2) 中国及多国专利审查信息查询。"中国及多国专利审查信息查询"网站是中国专利局的官方查询系统,可以查询专利的整体情况。需要特别提醒的是,在核查专利时,要注意专利费缴纳情况,因为如果企业未按照要求缴纳年费,其专利权就会受到影响。

(3) 中国版权保护中心。"中国版权保护中心"网站(http://www.ccopyright.com.cn/)是国家版权登记机构官网,可查询已登记的作品和计算机软件版权信息。值得提醒的是,因为版权是作品完成之日就享有,而不是以登记为有效条件,所以如果相关作品、计算机软件未作登记,也就无法从该网站获取其版权信息。

(4) 第三方平台。诸如"权大师"(https://www.quandashi.com/)、SooPAT(http://www.soopat.com/)、"佰腾"(https://www.baiten.cn/)等商业性网站是第三方平台,项目也比较全,可以查询到商标、发明专利、作品和计算机软件等知识产权信息。

6. 主体行政处罚情况

企业行政处罚主要集中在税务、环保或者行业合规方面。

律师审查税务是否合规,通常情况下可以让被调查对象提供税务合规证明之类的书面文件,同时也可以通过网站进行初步查询,如通过所在地的税务机关网站进行查询。以上海为例,可在"国家税务总局上海市税务局"网站(http://shanghai.chinatax.gov.cn/)查询相关企业、个人缴税情况。

审查企业环保是否合规,可以通过"中国生态环境部"网站(https://www.mee.gov.cn/)及各地方政府环保部门网站查询相关信息,如"上海市生态环境局"网站（https://sthj.sh.gov.cn/）、"江苏省生态环境厅"网站（http://hbt.jiangsu.gov.cn/）。

如果企业是特殊行业，如互联网企业，还可以通过其主管机构工信部的网站来核查其重大行政处罚情况。

7. 证券、投资、基金相关网站

（1）中国证监会官网：http://www.csrc.gov.cn/pub/newsite/。

（2）上海证券交易所官网：http://www.sse.com.cn。

（3）深圳证券交易所官网：http://www.szse.cn/。

（4）北京证券交易所官网：http://www.bse.cn/。

（5）全国中小企业股份转让系统（新三板）官网：http://www.neeq.com.cn/。

（6）地方性股权交易中心。具有代表性的有上海股权托管交易中心：https://www.china-see.com/index.do；江苏股权交易中心：https://www.jseec.cn/。

（7）中国证券投资基金业协会信息公示系统：http://gs.amac.org.cn/。

8. 行政资质相关网站

（1）住房和城乡建设部：http://www.mohurd.gov.cn/。

（2）国家市场监督管理总局：http://www.samr.gov.cn/。

（3）工业和信息化部ICP/IP地址/域名信息备案管理系统：https://beian.miit.gov.cn/#/Integrated/index。

（4）中国土地市场网：https://www.landchina.com/。

此外，还可以通过百度等搜索引擎的文件混搜查询具体信息。

四、审查尽职调查的材料

律师对尽职调查过程中收集到的信息和资料应当细致地进行分析与判断，具体应从其来源、时间、内容及证明目的、真实性等多个方面进行审查。

（1）在查验尽职调查材料时，要避免犯低级错误，如数量的清点。例如，被调查者在陈述企业实收资本时一直强调都实收到位，但是律师查对企业的账册发现资金进来的明细账目、数量与企业所述并不相同，对此应要求企业进一步提供验资材料来证明实收资本。

（2）在文件查验方面，要特别注意其具体内容，这在合同审查方面尤为突出。例如，在审查企业的重大合同时，律师要对合同的履行状态发表意见，而很多合同可能持续时间比较长，虽然主合同条款已履行完毕，但是合同标的仍在质保期内，所以仍应将其视为履行中的合同。还有一些合同的生效时间要特别注意，不能理所当然地认为签字盖章时间就是合同生效时间，比如附条件的合同，需要看条件是否成就。同样，还要注意企业合同的解除条款。这些都可能成为被调查对象日后的涉诉风险点；如果委托人是想成为公司股东，这些都可能波及委托人。

（3）律师在查验收集到的文件时还有一个问题必须重视，就是一定要学会发现问题。发现问题的能力往往代表着一个律师的专业水平。例如，企业召开股东大会并作出决议，一般来说有表决权的股东过半数出席并通过即可，但如果被调查对象的公司章程中明确规定必须达到有表决权的股东 2/3 以上出席并通过方才有效，那么其股东大会决议的效力就必须结合其章程、股东大会议事规则等进行综合查验。

另外，律师还要对文件的真伪作一些特殊的甄别，如果必要的话，需要求助专业的鉴定机构。

五、整理尽职调查报告

（一）报告的内容

经过前期的调查，最终呈现给委托人的就是一份尽职调查报告。有些复杂的项目，可能还要有阶段性的调查报告，以明确下一步的工作计划。通常来说，尽职调查报告结构分为序言、正文和附件三个部分。

尽职调查报告的序言部分通常包括以下几个方面：(1) 本次尽职调查的目的和范围；(2) 本次尽职调查所用的方式；(3) 本次尽职调查所受到的限制；(4) 本次尽职调查所依据的文件；(5) 本次尽职调查的免责声明。

正文部分主要是尽职调查过程中获得的与调查目的相关的信息，以及结合法律所作的分析,即剖析其中的法律风险,必要时可给予基础的法律建议。

附件部分通常包括正文所依据的资料,还包括一些资料整理表格等。

(二) 尽职调查报告的格式与逻辑

律师整理调查报告应当逻辑分明、层层递进,避免凑字数,报告中引用的法律、数据等都必须注明名称、文号、颁布时间等。资料的来源要尽量详尽地交代清楚,如是调查取得还是第三方提供。复杂的项目一般由多人完成,要注意保持格式、字体及撰写方式等的一致性。

(三) 复核尽职调查报告

实践中,尽职调查报告通常由两名以上主办律师共同完成,一人撰写的部分往往由另一人进行复核,主要是对文字、法律问题、工作进展等进行复核。其中,文字复核主要核查是否有错别字、数字是否准确、格式是否一致等,如数字一般保留到小数点后两位。在法律问题复核方面,主要是看是否全面覆盖所有问题,法律分析是否准确,是否给予恰当的解决方案。如果是阶段性的调查报告,则应当注意该份报告与其他工作的衔接问题,以方便作下一步的安排。

附:

关于 ×××项目法律尽职调查材料清单

说　　明

1. 本清单旨在收集反映[　　　　]及其下属主要子公司、分公司(以下合称"目标公司")相关方面状况的基本资料和信息,为使题述项目合法化、规范化运作提供依据。在整个工作过程中,我们将根据项目需要随时提出有关问题或补充要求提供有关资料。所有资料和信息的真实、完整和准确性将对题述项目产生重大影响。同时,根据项目的需要,我们可能在工作过程中将不时要求补充提供本清单所列以外的其他资料和信息。在此,首先对在收集、整理、提供资料工作中将付出艰辛劳动的人士表示衷心的感谢。

2. 本清单所列示的有关资料和信息,请目标公司及有关方提供其有关原始文件(复印件即可)或书面文字说明(加盖公章)。

3. 对目标公司及有关方所提供的资料和信息,我们将依法承担保密义务;如果涉及重大秘密事项,请特别说明。

×××事务所

年 月 日

正　文

一、基本情况

(一)基本情况

1. 请提供目标公司最新的营业执照。

2. 请提供目标公司主营业务和主要产品涉及的所有批准文件、许可、证书,如建设资质、设计资质、进出口备案证明等。

3. 请提供目标公司的企业简介,详细说明目标公司的历史沿革、现状、主营业务、生产过程、经营方式和主要产品情况。

(二)分支机构和关联企业情况(如有)

请提供目标公司的分公司、办事处、代表处、控股或参股子公司(如有)的清单或图表(主要注明名称、从属关系),并请提供上述机构和公司的设立批文(如有)、最新的公司章程和营业执照(或登记证书)。

(三)外部环境

请说明国家、行业、地方对目标公司的经营实行的优惠或限制政策(包括但不限于财政补贴、日常经营等,税收详见下文),并请提供有关资料和法律文件。

二、历史沿革

(一)股本演变(全套工商内档资料)

1. 目标公司成立时有关政府机关(如有)的批准文件和投资方的内部授权文件。

2. 目标公司历次股本结构变化的政府批准文件(如有)、章程(或修正案)、合同(如有)、决议、付款凭证、完税凭证等文件。

3. 目标公司成立及增资的《验资报告》(如有)或凭证。

(二)经营管理和人事管理

请说明目标公司经营管理情况(具体实行的经营制度,如董事会领导下的总经理负责制),人员构成情况(在册员工总数及按部门等分类数);是否实行内部承包、租赁或其他特殊经营形式;是否享有需经特别批准的经营权利或系从事国家垄断经营的行业,如是,请提供有关法律文件。另请提供如下文件:

1. 董事、监事(如有)、厂长、副厂长、财务负责人、总经济师(如有)、总工程师(如有)等高级管理人员清单,主要注明姓名、职务、委派/外聘、国籍、服务起止期限。

2. 上述人员的委任书和聘用合同。

3. 请说明目标公司的职工福利政策、职工养老保险和公积金制度,并提供有关部门出具的文件。

(三)职工持股及分红情况

1. 若目标公司存在职工持股,请说明职工持股的发行情况、流通情况、托管情况,并提供有关资料和法律文件发行时的招股说明书、托管证明等文件。

2. 请说明目标公司历年的分红情况,包括分红方式、送红股次数和比例、分红利情况和历年留存的利润数额等,并提供有关决议文件。

(四)股东权利限制情况

若目标公司股东存在外部融资(民间融资)、信托、代持(隐名持股)、质押、内部锁定(限制转让)等情况,请说明其产生原因,并提供有关资料和法律文件。

三、财务状况

1. 请提供目标公司××××年度财务审计报告及财务报表。

2. 财务结构情况,请说明目标公司对他人享有的权利或对他人承担的义务,并提供与这些债权、债务有关的合同等法律文件,包括:

(1)长期、短期负债与债权,应收、应付款项;

(2)应交付或应接收的实物资产、无形资产;

(3)应履行或应接受的劳务。

3. 请说明目标公司有无为其他机构或个人提供担保而存在的或有负债。

四、资产权利情况

1. 请提供截至×年×月目标公司的《固定资产清单》，包括：土地使用权、厂房、办公楼、主要机器设备、专利权、专有技术、商标权和其他主要资产的清单（注明名称和账面价值）。

2. 请说明上述资产的取得方式：投资者投入、划拨、出让、租赁、补偿贸易或其他方式，并提供有关凭证（如批文、合同、发票等）。

3. 请说明目标公司对上述资产的权利状况，如所有权、使用权、经营管理权、共有权等；说明目标公司有无就上述资产为自己或他人设定的任何担保、抵押，目标公司依法行使资产权利时有无受到任何限制的情况。并请提供如下文件：

（1）国有土地使用权证；

（2）房屋产权证；

（3）商标权、专利权权利证书；

（4）著作权证书；

（5）有价证券持有证明；

（6）其他重要资产的取得、拥有或占有证明。

五、重大合同、重大诉讼事项

1. 请提供目标公司的以下合同（指目标公司未履行完毕的或已履行完毕但存在纠纷的合同）：

（1）土地、资源的使用权取得和赠与合同；

（2）房屋、重要机器设备购销合同；

（3）贷款合同；

（4）担保合同、抵押合同；

（5）建设工程施工合同；

（6）技术转让/受让合同、商标许可使用合同；

（7）与前十大客户/供应商签订的销售/采购合同；

（8）其他重要合同。

2. 请说明目标公司及其分公司、办事处、代表处、控股或参股子公司（如有）

及其高级管理人员是否涉及重大诉讼、仲裁或行政争议事项或存在尚未进入诉讼、仲裁程序的重大纠纷,如是,请说明上述单位在争议中的地位(原告、被告、第三人)、对方当事人、争议事由、管辖机构(法院、仲裁机构、行政机关等),以及对处置结果和影响的预测,并提供案件有关的起诉状、证据、判决书或裁定书等法律文件。

六、行政处罚

1. 说明目标公司及其分公司、办事处、代表处、控股或参股子公司(如有)、高级管理人员是否受到行政处罚,包括工商、税务、质检、消防、安监、公安、劳动保障、环境保护、进出口等行政处罚。

2. 如存在上述行政处罚,请提供处罚通知书、罚款缴纳证明、整改措施等文件。

七、纳税情况

1. 请提供目标公司承担的主要税负(增值税、所得税、营业税等)清单(列明税种、税率)。

2. 请说明目标公司现是否享受有关税收优惠政策,如是,请提供有关资料和法律文件。

3. 请说明目标公司近三年是否依法纳税,有无补税(如改变企业性质)、欠税或受处罚的情形。

八、环境保护与生产技术标准情况

1. 请简要说明目标公司主营行业及其上下游产业的环境污染情况,目标公司环境保护达标(环境评价验收)和排污费缴纳证明。

2. 请简要说明国家、同行业、主管部门对目标公司的产品质量标准和技术监督要求。

九、劳动合同及社保缴纳情况

1. 截至××××年×月《员工花名册》,公司与员工劳动合同的签署情况,有无未签署劳动协议的情形等,是否存在劳务合同或劳务派遣。

2. 截至××××年×月《社保清单》《公积金汇缴清单》,公司员工的社保缴纳情况,有无欠缴社保情形。

3. 目标公司已结及未结劳动争议相关材料,包括仲裁申请书、证据、裁决书等。

【思考问题】

以 A 公司为调查对象,请调查并说明 A 公司基本情况、经营状况、资产管理等情况。

第三节 公司主体的设立与存续

一、审核要点

在以公司为调查对象时,律师尽职调查中的审核要点主要包括以下几个方面:

(1) 公司设立时名称的申请是否符合法律规定,是否经过权力机关的批准,持有的商标是否与其他商标相冲突,公司设立的程序是否规范;公司章程等文件对于公司重大事项的规定。

(2) 公司的经营范围、经营的业务是否与授权的经营范围一致;经营期限多久,是否届满。

(3) 公司的变更事项,如法定代表人、股东是否有过变更,变更的流程与手续是否符合法律规定。

(4) 公司的注册资本与实收资本的具体情况,是否符合项目的基本要求。

(5) 公司的财产有哪些,是否有实际的经营场所,内部治理是否规范。

(6) 公司是否存在子公司,对外投资、增资情况如何。

(7) 公司的关联自然人及关联交易。

(8) 公司的涉诉纠纷及行政处罚情况。

(9) 公司其他情况。

二、审阅的文件

(1) 公司设立以来的工商内档。从工商内档中可以清楚地看到公司的历史沿革,就像人的简历一样,可以看到公司从无到有的过程,每一个足迹都应有相应的文件材料支撑。其中,公司章程和各类事项变更的股东会决议等材料是重点审阅的对象。

(2) 公司的验资报告、审计报告、评估报告等。这些报告是第三方出具的,具有一定的权威性。有时会出现股东已经实缴但公司未验资的情况,此时律师一般会建议公司补充验资。因为对于律师来说,有必要在第三方结论的基础上进行分析,而在有相关第三方报告的情况下,很多事情就会变得非常清晰。如果股东的出资是非现金出资,如实物出资,就需要将实物过户到公司的名下,让该财产的所有权人变成公司。关于实物的价值如何衡量,同样需要第三方的评估报告来作支撑。尤其是无形资产出资,第三方评估更为重要,因为无形资产的价值波动较大。例如,有些股东用发明创造出资,而发明创造的价值一般会随着时间的推移发生变动,所以还原当初出资的数额与时间只能借助当时的第三方评估报告。

(3) 公司的各项资质证书,包括产品质量资质、业务资质、环保资质、税务登记证等。

(4) 公司的法定代表人、董事、监事等高管的任职资格。

(5) 公司的重大合同、对外投资协议以及子公司、母公司之间的关系等。

(6) 项目涉及的其他文件资料。

三、常见的法律问题

1. 公司名称不符合法律规定

基本事实:A公司的名称为"A××科技有限公司",其工商内档显示,A公司已依法向市场监督管理局办理名称预核准,并取得营业执照;A公司营业执照显示,其经营范围包括汽车零部件、有色金属复合材料等的生产与销售。

法律分析:经查,A公司实际经营的主要业务是金属复合材料、散热管、汽车零部件的生产与销售,该业务与国民经济行业分类中的"科技"的描述不符,所以A公司名称中含有"科技"欠妥。

法律建议:虽然单从A公司的经营范围来看,其名称中含有"科技"二字似乎不妥,但是若其实际生产经营情况确实有科技含量,该名称也会被认可,但这需要公司提供材料加以说明。比如,A公司已经成功申报了高新技术企业或者拥有显著的知识产权(数量与质量),那么最好的解决方案就是,将相关材料提交工商登记机关以便其确认该名称的合法性。

2. 未办理公司法定代表人变更手续

基本事实:A公司的法定代表人B某因为自身原因不能继续担任法定代表人,公司股东会决议确定C某担任法定代表人,之后C某以法定代表人的身份对外签署合同等文件,但是公司一直未向登记机关办理变更登记手续。

法律分析:根据《公司法》《中华人民共和国市场主体登记管理条例》(以下简称《市场主体登记管理条例》)的相关条文,A公司应当申请办理法定代表人变更而未办理的,应当由企业登记机关责令限期办理;逾期未办理的,公司可能面临1万元以上10万元以下的罚款;情节严重的,还有可能被撤销企业登记,吊销企业法人营业执照。

3. 法定代表人不符合任职条件

基本事实:A公司的法定代表人B某,在担任A公司法定代表人之前担任过C公司的法定代表人。B某在C公司任职期间,因未办理公司年检等原因致使C公司被吊销营业执照。B某在任职A公司法定代表人时,距离C公司被吊销营业执照之日仅两年时间。

法律分析:根据2003年修订的《公司法》第178条第4项,具有"担任因违法被吊销营业执照、责令关闭的公司、企业的法定代表人,并负有个人责任的,自该公司、企业被吊销营业执照之日起未逾三年"的,不得担任公司的董事、监事、高级管理人员。鉴于B某符合上述限制性条件,若继续担任A公司法定代表人,则违反《市场主体登记管理条例》第12条的规定的,同样要受到行政处罚。

法律建议:A公司应当尽快变更法定代表人,并向工商登记部门办理法定代表人的变更手续。

4. 公司的经营期限

基本案情:A公司是依法设立的有限责任公司,经营期限为五年。A公司拥有几间自建厂房,B公司有承租的需求,因此A公司与B公司达成租赁合意,签订了《租赁协议》,约定将 A 公司的厂房租赁给 B 公司,但是租赁期限是十年,远超 A 公司的经营期限。

法律分析:A 公司系厂房所有权人,但其对外签署的合同期限超过了其经营期限,后续的合同履行必然存在问题,可能因此造成公司的违约责任,给公司带来经济损失。同时,此举可能引起登记管理部门作出类似前述的责令关闭公司等行政处罚。另外,实践中还会出现公司经营期限届满但是未办理延期登记的情况,此时的潜在风险与上述情况相同,同样需要注意。

法律建议:A 公司为了满足交易资格,可以办理延长经营期限的手续。如果其经营期限是既定的,则应当及时告知合同相对方,双方可采用补充协议的方式变更合同的履行期限,避免产生违约责任及不必要的损失。

5. 公司股东权利义务不对等

基本事实:目标公司与其他股东共同设立 A 公司,其中目标公司持有 A 公司 30％的股权。各方在合伙协议中约定,目标公司按照 30％的股权比例享受 A 公司的固定回报,但是不承担 A 公司的任何经营风险。

法律分析:设立公司本质上是投资行为,股东权利与义务是一致的,在享受公司回报的同时,也应当承担公司的经营风险。而固定回报否认了投资行为的风险性,无论是否有收益,均应作固定给付,这类似于借款的性质,与公司法的相关规定存在矛盾之处。同时,不管公司经营状况如何,一味地从目标公司索取金钱回报,显然与股东身份不符——股东可以根据条件分得红利,但是不能只要求收益不承担责任。此外,这种行为也不符合工商登记机关的要求,有可能被认定为抽逃出资。

法律后果:从行政方面来看,目标公司可能被处以抽逃出资金额5％以上15％以下的罚款。从刑事方面来看,如果情节严重,目标公司及其高管可能被追究刑事责任。从民事方面来看,法院可能认定该合伙协议无效以及否定目标公司股东身份,相应地目标公司从 A 公司获得的收益有可能被责令退还。

法律建议:目标公司可与其他股东进行协商,以签订书面补充协议的方式废除该条款。

6. 公司实际经营场所与注册地址不一致

基本事实：公司注册地址与经营地址不一致的情形在实践中比较多。目标公司从事物流业务，因某园区有相关的优惠政策，就将公司注册在该园区，但是并不在该园区开展业务。为了经营便利，目标公司另外租用了临时厂房作为实际的经营地址。在与目标公司的访谈中，目标公司如实说明了经营地址与注册地址不一样的情况。

法律分析：2023年修订的《公司法》第260条第2款的规定，公司登记事项发生变更时，未依法办理有关变更登记的，由公司登记机关责令限期登记；逾期不登记的，限期处以1万元以上10万元以下的罚款。据此，目标公司这一方面是存在风险的。通过注册地址无法联系到目标公司的，可能被认定事项已发生但未能及时办理变更手续，从而适用上述责罚。

法律建议：目标公司应当将注册地址变更为实际经营地址，及时办理变更手续。另外，诸如税务登记等同样会存在此类问题，应予以关注。

7. 公司未履行企业信息年报公示义务

基本事实：公司工作人员疏忽，7月1日才想起来没有在企业信用信息公示系统上报上一年度年度报告。

法律分析：《企业信息公示暂行条例》第8条规定，"企业应当于每年1月1日至6月30日，通过企业信用信息公示系统向工商行政管理部门报送上一年度年度报告，并向社会公示。"报送的内容包括企业通信地址、开业、歇业信息、投资信息、股权变更、认缴实缴信息等。公司未按照规定时间上报的，则会被工商行政管理部门列入经营异常名录，通过企业信息公示系统向社会公示，提醒其履行公示义务；情节严重的，由有关主管部门依照法律、行政法规规定给予行政处罚；造成他人损失的，依法承担赔偿责任；构成犯罪的，依法追究刑事责任。

法律建议：公司应在规定的报送年报期间内上报年度报告。若未及时报送，则应当主动与主管部门沟通，并在主管部门责令的期限内及时报送，避免产生上述法律责任。

8. 公司章程中的特别约定

基本事实：目标公司章程中约定股东的股权与表决权分离，也就是所谓同股不同权。A股东有30%的股权,但是章程约定其享有51%的表决权,其他股东只能按照持股比例享有剩余的表决权。现新的股东想加入并且打算持股70%,因此委托律所对目标公司进行尽职调查。

法律分析:根据2023年修订的《公司法》第65条的规定:"股东会会议由股东按照出资比例行使表决权,但是,公司章程另有约定的除外。"也就是说,同股不同权是法律允许的。从目标公司的结构来看,A公司拥有过半数的表决权,也就是掌握了控制权,只要他不同意,任何决议都是不可能通过的。这样,委托人即使持有目标公司70%的股份,对于目标公司还是没有控制权,所以委托人需要充分考虑这么大额的投资是否有必要以及其风险。

法律建议:委托人应与目标公司的股东形成一致意见,修改公司章程,建议按照出资比例行使表决权。

除了上述的表决条款之外,我们还会碰到公司内部其他的特殊条款,比如对于重大事项的特殊表决机制等。律师在尽职调查时,应当结合委托人交易的目的,有针对性地给予风险提示。

【思考问题】

在公司章程中,除了本节所列的问题,请延伸罗列公司章程中关于尽职调查的重点内容。

第四节　经营业务与重大合同的法律审核

一、经营业务的审核要点

(1) 公司是否合法经营,各项文件是否齐全;

(2) 公司是否具有经营所需资质,该资质是否存在过期、吊销、撤销的情形;

(3) 公司业务(包括采购、生产、销售等方面)是否具有独立性,是否有委托第三方加工等情况,合同相对方是否具有合法性;

(4) 公司未来运营模式是否有变化。

二、经营业务审核的内容和文件

(1) 公司所经营的业务种类及各业务在公司盈利、收入中的比重；

(2) 公司的业务流程与经营模式；

(3) 所有载明公司经营业务资质的清单及其所对应的文件，包括证书和年检记录等；

(4) 公司所从事的业务、所进行的项目的审批和具体运作文件；

(5) 公司销售模式以及订单证明、合同、供应商单；

(6) 访谈笔录和其他文件。

三、经营业务常见的法律问题

问题一：公司取得的经营资质过期

基本事实：目标公司的业务范围是司法鉴定，拥有《司法鉴定许可证》，有效期从 2015 年开始，时间是五年。上述期限期届满后，公司至今未办理延期手续。

法律分析：根据《司法鉴定机构登记管理办法》规定，《司法鉴定许可证》是目标公司从事司法鉴定业务的合法资质凭证，没有该凭证是不能继续经营的，继续经营的，省级司法行政机关责令停止司法鉴定活动，并处以违法所得 1 至 3 倍的罚款，罚款总额不得超过 3 万元。

法律建议：目标公司尽快办理资质证书的延期手续。

问题二：公司将部分业务委托给第三方

基本事实：目标公司的业务包括生产与销售某产品，但是由于自身产能有限，无法满足销售需要，因此目标公司与多家企业签订了委托加工的合同，让这些企业帮助其加工产品。这些受托加工的产品使用目标公司的商标，并通过其销售渠道进行销售。这就是当今市场上典型的代加工模式。

法律分析：该代加工模式没有什么问题，但是代加工的产品质量是否有保障却存在疑问。实践中这种问题比较多，代加工产品质量参差不齐，而一旦质量有问题，就会造成目标公司没有办法提供适格的产品或者是延误交货周期等，目标公司作为合同相对方就需要对此承担违约责任，造成经济损失。有的企业甚至因为产品质量涉诉问题被查封财产,致使银行账户全部被冻结,连正常经营都没有办法开展。

法律建议:目标公司应尽量独立完成生产任务,在必须代加工的情况下,产品质量上应当严格把控,如可以通过合同加强产品质量、数量等控制。

问题三:公司广告违法

基本事实:目标公司是以销售保健品为主的公司,其投入市场的宣传广告用了"最好""第一"等违规字样,经主管部门认定存在误导和虚假宣传的问题。

法律分析:根据《中华人民共和国广告法》第4条第1款的规定:"广告不得含有虚假或引人误解的内容,也不得欺骗、误导消费者。"该法第55条第1款规定,"违反本法规定,发布虚假广告的,由市场监督管理部门责令停止发布广告,责令广告主在相应范围内消除影响,处广告费用三倍以上五倍以下的罚款"。据此,目标公司可能面临处罚。

法律建议:及时更正广告内容,严格审核、把控广告内容。

四、重大合同审核重点

(1) 重大合同与公司经营范围、财务资料、经营资质情况是否一致;

(2) 重大合同的合法性如何,是否存在无效、可变更或者可撤销合同的情形;

(3) 重大合同的主体是否适格,相关主体是否需要特殊资质,是否存在违约风险,是否存在法律障碍等。

五、重大合同审核的文件

(1) 合伙协议、投资协议等内部股权架构协议;

(2) 资产购买合同,与长期合作的供应商、销售商等签订的对开展业务、生产资质有重要影响的任何协议或者约定俗成的模板;

(3) 公司是否有重大业务限制或者承担保密、禁止披露义务;

(4) 所有合同的履行与违约情况说明。

六、重大合同常见法律问题

问题一：合同相对方没有资质

基本事实：目标公司需要建设厂房，经人介绍，在未看到 A 公司相关资质证书的情况下，就基于信任与 A 公司达成合意，双方签署了施工合同，约定 A 公司承包目标公司建筑项目施工建设。

法律分析：根据《中华人民共和国建筑法》第 13 条的规定："从事建筑活动的建筑施工企业、勘察单位、设计单位和工程监理单位，按照其拥有的注册资本、专业技术人员、技术装备和已完成的建筑工程业绩等资质条件，划分为不同的资质等级，经资质审查合格，取得相应等级的资质证书后，方可在其资质等级许可的范围内从事建筑活动。"第 65 条规定："发包单位将工程发包给不具有相应资质条件的承包单位的，或者违反本法规定将建筑工程肢解发包的，责令改正，处以罚款。超越本单位资质等级承揽工程的，责令停止违法行为，处以罚款，可以责令停业整顿，降低资质等级；情节严重的，吊销资质证书；有违法所得的，予以没收。未取得资质证书承揽工程的，予以取缔，并处罚款；有违法所得的，予以没收。以欺骗手段取得资质证书的，吊销资质证书，处以罚款；构成犯罪的，依法追究刑事责任。"根据上述规定，目标公司应当将建筑项目发包给具有相应资质等级的施工单位。如果 A 公司不具备相应的资质，该施工合同存在无法履行的风险，目标公司还可能受到建设主管部门的处罚。

法律建议：一定要事先调查与审核合同相对方的资质等背景，确认其有资质方签署合同。

问题二：合同重大条款的特殊约定对未来存在的影响

基本事实：目标公司因为资金周转的需要与 A 银行签订综合授信协议，根据协议约定，目标公司因此被授予相应的信用额度。协议约定，若借款人存在影响履约能力的情况，如任何形式的合并、联营、重组、改制等经营方式的变更，减少注册资本或者设置新的重大负债时，应当及时通知贷款人。如果以上行为影响借款人的偿还能力，则必须事先征得贷款人的同意。后目标公司的控股股东与他人达成初步合意，拟将其股权全部转让给第三方。

法律分析：根据上述授信协议条款，因为存在股权变更可能被认定为对借款人重大不利影响的情况，所以如果要进行这样的交易，目标公司必须事先征得 A 银行即贷款人的同意。若贷款人不同意，则会影响目标公司后续的股权变更或者协议。

法律建议：目标公司的授信协议条款可能对拟进行的交易产生不同的影响，作为股东不能忽视这个因素，达成协议之前应该予以充分考虑。

【思考问题】

请理论联系实践，举例说明公司经营业务或重大合同问题尽职调查的重点内容。

第五节 公司财产的法律审核

一、土地权益审核

1. 审核要点

（1）用地项目是否符合产业政策，是否经过合法审批，用地期限是否届满或者即将届满，是否取得土地使用权证书。

（2）土地出让金是否低于基准地价，是否涉嫌土地闲置，土地实际用途与使用权证书所载是否一致。

（3）使用农村土地的，是否办理土地审批、登记、备案手续等。

（4）其他对交易可能造成重大影响的事项。

2. 审核文件

（1）公司自有土地清单，应详细列明土地面积、坐落位置、使用权利、性质、年限等。

（2）直接通过土地管理部门出让方式取得的土地，应当审核《国有土地使用权证》(《不动产权证书》)；与土地管理部门签署的国有土地使用权出让合同；土地出让金缴付凭证；土地基准地价公告；国有土地使用权成交认定书。

（3）从第三方以转让方式取得的土地，应当审阅对方的《国有土地使用权证》(《不动产权证书》)、使用权转让合同、转让金缴付凭证、基准地价公告等文件。

（4）划拨方式取得的土地，应当查看该土地的《国有土地使用权证》(《不动产权证书》)和政府用地文件等。

（5）租赁方式取得的土地，应当查看公司与当地政府部门签订的国有土地租赁合同、国有土地租金缴付凭证、国有土地租赁登记证明等文件。

（6）土地为集体建设用地的，需要审核出让、出资或转让方式以及农村建设用地土地权属证书、批准文件、土地价款交付凭证等文件。

（7）使用农业土地进行农业用途的，应当审查土地流转协议及村民代表大会关于土地流转的会议决议，土地管理部门对农用地流转的登记文件，土地价款交付凭证等文件。

3. 常见法律问题

问题一：土地出让存在宣告无效的风险

基本事实：目标公司 2005 年 8 月 1 日前与某地经济开发区管委会达成合意，并签订了《国有土地使用权出让合同》，约定管委会作为出让方将坐落于某地的土地使用权出让给目标公司，目标公司已支付出让金 150 万元。

法律分析：根据《最高人民法院关于审理涉及国有土地使用权合同纠纷案件适用法律问题的解释》第 2 条的规定，开发区管理委员会作为出让方与受让方订立的土地使用权出让合同，应当认定无效。该解释实施（2005 年 8 月 1 日）前，开发区管理委员会作为出让方与受让方订立的土地使用权出让合同，起诉前经过市、县级人民政府土地管理部门追认的，可以认定合同有效。据此，除非该出让合同获得追认，否则会被认定无效。合同被认定无效的法律后果是回到权利义务的初始，目标公司的出让金是可以追回的，但是可能产生追诉的成本。

法律建议：目标公司应当尽快与当地政府部门进行协商，请某地土地管理部门追认出让合同的效力。

问题二：公司取得土地后未进行开发

基本事实：目标公司于 2019 年年初与某地县级国有土地管理部门签订了

《国有土地出让合同》,根据合同约定,目标公司通过出让方式取得 A 地项目地块的国有土地使用权,应当于 2019 年年底之前进行建设。

后目标公司资金不足,一直没能力来开发,截至尽职调查之时,目标公司未对 A 地项目地块开工建设,土地闲置的时间已满两年。

法律分析:根据《闲置土地处置办法》第 2 条的规定,规定的动工开发日期满一年未动工开发的国有建设用地就是闲置土地。根据该办法第 14 条,闲置土地按照下列方式处理:

(1) 未动工开发满一年的,由市、县国土资源主管部门报经本级人民政府批准后,向国有建设用地使用权人下达《征缴土地闲置费决定书》,按照土地出让或者划拨价款的 20% 征缴土地闲置费。土地闲置费不得列入生产成本。

(2) 未动工开发满两年的,由市、县国土资源主管部门按照《中华人民共和国土地管理法》第 37 条和《中华人民共和国城市房地产管理法》第 26 条的规定,报经有批准权的人民政府批准后,向国有建设用地使用权人下达《收回国有建设用地使用权决定书》,无偿收回国有建设用地使用权。闲置土地设有抵押权的,同时抄送相关土地抵押权人。

根据上述规定,目标公司 A 地块项目土地未开发期限已满两年,存在罚款和使用权被收回的可能。

法律建议:积极与主管部门沟通,后续在自身能力可行的情况下进行开发或者引入第三方资本。

二、房产审核

1. 审核要点

(1) 公司是否有自有房产,自有房产是否办理房屋产权登记,或者未办理的障碍是什么,是否存在其他产权人;

(2) 购买的房产是否已经结清款项,是否存在潜在纠纷;

(3) 租赁他人房屋的,出租方是否享有该房屋的合法权利,该房屋是否存在被拆迁的风险或者其他权利的主张。

2. 审核文件

（1）自有房产、租赁房屋的说明，具体列明房屋的位置、面积、权属等信息。

（2）自有房产对应的房屋产权证，正在建设中的房屋的建设项目核准、建设工程规划许可证、验收报告以及消防、环保等部门出具的文件等。

（3）租赁房屋的所有权证、土地使用权证和房屋租赁合同、房产他项权利证书等。

（4）公司是否存在无法继续使用房产的重大风险，如拆迁等，以及对于公司未来的持续经营是否存在可行性方案等。

3. 常见法律问题

问题一：公司购买的房产没有原始的产权证明

基本事实：A公司进入破产清算程序，目标公司与A公司的清算组签署了购买协议，约定目标公司购买A公司的房产。根据资料记载，上述建筑物系A公司自建，但是没有办理相关的建筑所有权证书。

法律分析：房产权属证明是房产权利的证明文件。如果A公司不能提供相应的权属证明，则该房产权利方面是存在瑕疵的，可能影响协议的履行。同时，房产权属证书也是房产交易过户的必要文件，若无，则可能无法办理被转让房产的登记手续，并会造成该房产其他权利行使的法律障碍。根据协议约定，如果出卖人不能履行法定义务，目标公司可以向出卖人主张违约责任。

法律建议：目标公司应当充分考虑所有法律障碍后再决定是否完成交易。

问题二：公司租赁的房屋缺乏建设工程规划许可证

基本事实：公司看中一处房屋，因该房屋没有取得建设工程规划许可证，所以租金相对来说十分便宜——面积1000平方米，年租金仅12万元，而且出租人还同意公司自行装修与扩建。在如此优厚的条件下，双方签署了租赁合同，租赁期限为五年，租金为按年支付。公司取得租赁房屋后，立即进行装修与扩建，当然也是没有取得任何许可证。

法律分析：根据2009年《最高人民法院关于审理城镇房屋租赁合同纠纷案件具体应用法律若干问题的解释》第2条的规定："出租人就未取得建设工程规划许可证或者未按照建设工程规划许可证的规定建设的房屋，与承租人订立的租赁合同无效。但在一审法庭辩论终结前取得建设工程规划许可证或者经主管部门批准建设的,人民法院应当认定有效。"

《民法典》第157条规定:"民事法律行为无效、被撤销或者确定不发生效力后,行为人因该行为取得的财产,应当予以返还;不能返还或者没有必要返还的,应当折价补偿。有过错的一方应当赔偿对方由此所受到的损失;各方都有过错的,应当各自承担相应的责任。法律另有规定的,依照其规定。"

从以上法律条文可以看出,未取得建设工程规划许可证的情况下签署的房屋租赁合同存在被法院认定为无效的法律风险。

如果前述租赁合同被认定为无效,就意味着公司将失去该房屋的使用权,必须另行租赁厂房,而且返还房屋时应当恢复原状。实践中,对于可分离的装修物,如果出租人愿意折价补偿,可归出租人所有;如果出租人不愿意,公司应当负责拆除,并应恢复原状。对于无法分离的装修物,如果出租人愿意折价补偿,可留给出租人;如果出租人不愿意,则双方要根据各自的过错程度承担损失。在该案中,公司明知该房屋没有取得相关许可证,肯定要承担过错责任。同时,因公司前期已支付年租金,合同无效后出租人应根据公司使用情况进行扣结后返还相应的租金。此外,律师要提示公司查看出租人的涉讼风险,综合评估其支付能力,以保障公司权益。

法律建议:在尽职调查时对于存在上述风险或者已取得相关许可证但是未按规定进行建设的情形,应当提醒并告知公司督促出租人办理建设工程规划许可证等或者及早止损。

三、知识产权审核

1. 审核要点

(1) 知识产权数量与权利人;

(2) 知识产权的凭证是否齐全、年费是否足额缴纳;

(3) 知识产权的保护期限是否届满;

(4) 公司是否存在技术进口,是否办理登记等相关手续;

(5) 知识产权是否存在限制情况,是否存在潜在的知识产权纠纷;

(6) 公司内部是否建立知识产权的保护机制等。

2. 审核文件

(1) 公司拥有和使用的专利、商标、著作等知识产权；

(2) 公司拥有和使用的知识产权注册证书、申请文件、续展文件等；

(3) 公司与第三方订立的关于知识产权的合同、文件及付款凭证等；

(4) 知识产权价值评估文件、质押等权利限制文件等；

(5) 知识产权年费缴纳等费用缴纳凭证等；

(6) 公司对于商业秘密等的内部保密制度等。

3. 常见法律问题：B公司涉嫌商标侵权

基本事实：B公司生产一款起酥油，其商标的图形为一只粉色小猪。某天，B公司收到A公司律师函，被告知该商标侵犯了A公司的注册商标专用权，应停止侵权并赔偿损失。经过访谈，该款产品涉及的销售额比较大。

法律分析：如果B公司产品被认定为侵权产品，就可能要承担以下三个方面的法律责任。

一是行政责任。市场监督管理局会要求B公司立即停止侵权行为，并且会没收、销毁侵权商品。违法经营额5万元以上的，可以处违法经营额五倍以下的罚款；没有违法经营额或者违法经营额不足5万元的，可以处25万元以下的罚款。

二是民事责任。B公司可能面临A公司提出的侵权损害赔偿。根据《中华人民共和国商标法》（以下简称《商标法》）第63条的规定："侵犯商标专用权的赔偿数额，按照权利人因被侵权所受到的实际损失确定；实际损失难以确定的，可以按照侵权人因侵权所获得的利益确定；权利人的损失或者侵权人获得的利益难以确定的，参照该商标许可使用费的倍数合理确定。对恶意侵犯商标专用权，情节严重的，可以在按照上述方法确定数额的一倍以上五倍以下确定赔偿数额。赔偿数额应当包括权利人为制止侵权行为所支付的合理开支。

"人民法院为确定赔偿数额，在权利人已经尽力举证，而与侵权行为相关的账簿、资料主要由侵权人掌握的情况下，可以责令侵权人提供与侵权行为相关的账簿、资料；侵权人不提供或者提供虚假的账簿、资料的，人民法院可以参考权利人的主张和提供的证据判定赔偿数额。

"权利人因被侵权所受到的实际损失、侵权人因侵权所获得的利益、注册商标许可使用费难以确定的,由人民法院根据侵权行为的情节判决给予五百万元以下的赔偿。"

三是刑事责任。《中华人民共和国刑法》第213条规定:"未经注册商标所有人许可,在同一种商品、服务上使用与其注册商标相同的商标,情节严重的,处三年以下有期徒刑,并处或者单处罚金;情节特别严重的,处三年以上十年以下有期徒刑,并处罚金。"《最高人民法院、最高人民检察院关于办理侵犯知识产权刑事案件具体应用法律若干问题的解释》第1条针对该条规定了具体的立案标准。第一,未经注册商标所有人许可,在同一种商品上使用与其注册商标相同的商标,具有下列情形之一的,属于《刑法》第213条规定的"情节严重",应当以假冒注册商标罪判处三年以下有期徒刑或者拘役,并处或者单处罚金:(1) 非法经营数额在5万元以上或者违法所得数额在3万元以上的;(2) 假冒两种以上注册商标,非法经营数额在3万元以上或者违法所得数额在2万元以上的;(3) 其他情节严重的情形。第二,具有下列情形之一的,属于《刑法》第213条规定的"情节特别严重",应当以假冒注册商标罪判处三年以上七年以下有期徒刑,并处罚金:(1) 非法经营数额在25万元以上或者违法所得数额在15万元以上的;(2) 假冒两种以上注册商标,非法经营数额在15万元以上或者违法所得数额在10万元以上的;(3) 其他情节特别严重的情形。

特别提示:除上述假冒注册商标行为外,实践中还经常会碰到假冒与非法制造行为,这些都会涉及严重的法律风险。

法律建议:公司应设立内部审查机制,尽量避免侵权行为,并应保存好商标原始来源证据。

案例分析实训

自行选择一家目标公司,运用本章所学知识对其进行尽职调查,拟定尽职调查清单,形成尽职调查报告。

第三章

企业法律顾问实务

本章概要

改革开放后,我国建立并不断完善社会主义市场经济体制,越来越多的人自主创业,不同类型、性质的企业数不胜数。而随着依法治国、法治社会建设的全面铺开,人们的法律意识越来越强,相应地企业对法律服务的需求也越来越多。除了公司法务外,企业法律顾问是律师提供法律服务的另一种重要形式。企业法律顾问对于律师的要求相对较高,律师应根据企业的不同需求提供有针对性的法律服务。

学习目标

通过本章学习,学生应掌握法律顾问的基本概念、核心要素、管理体系以及服务方法等,掌握最基础的法律顾问服务技巧,为企业提供个性化的法律服务和专业的法律问题解决方案。

第一节 法律顾问概述

一、法律顾问的含义及其分类

有学者认为,法律顾问是非诉讼业务的总称;也有学者认为,法律顾问是一种非诉讼法律服务。在法律实务中,企业法律顾问不是只为企业提供非诉讼的法律服务。

企业法律顾问,既包括企业外部法律顾问,即律所接受企业的委托指派律师担任企业的法律顾问,同时也包括企业内部法律顾问,即企业依法聘用的法律专业管理人员。企业法律顾问主要从事企业法律咨询、项目谈判、法律风险防范、国家法律法规执行工作,依法对企业重大经营决策提出法律意见,参与起草、审核企业重要的规章制度、合同以及企业的诉讼、非诉讼等法律事务工作。但通常情况下,企业外聘律师作为常年法律顾问时,往往会在服务范围中排除诉讼类和高端的专项法律服务,如融资收购项目等。

(一)法律顾问日常服务内容

法律顾问最基础、最日常的服务内容有:(1)合同的审查与起草;(2)起草和发送律师函、出具法律意见书、提出法律建议;(3)根据企业需求提供相关法律培训,如人力资源管理风险培训等;(4)企业需要的其他常规法律服务。

(二)法律顾问的分类

法律顾问提供多种法律服务,实务操作中一般会根据服务对象、服务方式的不同对法律顾问作基础分类。

1. 根据法律顾问服务对象的不同分类

律师实务中,根据法律顾问服务对象的不同,可以将法律顾问服务分为政府法律顾问、行业协会法律顾问、企业法律顾问、家庭法律顾问以及私人法律顾问。本章重点阐述的是企业法律顾问中关于民营企业的相关内容。

2. 根据法律顾问服务方式的不同分类

法律实务中,根据法律顾问服务方式的不同,可以将法律顾问服务分为专业法律顾问、项目法律顾问以及常年法律顾问。

(1) 专业法律顾问,提供某一专业领域的法律咨询与帮助,如提供知识产权、人力资源等领域的法律服务。

(2) 项目法律顾问,是指为某个阶段性内需要完成的工作任务即项目提供法律咨询和帮助,如为企业并购重组、IPO 等项目提供专业法律服务。

(3) 常年法律顾问,顾名思义,即为客户提供长期的、综合性的日常法律服务。

二、企业法务与企业法律顾问的区别

(一) 性质不同

企业法务是企业通过招聘录用的具有法律知识的企业内部工作人员,性质上属于企业的员工,工作时间一般以企业规定的出勤时间为标准。对于企业法务,并无强制性规定要求其取得法律职业资格证书或者律师执业证书。

企业法律顾问则是企业外聘的,应为具有律师执业资格的专业法律人员。他们不需要参加公司的考勤,只要根据自身时间安排按约完成企业法律顾问聘用合同中的相关工作即可。

(二) 职责分工不同

企业法务的职责是负责企业内部各项法律事务的处理和协调,是承担企业内部具体法律事务的专职人员。对于企业而言,企业法务的工作更专注于站在企业的角度维护企业的合法权益。在处理企业内部法律事务时,企业法务的侧重点在于管理与执行公司决策层的决定,实现公司意志。

企业法律顾问在服务企业时当然应该为企业的合法权益考虑,但同时身为一名律师,也要平衡国家、社会的公共利益与企业权益间的关系,确保企业决策层的决定符合国家、社会的公共利益,为企业的宏观决策管理工作护航。

(三) 承担责任方式不同

企业法务作为企业内部工作人员,需要承担企业内部的工作任务以及岗位职责,在完成工作任务时,除了遵守法律法规外,还需要遵守公司内部的规章制度。造成公司直接损失的,企业法务也需要根据劳动合同等相关约定,承担一定的责任。

企业法律顾问则以法律法规和律师职业道德为基础,以企业法律顾问聘用合同约定的内容为依据,对自己的工作任务及其后果承担责任。

三、法律顾问服务的基本原则

律师在担任企业法律顾问时,具有双重身份,即律师和企业法律顾问,因此要坚守以下几项原则,才能更好地为企业提供法律服务。

(一) 独立性原则

我们经常说司法独立,即法官审判案件时独立行使审判权。同样,在作为企业的法律顾问时,律师也应当具有独立执业、不受他人非法干涉的权利。独立性是非常重要的一项原则。

1. 企业法律顾问的主体资格具有独立性

法律顾问非企业法务,与企业没有劳动关系,可以根据自己的专业判断和执业经验发表独立的法律意见或者提出独立的法律建议。若法律顾问只能听从企业决策层的指示,则失去了法律顾问本身的服务意义。

2. 企业法律顾问的经济地位具有独立性

企业法律顾问身为律师,仅与律所之间存在劳动关系。律师作为企业法律顾问,经济收入与劳动报酬相对独立,对聘请其担任法律顾问的企业没有强烈的经济依赖性。若法律顾问经济不独立,则很容易基于自己的经济利益屈从、妥协于企业的决策,丧失专业的判断能力。

从这个意义上讲,企业法律顾问的独立性只有在外聘律师的模式下,才能更好地实现。

(二) 中立性原则

法官作为审判者,在庭审中需要保持中立性,以确保司法公正。同样,为企业提供法律顾问服务的律师,也需要保持中立性。

我们先来思考两个问题。第一个问题,如果企业法律顾问服务的企业和第三方客户发生纠纷,你会怎么处理?大多数企业法律顾问会从企业的角度出发,以维护企业的合法利益为目标,提供解决方案。第二个问题,如果企业法律顾问服务的企业管理层、投资人、员工之间发生矛盾,你又会给出什么解决方案?例如,企业要求你想办法合法地与一个毫无过错的员工解除劳动关系,并且不需要支付任何经济补偿金或者违法解除赔偿金,此时你又该怎么做?

就第二个问题来说,假设你从企业管理层、投资人的角度出发,那么你就要想方设法让解除员工劳动关系符合《中华人民共和国劳动合同法》第39条[①]的规定,才能在不支付经济补偿金或者违法解除赔偿金的前提下与员工解除劳动关系。从这个角度来说,企业法律顾问的方案对员工可能是极其不公平的,也有可能是违反律师职业道德甚至触犯法律法规的。

问题是,如果你此时告诉企业负责人,对于这种情况下解除与该员工劳动合同企业需要支付相应的经济补偿金或者违法解除赔偿金,那么他可能会反问你:"你是谁的律师?"甚至解除对你的聘用。

在这种情况下,作为企业外聘的法律顾问,该如何抉择?这就体现了中立性在法律顾问服务中的重要性。

(1)企业法律顾问在企业与第三方发生争议时,如果不能以自身的专业能力给出中立的法律意见或者提出法律建议,而只是从受聘企业角度出发提供法律服务,则很有可能表面上赢得利益,实际上却违反律师基本的职业道德,丧失对法律的信仰,最终可能导致社会秩序紊乱。

(2)企业法律顾问在企业内部利益群体之间发生争议时,如果不能保持中立性,那么其作出的任何一个有偏向性的决定都可能造成对另一方利益的损害。从长远来看,企业内部利益一旦不平衡,必然会影响企业的正常运转,最终会导致企业在市场失去核心竞争力。

---

① 《中华人民共和国劳动合同法》第39条规定:"劳动者有下列情形之一的,用人单位可以解除劳动合同:(一)在试用期间被证明不符合录用条件的;(二)严重违反用人单位的规章制度的;(三)严重失职,营私舞弊,给用人单位造成重大损害的;(四)劳动者同时与其他用人单位建立劳动关系,对完成本单位的工作任务造成严重影响,或者经用人单位提出,拒不改正的;(五)因本法第二十六条第一款第一项规定的情形致使劳动合同无效的;(六)被依法追究刑事责任的。"

(3) 企业法律顾问在企业与自身利益之间进行选择时,如果不能给出中立的法律建议,不能将自身利益摆正位置,提出对企业不利的决策建议,则会使法律失去其公平正义价值。

因此,在提供企业法律顾问服务时,律师要保持中立的立场,给出客观、真实、有效的法律建议,才能真正平衡各方利益,维护国家和社会的公共利益不受损害,同时实现自身利益、获得企业的信任,并能在实践中不断提高专业能力。

(三) 标准化原则

企业应就企业法律顾问的服务内容和职责制定一定的标准,并以此标准引导法律顾问工作的开展和考核,从而确保法律顾问服务的质量,体现法律顾问服务的公平性、专业性和完整性,并能有效避免服务领域的不正当竞争,维护良性的法律顾问服务市场环境。

同时,标准化原则可以避免企业法务与法律顾问服务的混同,能够让双方各司其职,分工明确,实现企业内部和外部管理的配合,共同促进企业形成良好的经营环境。标准化原则也可以使企业法律顾问更好地遵循独立性和中立性原则,发挥自身专业优势和价值经验,为企业更好地提供法律问题解决方案。而企业的专职法务也能更好地处理企业内部的法律问题,配合法律顾问工作的有效开展,提高企业内部管理的效率。

四、企业法律顾问标准制定

标准化是企业法律顾问服务的原则之一,那么如何制定企业法律服务标准?

(一) 如何细化法律顾问服务标准化流程

第一,标准化流程需要细化,要根据不同的客户需求,结合法律服务的特点和属性,针对企业法律服务内容具体到时间、地点、人物、具体事宜。这样,无论在什么环节出现问题,都可以及时研究对策,也便于追责。若问题是他人造成的,则担任企业法律顾问的律师不必承担法律责任,有利于维持客户企业对律师本人的信任。

第二,可以将法律服务流程拆分为内部流程和外部流程两个方面。其中,内部流程标准化即企业法律顾问项目执行的标准化。例如,接洽新项目后,企业法律顾问要制作合同、委托材料、程序性文件,付费开票,开展尽职调查,与客户沟通反馈,等等。这些企业都要有流程化的规定,要有岗位职责的划分以及相应的考核标准。外部流程标准化强调外部协作。简单地说,企业内部细化的每项工作都需要指定一个对接人,即法律顾问律师在具体服务企业的过程中,企业内部针对每一项服务内容都有明确的对接人,在事务处理中双方才能及时有效沟通,从而保障法律顾问服务工作的有序推进。

(二)企业法律顾问服务标准化实现途径

1. 可以通过书面文件来实现

被聘为企业法律顾问的律师,可以根据委托人(企业)的自身经营领域(如知识产权、建筑工程、互联网等)、需要的服务内容、想要实现的最终目的等制订详细的服务方案。根据上述内部和外部标准化流程要求,形成法律顾问服务指南等书面文件,帮助律师有效地实现法律服务流程的标准化。

2. 可以通过监督机制来实现

对于整个法律服务的过程,企业需要通过监督机制来审视律师是否按照标准化流程推进。若没有这项机制,就没有办法及时发现和纠正整个法律顾问服务过程中的问题,律师也有可能产生懈怠甚至偏离原定的流程计划,导致客户的最终目的无法实现。同样地,监督机制也可以分为内部监督机制和外部监督机制。

(1)内部监督机制。是指律师需要对服务项目的具体内容逐一进行审核,具体到时间、地点、人物和具体事宜。对于已经偏离标准化流程的情况及时作出合理的解释、制订解决方案等。

(2)外部监督机制。是指律师与企业内部对接人的有效沟通,具体包括针对项目、服务的具体事宜进行沟通,以及对接人对律师及其服务的督促。

在实行企业法律顾问服务标准化的过程中,律师要做的不只是沟通,还要针对具体情况进行综合分析,掌握全面、客观的事实,把握客户的真实需求,洞悉人性,才能让法律顾问工作顺利开展。

五、企业法律顾问的三要素

律师要想胜任企业法律顾问工作,天时、地利、人和缺一不可。其中,天时指的是机遇,地利指的是客户需求,人和则是律师自身的自信。只有具备这三要素,才能在竞争激烈的法律顾问市场站稳脚跟,开创新的局面。

(一) 天时——机遇

很多人小时候玩过一款游戏,参与者都不想抽取"命运",等待被安排,而是都希望抽到"机遇",因为"机遇"把握得好就可以改变"命运"。现实中,机遇都是留给有准备的人的。顾名思义,"机"就是一种概率,"遇"就是一种融合。在几十亿的生命体中,能相遇已经不易,能融合的更是少之又少。律师需要时刻努力提升自己的专业水平,参加培训,积累人脉,提高有"机"情况下的融合率,不让机遇轻易溜走。

(二) 地利——客户需求

法律顾问服务是非常专业性的工作,不同的企业专注于不同的经营领域,突出的法律问题爆发点也各不相同。法律顾问服务的缘起就是企业需要维护自身的合法权益,需要有专业的人为之处理法律问题。例如,企业需要在商业竞争中获得经济利益、需要获得市场的占有率,需要赢得诉讼等。在现如今法治社会中,这些都需要强有力的法律服务支持,需要律师作为其坚强后盾。律师要做的除了尽可能满足客户需求外,还要平衡好企业个体需求和整个社会法治需求之间的关系。这里也再次体现了前文阐述的法律顾问服务的独立性和中立性。

(三) 人和——自信

不管从事什么职业,都要有自信,要相信自己能够做到,别人才能够信任你。从事企业法律顾问需要的信心,简单来说就是自身的自信、客户的信任和社会的认可。律师可以从以下几个方面增加自信:(1) 取得相应的资格证书、律师执业证;(2) 对相关领域的法律服务具有深厚的专业知识储备和丰富的实战经验;(3) 能独立承担相关业务,并能获得高度评价;(4) 得到客户、同行和社会的高度认可;(5) 有一定的学术成果或者取得相关荣誉等。

人和虽然放在最后阐述,但却是最重要的一个要素。

【思考问题】

1. 简要陈述企业法律顾问和企业法务的区别。
2. 简要陈述企业法律顾问的分类。

3. 为什么企业法律顾问需要具有独立性?

第二节 企业法律顾问核心服务内容

一、企业法律顾问的核心服务内容

从古至今,企业(商铺)要在激烈的竞争环境中生存、发展和壮大,就必须要有其独特的内在核心要素。我们考察了不同的企业,发现公司治理、人力资源、企业资产管理和知识产权是企业能够长期生存和发展起来的四大核心要素。相应地,这些要素也是企业法律顾问最主要的服务内容。

(一)公司治理

对于企业来讲,公司治理无疑是最重要的要素之一,也是企业能长期生存并发展的主要因素。"三会"是我们在公司治理实务中经常听到的,指的是公司的股东会(股东大会)、董事会、监事会,是公司治理体系的基本组织,也是公司治理的主体。

1. 企业设立阶段

在这个阶段,企业法律顾问需要考虑、把控以下几个问题:(1)公司股权架构的搭建,包括股东的数量、各股东的持股比例、对应的股权分红比例以及股权所代表的表决权等。(2)股权转让事项,包括股东身份信息核实、股权转让条件以及股权继承相关事宜约定。(3)公司成立的相关法律文书,包括公司章程的起草、审核,股东投资协议的起草、审核,"三会"议事规则的制定、审核等。

2. 企业经营阶段

经营是企业运营的核心过程,可以说法律顾问大多数的工作都是在这个阶段进行的,这也是法律服务内容最丰富的一个阶段。包括:(1)企业运营中各类合同起草、审核和修改;(2)企业股东会(股东大会)的见证,出具相应的《法律意见书》;(3)定期为企业开展尽职调查;(4)出具律师函;(5)作为企业的诉讼代理人(辩护人)参与企业涉及的诉讼等;(6)监督企业合规管理;(7)参与企业的商业谈判等;(8) 参与企业上市等非诉讼事宜。

3. 企业合并、分立、解散阶段

在企业经营过程中,合并、分立、解散是常有的事,对此法律顾问需要配合企业做好:(1) 合并、收购(被收购)、分立过程中的谈判以及合同起草、审核、修改等;(2) 企业解散清算及相关事宜,如起草协议、代为诉讼等。

在公司治理中,很多人不完全清楚公司章程的效力。公司章程被称为"企业内部的宪法",《公司法》对企业的治理结构和运作规范进行了详细规定,而公司章程作为公司的自治规范,起着规范企业的组织和行为的作用,因此公司章程制定得合理合规,可以避免公司经营过程中的很多法律风险。

很多企业在成立之初,都是从工商管理局的网站上下载公司章程的模板,股东对于公司章程的实质内容不是很了解,更不用说认识到公司章程的重要性。以公司股权转让中的股权转让对象为例,我国《公司法》第 84 条[①]规定企业的股权可以转让给任意第三人,同时又规定了"公司章程对股权转让另有规定的,从其规定"。从这里就可以看出公司章程对于企业经营的重要性,这也从侧面体现了"公司章程就是企业内部的根本大法"这句话的含义。

公司治理中还有许多这样的例子,而有没有法律顾问的参与则会有很大的不同——无论是企业的时间成本还是金钱成本上,都会有质的区别。企业整个生命周期中的法律问题如果能得到有效的预防控制和及时、妥善处理,则可以为企业在市场中取得一席之地,延长企业的生命周期,进而让企业在激烈的商业竞争环境中长期生存和不断发展。

(二) 人力资源

企业毕竟是一个拟制法人,它的所有运营最终还是要靠自然人来实现,因此

---

① 2023 年修订的《公司法》第 84 条规定:"有限责任公司的股东之间可以相互转让其全部或者部分股权。股东向股东以外的人转让股权的,应当将股权转让的数量、价格、支付方式和期限等事项书面通知其他股东,其他股东在同等条件下有优先购买权。股东自接到书面通知之日起三十日内未答复的,视为放弃优先购买权。两个以上股东主张行使优先购买权的,协商确定各自的购买比例;协商不成的,按照转让时各自的出资比例行使优先购买权。公司章程对股权转让另有规定的,从其规定。"

人力资源是支撑企业生存和发展的重要力量。在企业人力资源管理方面,企业法律顾问主要可以提供以下法律服务:

1. 人力资源架构搭建

包括企业部门设立、人员岗位配置、薪酬架构设计、绩效考核指标制定等。具体可以分为以下几个内容:(1)搭建企业人力资源架构;(2)企业部门设立及职责分工;(3)企业人力资源管理制度的建立;(4)各岗位绩效考核标准制定;(5)人力资源风险控制等。

2. 企业人员及档案管理

每个企业的人员都不是固定不变的,人员管理是企业人力资源管理的重中之重。律师提供的企业人员及档案管理方面的法律服务主要涉及:(1)人员招聘通知拟定;(2)面试考核标准制定;(3)入职前背景调查;(4)试用期考核标准的制定;(5)劳动合同(劳务合同)文本的起草、审核和修改;(6)社会保险(五险一金)缴纳的合规性排查;(7)员工手册的起草、审核、修改、发布、实施以及考核制度的建立;(8)解除劳动关系合规性审查以及相关文书的起草、审核和修改;(9)建立人事和相关文件的档案管理制度。

3. 企业人力资源的日常管理

除了上述法律服务之外,企业人力资源日常管理相关的法律服务还包括:

(1)企业保密制度的起草、修订、发布和实施。主要包括特殊岗位的保密制度、竞业竞争制度的建立,与员工签订保密合同以及支付保密费的约定,泄密的监督体制和泄密后的处理机制等。其中,竞业限制制度的建立还包括该制度的宣传培训、补偿费用的结算、竞业限制条款的设置及违反竞业限制的处理等。

(2)企业员工工伤和职业病的预防与控制,包括入职体检、离职体检制度的建立和规范,特殊工作环境区域的环境监测和职业病危险因素的排查,发生工伤、职业病后的鉴定申请和指导,发生纠纷的救济处理等。

(3)劳动人事争议的处理

企业法律顾问需要为企业设计一套完整的纠纷解决机制,企业遇到劳动人事争议时,应当先进行内部调解,同时形成完善的外部仲裁和诉讼机制,包括法律文书的起草、修订、审核等。

只有把人管理好了，企业才有发展的核心动力，才能在市场中长久立足和发展。

（三）企业资产管理

企业资产，也就是我们所说的财产（钱），是保障企业持续发展的另一个重要支柱。

1. 企业资产管理的目的

管理企业资产的目的是促进企业资产管理工作的制度化、规范化，及时对企业资产进行维修与更新，保证企业各项业务工作的正常开展，从而提高工作效率，维持企业的可持续经营和发展。

2. 企业资产管理的范围

企业资产即指属于企业所有的资本和财产，包括企业的现金、固定资产、流动资产、无形资产等。这些都属于企业日常资产管理和监督的范围。

3. 企业资产管理面临的问题

市场竞争激烈，企业想要在市场立足，就要对企业资产进行合理、合规化管理，其中完善企业资产管理制度对企业尤为重要。为此，律师要直面企业资产管理中面临的问题，才能抽丝剥茧，对症下药，帮助企业更好地发展。

（1）企业资产管理缺乏监督和管理

实践中，一些企业存在浪费、随意使用企业资产等问题，这种企业往往没有完善的采购、使用、报废等企业资产管理制度。有些企业资产看似费用不高，容易被一些企业管理者抓住制度漏洞谎报瞒报；有些人会乘机在企业资产采购、报废环节中获利等。长此以往，必然导致企业资产的流失，影响企业的发展，甚至会对企业的生存产生重大影响。

（2）企业资产管理主体不明

有些中小型企业，由于人员分工不明确，没有专门的资产管理部门或者资产管理专员，导致企业资产长期暴露在无监管状态下，容易造成企业资产的流失，严重的会滋生职务侵占或者贪污等刑事犯罪。更重要的是，这对企业的经营稳定非常不利，严重的可能直接导致企业"瘫痪"。

(3) 企业资产不能物尽其用

在企业资产管理实务中,没有明确的管理主体、缺乏完善的管理制度等问题会导致企业资产不能物尽其用,造成重复采购以及企业资产的利用率过低、无端流失等后果,给企业平添经济损失。

4. 企业资产管理

如果没有完善的企业资产管理制度,就会在有形无形中增加企业资产管理的压力甚至影响企业的长远发展。因此,必须采取积极的管理措施,以避免上述问题的重复发生,为企业资产增加一把"保护伞"。

(1) 制定合理的资产管理制度

企业管理层要提高对于资产管理的意识。企业管理层要能意识到资产对于企业的重要性,对资产的采购、使用和报废等环节都加以重视,有条件的企业可以成立专门的资产管理部门或者配置专门的资产管理专员。对企业资产分门别类并加以精细化区分,登记在册,定期查验。对于企业采购,要设置完善的采购流程,明确资产采购的理由和数量依据。要建立大型资产使用监督机制,定期查验设备损耗等情况,对于非常规损耗要及时进行处理。只有企业管理层具备高度的资产管理意识,企业人员才能各司其职,完善企业资产管理的制度,从而避免企业资产不必要和非合理的流失,保证企业的生存和发展。

(2) 企业各部门配合

在企业运营过程中,每个部门和员工都会涉及企业资产的实际使用,其中一些特殊部门(如使用大型设备或者重要设备的部门)尤其应当跟资产管理部门形成长期对接的模式,对于资产运营过程中出现的问题及时沟通,减少企业资产的不必要损失。

作为企业法律顾问的律师,应当对企业资产管理中的部门架构搭建、人员职责、出现资产损失的法律风险进行预防和控制,同时建立事后处理机制,为企业资产提供法律保障。此外,企业法律顾问往往会为与企业资产相关的民事诉讼、刑事犯罪等提供调解、代理和辩护等法律服务。

(四) 知识产权

知识产权已经成为现代企业重要的无形资产之一,它不仅能给企业带来直观的经济效益,同时作为企业的重要资产,还能帮助企业形成强大的竞争优势。例如,同样的产品,如果拥有著名商标或者是知名企业的产品,跟普通产品相比,在价格合理的基础上,大多数人会选择前者。

知识产权作为企业的重要资产,很多企业会把它归入重要的企业战略规划中。相应地,既然它是有价值的,也就容易发生侵权事件,如我们日常生活中所见所说的"山寨品",大多数就是侵犯他人知识产权的产品,因此知识产权法律服务也是企业法律顾问的一项重要内容。

1. 企业应当建立完善的知识产权管理制度

鉴于很多企业近些年知识产权意识才慢慢觉醒,一些企业因为被抢注等原因导致原本属于自己的商标、专利等被第三方取得。作为企业法律顾问,律师应当对企业所有的知识产权进行梳理,对知识产权的类型、取得时间、保护期限等进行详细登记,形成书面的文书,并在此基础上制定合法合规的管理制度,便于日后管理及应对诉讼。

2. 应对知识产权侵权的注意事项

知识产权是企业的无形资产,容易发生侵权和被侵权的问题。在企业牵涉知识产权侵权纠纷时,法律顾问应当及时展开调查,了解纠纷的事实情况,包括知识产权的权利人、侵权人、侵权方式和侵权结果等具体信息,进而提供相应的法律服务。

在企业知识产权诉讼中律师应当注意证据的收集和保存,同时注意证据的合法性。以比较常见的软件侵权为例,相信很多人都遇到过软件侵权的警告,提醒你购买和使用正版的软件。但是,事实上很多软件销售公司是以这种方式作为销售手段和推广渠道。在企业遇到这类问题时,企业法律顾问首先应当了解哪些证据可能直接影响企业软件侵权行为的成立。一般来说有两种:(1)企业购买盗版软件的发票;(2)企业正在使用盗版软件的行为(一般需经过公证)。之后,要判断是不是使用盗版软件就会构成对方所说的"侵权":如果企业购买正版软件后,自行复制、翻版使用,那么就构成侵权;如果企业仅仅购买设备和接受服务,对于设备中的软件来源和版权并不清楚,或者企业在网上下载免费的软件,并不能区分软件是不是正版,那么,企业作为软件的使用者,如果能够提供软件合法来源,则在法律上并不构成知识产权侵权。

二、企业法律顾问服务的其他内容

除了上述针对企业核心四要素提供的法律服务外,企业在市场经济中的生存和长期发展还涉及其他要素,如企业的经营理念、企业文化等,也是影响企业发展的重要因素,也需要法律顾问积极参与,为企业提供良好的法律服务,进而帮助企业在激烈的市场竞争中取得一席之地。

本节主要介绍了企业生存和发展的核心四要素,法律顾问在为企业提供的法律服务中,大多数的服务内容也是紧紧围绕这核心四要素展开的。同时,实务中如果法律顾问能够为企业把好这四道关卡,对于提升企业的核心竞争力、企业经营合规合法化等都具有非常重要的意义。

【思考问题】
1. 简要陈述企业核心四要素指什么。
2. 简要陈述公司治理过程中的公司章程对于企业来说有什么意义。
3. 分析企业资产管理中面临的问题和解决措施有哪些。

第三节 企业运营法律风险和管理体系

一、企业运营过程中的风险

企业法律顾问的重要性之一就是他可以为预防和控制企业运营风险提供专业的法律服务,让企业防患于未然。完善企业运营风险的预防和控制制度是企业长期可持续发展的立足之本,建立有效的企业法律风险防控机制是企业经营管理的重点。对企业运营过程中的法律风险的及时防控,对于企业的经营管理有着深远的影响。

(一)企业运营法律风险对企业的影响

企业的经营都有一定预期目标,都以完成预期目标、达成期待效益为经营目的。在这个过程中,企业如何进行资源配置去跨越企业现状与预期目标之间的差距,中间存在不确定因素,这种不确定因素的存在会导致企业运营中产生不可避免的风险。

运营风险一直伴随企业的经营和发展,企业在面临这些不确定因素及其可能带来的风险时,如果未能建立有效、合规的应对机制,最直接的影响就是可能导致企业的经济损失。

在应对法律风险上,法律顾问的存在能够帮助企业尽可能地分析和找出相应阶段存在的法律风险,以便在风险发生前做好防范、在风险发生时对症下药,从而避免损失的发生、扩大;在遇到紧急风险时,可以尽可能地帮助企业降低实际损失或者防止损失的再次扩大。

(二)企业运营法律风险

法律顾问的一项重要服务内容就是企业法律风险的控制和管理。只有了解企业运营中的法律风险及其特性,才能够有效识别常见的法律风险点,进而采取相应的法律风险应对措施。也只有提前精准预判法律风险,才能有效防范和及时对症下药,从而避免、降低企业运营的法律风险、经济损失。

1. 企业法律风险的特性

想要找到风险点,就要先了解企业法律风险有哪些特性。第一,法律风险具有一定的客观性。企业作为市场经济的主体,一直处于法律法规调整之下。违反相关法律法规就要承担相应的法律责任,这一点是不可避免的,因此法律风险的存在具有一定的客观性。第二,法律风险具有一定的专业性。企业运营的法律问题不同于一般的民事纠纷,律师只有详细了解其来龙去脉,方可大致掌握诉讼的方向。企业经营中往往会涉及非常专业的法律问题,如建筑施工合同中的土地勘察、工程造价等问题,知识产权方面的法律纠纷,企业清算、IPO中涉及的专业法律问题,都需要企业技术人员、财务人员与相关专业领域律师的配合才能解决。如果企业法律顾问是长期与企业共同成长发展的律师,则会比临时找一个律师来处理有更大的优势。第三,企业法律风险具有一定的连锁性。企业一旦出现法律问题,一般就不会是单个问题孤立地发生,而往往会像多米诺骨牌一样,产生强大的连锁反应,严重的不仅会给企业造成现实的经济损失,还会对企业的商业信誉造成影响,进而对企业的长期发展造成困扰。

因此,作为企业法律顾问的律师需要在了解企业法律风险的特性之后,抽丝剥茧地找出企业存在的风险点,对各该风险点对于企业的影响程度作出预判、评估,并协助企业制订相应的应对方案。

2. 企业法律风险点

由于经营范围和企业性质的不同,不同的企业在运营过程中的法律风险也会有差异,下文主要是企业在经营过程中一些共同的法律风险点。

第一,企业设立之初的股东诚信风险。在实务操作中,最常见的就是股东抽逃出资的行为。在企业成立之初,对所有股东的尽职调查十分重要,以免发生以投资为名、以诈骗洗钱为最终目的的违法犯罪行为。同时,要想企业能够成立和长期发展下去,股东之间的信任也十分重要。当然,在企业成立后的增资入股中,对投资人(新股东)的尽职调查也是必不可少的。

第二,企业经营中的人力资源管理风险。人力资源管理是企业管理的重中之重。俗话说,画虎画皮难画骨,知人知面不知心。员工在愿意与企业共同发展的时候,自然希望企业发展稳定,实现双赢。一旦企业面临窘境,或者员工有更好的发展平台,员工往往就会舍弃企业,这也是人之常情。企业的核心竞争力包含人力因素,而具有强大市场竞争力的企业也能吸引优秀的人才加入。人员流动对于企业具有举足轻重的影响,因此企业应建立人力资源管理机制,培养优秀的后备人才,完善人才储备机制,以便应对由于人员流动导致的企业管理与技术人才的断层,避免影响企业的发展。

第三,企业管理风险。企业管理风险主要集中于企业管理层,如企业"三会"被操控的风险,企业的董监高利用职务之便转移公司业务,职务侵占,股权被恶意收购等行为,都会对企业的发展甚至生存造成致命的打击。

第四,企业知识产权的风险。现今很多科创型中小型企业,除了传统的商标、专利等知识产权外,还会保有一些正在研发的项目、新产品等。这就很容易发生知识产权被侵害或者侵害他人知识产权的法律风险,严重的还会构成刑事犯罪。

(三) 法律风险防范措施

找出企业法律风险点,目的就是要防患于未然。企业法律风险防范措施大致有以下几种:

(1) 企业的各类合同、文书都应该经由专业的法律顾问起草、修订和审核。

(2) 由法律顾问定期为企业高管有针对性开展课程讲座。

(3) 由法律顾问律师定期为企业部门管理人员提供培训,帮助他们在工作中更好、更有效管理。

(4) 建立风险应急机制,以便突发风险能在最短的响应时间内得到有效的处理。

二、企业日常运营管理体系的建立

为了更好地避免法律风险,企业应当建立日常运营管理体系。前文所讲的企业核心四要素是较为抽象的企业法律服务内容,建立运营管理体系则化抽象为具象,明确企业法律顾问在企业日常运营管理中具体需要做什么。

(一) 企业合同管理体系

合同对于企业来说是十分常见,也是十分重要的,是企业对内管理和对外连接的重要工具,也是企业法律顾问服务的重要内容,具体包括合同模板的建立、起草和修订、合同的审核、合同履行的跟进、合同风险的控制、合同归档的管理以及因合同引起的仲裁或诉讼纠纷等事务。

1. 合同模板的建立

在企业经营过程中,合同模板的建立可以在很大程度上节省企业的时间成本和经济成本。合同模板是可以在企业经营过程中反复使用的标准合同,企业也可以根据实际情况在其基础上进行调整。

合同模板有以下优点:(1) 可以反复使用,节省成本,并可根据具体情况进行细微修改以长期使用。(2) 是法律顾问在长期工作中总结出来的,大多经过多次实践检验,一般无须特地审核,可以在合同管理中直接使用,节省法律顾问工作的时间和精力,简化合同审核的程序。(3) 合同模板具有高价值,正因为它是经过多次实践而形成的合同,可以有效地避免合同中的"雷区",如无效的格式条款等可以被有效排除,所以具有较高的使用价值,也能更有效地达到合同目的。

2. 合同模板的起草和修订

起草合同模板,法律顾问应到企业收集合同相关的信息并进行分类,将收集的信息和企业的业务模块进行匹配,整理出合同初稿后同企业相关人员进行沟通,调整其中的具体条款,由企业管理层进行确认后,在企业中进行适用并跟踪调整,最终形成定稿的合同模板,并根据个案的实际情况进行微调。

合同模板虽然是供企业重复使用的,但是由于法律、政策的变化和企业生产经营内容的调整,法律顾问应当跟踪合同模板使用情况并进行定期复核、审查,不断完善合同模板的条款内容,完善企业合同管理制度。

(二)企业档案管理体系

档案管理是企业管理的另一个重点。在法治社会的今天,发生法律纠纷时,证据尤为重要。如果企业能够建立完善的档案管理体系,在遇到法律风险时,就可以最大限度地提供完整的证据链,保护企业的合法权益,避免和减少企业的损失。

企业档案包括企业的会议记录、工作底稿、表单等各种企业日常经营过程中留存的文书材料(包含电子材料)。根据企业核心四要素,即根据其内容企业档案可分为公司治理、人力资源、资产管理和知识产权四类。

企业档案的建立、管理有什么好处?我们来举个例子:A公司因为一笔500万元的合同货款无法收回,委托律师进行诉讼。由于这笔货款是A公司与B公司两年多的合作中陆续累积下来的,律师需要仔细核查A公司与B公司合作期间签订的所有合同、送货单、对账单、签收记录等。由于A公司没有专门的档案管理,都是将合同丢在普通的纸盒里,也不作明显的标识,年底统一放进仓库,致使律师需要花费很多时间、精力去寻找材料。而一旦不能完全找到相关材料并整理完善,就会影响整个诉讼的进展和结果,导致企业的经济损失。

因此,企业应当对运营管理中的各类文书材料进行分类、总结、归档,从而为企业法律风险的防范增添一道有效的屏障。

(三)企业制度管理体系

俗话说,没有规矩不成方圆。企业内部合法合规化制度管理,是企业生存和发展的重要一环。企业法律顾问对于企业的制度管理可以提供以下具体的法律服务:

1. 企业规章制度的起草和修订

企业规章制度的合理化、合法化需要法律专业人员,即企业法律顾问将企业自身的实际情况和企业高管对于企业的个性化管理要求相结合进行起草、修订。

2. 企业规章制度的公布和实施

企业规章制度公布和实施的合法性,也应当由企业法律顾问进行把控。例如,规章制度是否需要培训,公布的渠道和员工是否知晓的证据材料是否保留。又如,在企业常见的劳动争议案件中,企业往往都会以《员工手册》作为企业与员工解除劳动关系合法性的依据。由于在仲裁过程中,员工是否知晓该《员工手册》往往是案件争议的焦点,也是裁判依据的重点,因此企业规章制度的公布和实施也要合法合规化,并应保留相应证据材料。

3. 企业考核评价的处理

企业对于其设置考核要求的工作岗位,应当建立考核流程及结果处理机制。对于考核细节、评价过程等应当给出具象化的操作流程,同时应当保留员工考评工作底稿和签收记录;对于未能通过考核的员工的处理,要制订并执行合法合规化的方案,避免发生争议,导致公司的直接损失。

本节主要讲述企业运营中可能出现的法律风险,以及法律顾问在企业运营中如何化抽象为具象,通过自身的工作为企业提供有价值的法律顾问服务。值得提醒的是,在制定企业法律风险防范规章制度的时候,防范措施一定要有可操作性和可行性,否则对于企业来说就是空谈,没有任何实质的意义,也就失去了企业聘请法律顾问服务的意义,更无法体现法律顾问本身存在的价值。

附1：股权转让协议基础模板

股权转让协议

　　本协议由以下各方于_____年_____月_____日在_____
_____共同签署。

　　出让方：_____（以下简称"甲方"）　住所：_____；
　　　　　　_____（以下简称"乙方"）　住所：_____；
　　　　　　_____（以下简称"丙方"）　住所：_____；
　　受让方：_____（以下简称"丁方"）　住所：_____。
　　_____有限公司（以下简称"标的公司"）注册资本_____万元人民币,甲方出资_____万元人民币,占_____%；乙方出资_____万元人民币,占_____%；丙方出资_____万元人民币,占_____%。根据有关法律法规规定,经本协议各方友好协商,就如下条款达成一致：

　　第一条　股权转让标的和转让价格
　　一、甲方将所持有标的公司_____%股权作价_____万元人民币,转让给丁方；乙方将所持有标的公司_____%股权作价_____万元人民币,转让给丁方；丙方将所持有标的公司_____%股权作价_____万元人民币,转让给丁方。
　　二、附属于股权的其他权利随股权的转让而转让。
　　三、受让方应于_____年_____月_____日前将股权转让款以现金方式一次性直接交付给出让方。

　　第二条　承诺和保证
　　出让方保证本协议第一条转让给受让方的股权为出让方合法拥有,出让方拥有完全、有效的处分权。出让方保证其所转让的股权没有设置任何质押或其他担保权,不受任何第三人的追索。

　　第三条　违约责任

第四条 解决争议的方法

本协议受中华人民共和国相关法律的羁束并适用其解释。

凡因本协议引起的或与本协议有关的任何争议,双方应友好协商解决。协商不成,应提交有管辖权的人民法院诉讼解决。

第五条 其他

一、本协议一式 _____ 份,协议各方各执 _____ 份,标的公司执 _____ 份,以备办理有关手续时使用。

二、本协议各方签字后生效。

——————————以下无正文——————————
——————————本页为签字页——————————

甲方(签字、盖章)   乙方(签字、盖章)

丙方(签字、盖章)   丁方(签字、盖章)

                                    年   月   日

附2:房屋租赁合同基础模板

房屋租赁合同

(合同编号:)

出租方(以下简称"甲方"):_____

法定代表人:_____

注册地:_____

联系地址:_____

联系人及其电话:_____

承租方(以下简称"乙方"):_____

法定代表人:_____

注册地:_____

联系地址：_____

联系人及其电话：_____

甲、乙双方本着诚实信用、互利互惠的原则，根据《中华人民共和国民法典》等法律法规的规定，就乙方承租甲方房屋相关事宜达成本合同，以兹共同遵守：

第一条　租赁房屋描述

1. 甲方将其拥有的坐落于_____的房屋出租给乙方，标的房屋建筑面积、具体坐落方位见附图标的房屋所有权证。

2. 甲方必须保证对标的房屋享有完全的所有权，并且保证标的房屋及其所在范围内的土地使用权没有用于抵押担保。

第二条　标的房屋租赁用途

1. 乙方租赁标的房屋用途：_____。

2. 在租赁期限内，未事先征得甲方的书面同意，并按规定报经有关部门核准，乙方不得擅自改变标的房屋的原有结构和租赁用途。

3. 在租赁期间，未经甲方书面同意，乙方没有对标的房屋的转租权。乙方如在未经甲方书面同意的情况下擅自将标的房屋的全部或局部区域进行转租，在收到甲方要求乙方中止转租行为的书面通知后，应当于甲方寄出该通知之日起 15 日内终止转租行为。

第三条　标的房屋租赁期限

1. 标的房屋租期：从合同签订之日起至_____。

2. 租赁期限到期后，乙方在结清水电煤等公用事业费、物业费、卫生费等应由乙方支付的相关费用后，应于合同到期当天无条件清空并搬离标的房屋，且无权要求甲方进行任何形式的补偿。

3. 本合同约定的租赁期限到期后，甲、乙双方的租赁关系即解除，乙方如需续租需在本合同到期前 3 个月内向甲方书面提出。

第四条　租金支付方式及租金支付期限

1. 标的房屋租赁金额：每年人民币_____。

2. 租金支付账户如下：

户名：_____；

账号：_____；

开户行：_____。

3. 租金支付方式为每半年支付一次，先付后用。租金第一次支付时间为本合同签订之日起15天内。之后每次租金支付日为起租日前10天。

4. 在租赁期内，因标的房屋以及使用承租区域内设施所产生的费用（包括但不限于水、电、煤气、卫生费、物业管理费等）均由乙方自行承担。

5. 使用标的房屋进行商业活动产生的其他各项费用均由乙方缴纳（包括但不限于乙方自己申请安装电话、宽带、有线电视等设备的费用）。

6. 在租赁期内，由乙方导致标的房屋质量或房屋内外部设施损毁的，包括但不限于房屋内外防水、门窗、水电等，维修费由乙方承担。

第五条 甲方权利和义务

1. 乙方在租赁期间如损害标的房屋结构，甲方有权终止合同并收回房屋，同时要求乙方赔偿相应经济损失。

2. 租赁期满，甲方有权收回标的房屋，乙方应于合同到期当天清空并搬离标的房屋，逾期未搬离的物品，视为乙方放弃该物品的所有权，甲方有权处置该物品。

3. 租赁期满，乙方应将房屋完好地交还甲方。如发生破损，则应由乙方修复；如未能完全修复，则甲方有权要求乙方进行相应赔偿。

4. 甲方有权按本合同约定的相关内容向乙方收取租金、其他各项费用及相应违约金。

5. 甲方有权监督乙方正确、安全地使用标的房屋，针对乙方对标的房屋实施的存在安全隐患的行为，甲方有权要求乙方限期整改。

6. 甲方不承担乙方的经营风险及责任。

7. 在乙方有以下行为时，甲方有权提前终止合同，并要求相应赔偿：

(1) 未按约定期限支付租金，超过30天的；

(2) 在租赁期内，未经甲方书面认可或同意，擅自改变租赁房屋的结构或用途，经甲方书面通知，在限定的时间内仍未修复的；

(3) 在租赁期内，未经甲方书面认可或同意，擅自整修、转租、出借或转让标的房屋的；

(4) 利用标的房屋进行违规及违章经营和非法活动的；

(5) 损害公共利益或甲方利益的。

8. 在乙方办理工商、税务等手续时，甲方应为乙方提供标的房屋的相关证明文件。

第六条　乙方权利和义务

1. 乙方按照本合同约定使用标的房屋，开展正常经营活动，因私自改变房屋结构、装修等原因造成甲方经济损失的，必须承担赔偿责任。

2. 乙方在不破坏标的房屋主体结构基础上，可以根据营业需要对上述房屋进行装修、装潢，但装修、装潢、改建等具体方案在施工前必须经甲方书面认可。

3. 在租赁期内，标的房屋的维修由乙方自行负责，因装修造成屋顶漏水、水管爆裂、渗水、电路故障等造成的损失由乙方承担；造成标的房屋损坏的，由乙方负责修复，未能修复的应赔偿甲方损失。

4. 乙方经营过程中产生的费用、税收、债权、债务等均由乙方自行承担。

5. 在租赁期内，乙方不得擅自出借、转租标的房屋或更改标的房屋经营内容。

6. 因乙方使用装修标的房屋造成人身、财产损害的，由乙方承担全部赔偿责任。

7. 乙方应按期支付房屋租金、其他费用及相应违约金。

8. 乙方不得利用标的房屋从事非法经营及任何违法犯罪活动。

第七条　合同的变更和解除

1. 甲方有下列情形之一的，乙方有权解除合同：

(1) 甲方不交付或迟延交付标的房屋30天以上的；

(2) 甲方未通知乙方，擅自将标的房屋用于抵押或转让给第三方的。

2. 在租赁期内，有下列情况之一的，双方均可变更或解除合同：

(1) 甲、乙双方协商一致，书面变更或解除合同；

(2) 因不可抗力因素致使标的房屋及其附属设施严重受损，致使本合同不能继续履行的；

（3）在租赁期间，标的房屋被征收、征用、拆迁的，或由于政策因素不能继续出租的。

第八条 违约责任及赔偿措施

1. 乙方应如期支付租金，如乙方未经甲方同意逾期支付租金的，甲方有权要求乙方按_____元/天向甲方支付迟延履行违约金，违约金不足以弥补经济损失的，还应赔偿甲方相应经济损失。

2. 租赁期满，乙方应如期交还标的房屋。如乙方逾期交还标的房屋或未按合同约定清空标的房屋，致使甲方无法实际收回使用标的房屋的，甲方有权要求乙方按本合同约定的租金标准支付实际占用使用费，同时乙方应向甲方支付违约金人民币_____万元；违约金不足以弥补经济损失的，乙方还应赔偿甲方相应经济损失。

第九条 合同的终止

1. 本合同约定的租赁期限到期之日，合同终止。

2. 若因不可抗力、自然灾害导致标的房屋损毁或致使标的房屋无法使用，给双方造成损失的，双方互不承担任何责任，合同终止。

第十条 争议的解决办法

本合同履行中发生争议的，双方应友好协商解决；协商不成的，可向_____人民法院起诉。

第十一条 其他约定

1. 若一方违约，非违约方为行使权利产生的一切费用，包括但不限于律师费、诉讼费、差旅费、交通费、保管费等，均由违约方承担。

2. 本合同未尽事宜，甲、乙双方可以补充协议的方式另行约定。补充协议是本合同不可分割的部分，与本合同具有同等法律效力。

3. 如因一方违约致使本合同解除或终止，本合同中关于合同解除或终止后赔偿责任、违约责任及争议解决的条款仍然有效。

4. 本合同自双方签字盖章后生效，一式_____份，甲乙双方各执_____份，均有同等法律效力。

--------以下无正文--------
--------本页为签字页--------

甲方：_____　　　　乙方：_____
（盖章）　　　　　　　　　　　（盖章）
法定代表人（签字）_____　法定代表人（签字）_____
_____年_____月_____日　　　　_____年_____月_____日
合同签订地：_____　　　　合同签订地：_____

【思考问题】
1. 简要陈述企业法律风险有哪些特点。
2. 简要陈述如何建立企业日常运营管理体系。

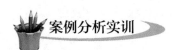
案例分析实训

　　A企业制定了内部《员工手册》，其中规定，员工旷工3天视为严重违纪行为，公司可以单方解除劳动合同，并且不需要支付任何的经济补偿金，同时规定了企业员工的请假流程。

　　员工王某因个人原因请假，未获批准后连续3天没来上班。A企业以上述规定为由，与王某解除了劳动合同。王某认为自己已经向公司请假，公司没有合法解除劳动合同的依据，系违法解除劳动合同，因此向有管辖权的劳动争议仲裁委员会提出了仲裁申请，要求A企业支付违法解除劳动合同赔偿金。

1. A企业的处理是否合法？
2. 王某要求公司支付违法解除劳动合同赔偿金是否有法律依据？
3. 本案的争议焦点是什么？

第四节　企业法律顾问的服务方法和前景思考

　　前文阐述了企业法律顾问服务的具体内容，这些具象的服务内容如何落实到实践中,就是我们本节要讨论的企业法律顾问的服务方法。只有通过这些的方法,才能让具象化的法律服务从纸上落到实处。

一、企业法律顾问非诉讼服务方法

1. 法律培训和宣传

作为法律职业人,"培训"这个词经常用到。在平时工作中,律师也在一定意义上承担着普法的责任。法律作为较为专业的社会规范,要让社会各个阶层的人都能知法、懂法、守法,普法培训和宣传是最常用的方法。同样地,对于企业而言,法律顾问服务企业最简单也是最直截了当的方法就是培训和宣传。

(1) 法律培训和宣传的途径

其一,口口相传是最常见的法律顾问培训途径。例如,律师给顾问企业定期开展法律课程培训,针对企业的经营特色开展个性化的法律培训课程,帮助企业的高级管理人员和专业管理人员掌握企业经营过程中所需的基础法律知识,等等。

其二,可以通过现在常用的多媒体、自媒体发表法律专业性的文章,制作有创意的视频,针对企业经营过程中可能出现的法律风险,利用多媒体、自媒体进行宣传和普法。

(2) 法律培训和宣传的准备工作

法律培训和宣传已经是企业法律顾问很重要的一个服务内容,特别是培训,准备工作十分重要。比如,对于培训的对象要事先加以了解,如果是公司高管和员工同时要听的讲座,那么关于员工加班费、休假制度等话题,各方往往都会十分关注,律师如何讲清讲透又把握好度就是决定培训效果的关键。为此,明确培训目标,与企业负责人充分沟通,认真地做好课件等,都是法律顾问培训前需要做的准备工作。

具体而言,在开始正式培训前,法律顾问应当就本次培训进行一次系统调研,同时结合自己在企业日常法律顾问服务中发现和总结的企业存在的法律风险和问题,紧扣企业本次培训的主题,有针对性地开展培训。培训的目的不是为了讲课而讲课,而是为了分析和防控企业目前存在的风险和问题。

法律培训本身其实是法律顾问服务的一种增值形态,从某种意义上来说,即使没有培训,也不会造成企业的损失。但是,如果法律顾问能够适时为企业进行专题培训,针对企业面临的现实问题进行分析并提出有效的解决方案,对于企业来说更能体现法律顾问服务的价值。

总而言之,法律培训不是必要的,但是是法律顾问体现自身服务价值的一种方法。同时,如果企业内部员工具有一定的法律专业知识,会反过来促进法律顾问本身的工作,也能大大提升工作效率。

(3) 法律培训的形式

通常提到培训,我们最常想到的就是法律顾问律师在台前讲课,下面的员工边听边记笔记。可以说,授课是最常见也是最基础的法律培训形式。此外,企业法律培训还可以通过互动式、沉浸式的方式让受培训人员能够跳出理论,从实践中得到真知。所谓"授人以鱼不如授人以渔",企业中与法律顾问对接的工作人员具备企业业务相关领域的基础法律知识,可以大大节省法律顾问的时间、精力,也能提高法律顾问的工作效率。

2. 企业商业谈判

作为企业法律顾问,参与企业的各种商业谈判是必不可少的一项工作。谈判其实就是一个相互说服、相互让步并最终实现双赢、共赢的一个过程。在这个过程中,作为企业法律顾问的律师需要把握住需求、筹码和表达三个方面,这些也是商业谈判的关键所在。

(1) 了解需求

了解对方的需求是进行商业谈判的基础,只有在了解了对方需求之后,才能寻找途径和方法说服对方。律师可以从对方的商业背景、企业现状以及谈判过程中的言谈举止来寻找蛛丝马迹,推测对方的商业需求。一旦掌握对方企业的需求,就可以抽丝剥茧,寻找谈判的筹码,进而实现谈判的最终目的。

(2) 寻找筹码

筹码可以由浅入深来寻找。首先,可以在我方能够接受的范围内投其所好,让对方有满足感。其次,寻找双方的一个相对平衡点,以期能达到共赢的局面,尽快促成谈判成功。最后,采取强有力的手段断掉对方的杂念或退路,俗称"釜底抽薪""撒手锏"之类的筹码,更快促成谈判、和解。

（3）表达思想

运用恰当的语言表达技巧，把我们所要表达的中心思想准确、有效地传递给对方。在传递自己想要表达信息的同时，也要学会倾听、思考和交流发问等。只有掌握好其中的尺度，才能使谈判效果事半功倍。

在实际谈判中，要区分不同的对象调整谈判战术。例如，针对企业的合作客户和已与企业发生纠纷的对方，谈判的侧重点应有明显的区别。对于企业的合作客户，还要进一步细化不同的客户类型，在谈判过程中，要审时度势，把握好说什么、问什么、想什么的尺度，通过个性化的谈判方案实现最终的谈判目标。对于纠纷中的对方，谈判前要充分了解双方的诉求。首先，知道委托人的委托目的是什么，能接受的底线在哪里。其次，在谈判过程中了解对方的诉求，根据其在实际谈判中的言行举止等细节以及沟通的过程来推测对方的底线。最后，要把握住自己手上的筹码，并通过它促成最终的谈判、和解。

3. 企业的制度建立

在可能的情况下，企业法律顾问要亲自参与企业的日常运营，了解企业的个性和特色，才能更好地为企业量身定制出合适的规章制度。

（1）建立企业内部规章制度的目的

法律顾问配合企业建立规章制度是为了让企业在日常经营中尽可能地避免或减少损失，防止企业触碰法律禁区。因此，对于企业法律顾问来说，为企业起草好相关的制度文书并非工作的完成，更多的是要跟进企业各项规章制度的落实，以及为落实过程中出现的问题提供及时、有效的解决方案。

要实现有效跟进和落实，就需要法律顾问在起草规章制度时注重实际可行性和可操作性。通俗一点说，就是要接地气。律师参与起草的公司内部规定不能只流于文件表面，更重要的是要能够形成配套的考核标准，有利于企业的经营以及便于管理，毕竟企业内部规章制度是企业管理的重要抓手。同样地，对企业规章制度的落实和跟进体现了企业的管理能力和水平，也从侧面体现了企业法律顾问的服务价值。

（2）建立企业内部管理制度的方法

一般来说，企业规章制度文本主要有以下几种来源：第一种是通过网络或者书面教材获取符合企业要求的模板文件,再根据企业自身的经营特点制定出符合企业自身需求的个性化制度。第二种是员工根据自身岗位职责制订的工作计划、方案等。第三种源自企业管理人员在企业管理方面形成的管理理念。

第一种是模板式建制。相对来说,这种建制具有我们之前提到的类似于合同模板一样的模板化特点,一般是经过长期实践形成的已经有一定理论和实践支撑的模板化管理体系,对于企业管理来说,具有易于管理的优势。但是,由于模板缺乏个性化,因此法律顾问需要根据企业实际情况作出相应的修改和调整。

第二种属于计划式建制。员工在工作过程中,为了得到企业的重视,体现自身存在的价值,会结合自身能力与实践,制订相关的工作计划、方案,以实现自己工作的预期目标。企业管理者也会对这部分工作内容作出考核评价。对此,法律顾问的工作就是围绕如何让管理者合法合规地对员工的工作进行目标考核评价,从而建立相关的考核评价制度。

第三种是管理式建制。这类管理制度是在企业管理层对于企业治理、经营管理理念基础上应运而生的,带有一定的摸索创新在里面,往往会根据其运行过程中的问题作出修改和调整,甚至会出现朝令夕改的情况,因此也是相对来说最不稳定的一种建制模式。

4. 企业的评价考核

前文提到企业建立规章制度要具有可行性和可操作性,才能方便法律顾问对于企业后期规章制度落实程度的跟进,考核评价就是跟进落实最常见的一种方法。作为公司的法律顾问,参与公司考核评价制度的建立,也是增值法律服务的内容之一。

(1) 绩效考核评价的目的

随着企业规模的不断扩大和员工数量的不断增加,企业要想长期在市场立足、拥有一定的市场竞争力,就需要摒弃仅仅依据管理者个人喜好或者关系亲疏分配企业资源的情况。只有真正的人才才是企业核心竞争力的一部分,才能为企业可持续发展提供动力,而绩效考核评价就是一种最直观的按劳分配、按能力分配的方法。

（2）考核评价标准的建立

首先，绩效考核评价应具有一定的客观性。企业建立明确客观的考核评价制度，可以让员工有明确的工作目标，而每个员工有质量地按时甚至超量完成岗位职责，企业才能达到其预期目标，进而实现其整体战略目标。没有考核评价标准，员工就没有明确的工作目标，就会浪费企业的资源，也不利于对于员工工作的管理。

其次，根据企业的实际情况起草初步文本，明确企业不同岗位的工作内容和工作目标之后，法律顾问需要结合员工工作要求和企业的资源配置，针对不同岗位的考核评价标准制定书面的正式文本。一般来说，企业对员工的考核评价应包括以下几个方面：(1)明确考核评价的周期，也就是时间指标，明确员工在特定时间内要完成的工作任务。(2)工作职责内容的完成程度考核。(3)团队合作精神考核，员工毕竟是企业的一分子，不能仅仅独善其身，还要能够融入企业的团队，才能在团队项目中合作融洽，提高工作效率，提升整个团队甚至企业的竞争优势。(4)针对岗位可能出现的风险，考核员工对于风险预防和突发风险的处理能力。

最后，在不断的实践操作中修订和完善一整套适合企业自身的个性化评价考核制度体系，有助于企业管理层对企业员工的有效管理和企业资源的合理配置，从而达到企业最终的发展目标。

二、企业法律顾问诉讼服务方法

这里的诉讼也包括仲裁、劳动仲裁等，是相对于非诉讼来说的。在当今的法治社会，企业越来越重视法律服务，人们的维权意识也越来越强，相应地为企业合理、合法、有效解决各类诉讼纠纷就成了企业法律顾问必不可少的基本技能。

传统的法律顾问更多偏向非诉讼业务，当出现诉讼纠纷时，企业有时要另外聘请专门的诉讼律师来处理特定的诉讼纠纷。随着律师行业的竞争加剧，以及企业对于自身经营要求的提升、对商业秘密保护和人力资源管理等的重视，越来越多的企业希望陪伴企业日常经营、对企业情况比较了解的法律顾问能够代理企业处理诉讼纠纷。具体来说，律师为企业提供诉讼服务需要做到：

(1) 事前——需要培养企业的基础法律意识

在日常法律服务中,法律顾问要让企业管理者明白诉讼纠纷的基本流程以及对证据的"三性"要求(即真实性、合法性、关联性),帮助企业建立相关制度,并敦促企业在日常经营过程中注重对于文书、视频、音频等文件资料的管理和归档。

(2) 事中——诉讼方案的制订

在实际面临诉讼纠纷时,企业法律顾问接受企业委托后,要全面了解基本案情,分析案情,制订出相应的诉讼方案。首先,需要在了解案情的基础上明确对方的诉求,同时跟我方企业沟通具体情况,了解企业管理者对于案件的看法以及其想要达到的诉讼目标。其次,有针对性地收集证据材料,制订初步的诉讼方案。最后,应当将案件可能存在的诉讼风险如实告知企业,前文已述及,企业法律顾问不能违背律师职业道德一味地以帮助企业达到目的为出发点,而是应当以自身的专业知识,尽最大努力维护企业的合法权益,同时维护法治的公平公正。此外,律师不能承诺案件结果,因为每个案件换个角度也许就会有不同的突破口,进而得出不同的结论。因此,法律风险从客观上不可能完全避免,将案件的风险如实告知企业管理者,也是律师作为法律顾问的必要职业素养。

(3) 事后——诉讼结果执行的跟进

律师代理诉讼案件,审判和执行阶段往往是分开代理的。也就是说,在一个案件诉讼过程中律师可能只代理审判,而且一审、二审阶段代理也可能是分开代理的,律师只需完成其代理阶段的诉讼事宜,对于企业没有委托的诉讼阶段,律师一般是不具有代理权限的。

企业法律顾问往往按年与企业签订法律服务合同。律师代理顾问单位诉讼案件则类似于承接项目,一般以案件诉讼阶段为单位进行代理。但是,案件一个诉讼阶段结束或者整个诉讼阶段结束后,作为企业法律顾问,律师还需要跟进案件的执行,因为诉讼的最终目的是诉讼结果的执行。

综上所述,企业规模越大,涉及的法律问题相对来说也会越繁多,从企业法律顾问角度看,律师应当为企业提供专业的法律服务。其目的是让企业能够在激烈的市场竞争中站稳脚跟,通过专业法律服务为企业保驾护航,提高核心竞争力。从某种程度上讲,企业法律顾问也是企业人力资源的特殊组成部分,专业的法律顾问不但可以帮助企业更好地发展,而且也能为自己的专业法律服务建立好的口碑,实现自己的专业价值。

【思考问题】

1. 简要陈述企业法律顾问参与企业商业谈判需要注意哪些关键点。
2. 简要陈述企业法律顾问如何建立企业评价考核标准。
3. 简要陈述律师担任企业法律顾问在处理企业诉讼纠纷时应该怎么做。

第四章

仲裁实务

本章概要

我国仲裁实践发展迅猛,仲裁案件数量和标的逐年攀升,仲裁的影响力不断增强,仲裁日益成为解决争议的重要选择。《中华人民共和国仲裁法》(以下简称《仲裁法》)实施以来,全国各仲裁机构受理案件的数量、标的均大幅增长,随着经济全球化的深入发展,国际经济交往愈加密切,尤其是随着"一带一路"倡议的不断推进,国际商事交易日益频繁,跨国贸易、知识产权、网络域名等纠纷越来越多。在多元化的纠纷解决机制中,仲裁作为解决国际商事争议的方式日益重要。本章将从仲裁协议、可仲裁性、仲裁程序、仲裁裁决的认可与执行等角度进行阐述,让学生对仲裁法律实务有所了解。

学习目标

通过本章学习,学生应基本掌握仲裁的发展概况、仲裁协议的效力、可仲裁事项及范围、仲裁程序及仲裁裁决的承认和执行等规则和程序,从而为向当事人提供高效、专业、有价值的仲裁法律服务奠定基础。

第一节 仲裁协议

仲裁协议是现代仲裁制度的基石,是仲裁程序得以启动并得到承认和执行的前提,也是仲裁机构和仲裁庭合法仲裁当事人争议的基本前提和重要依据。根据联合国国际贸易法委员会《国际商事仲裁示范法》(以下简称"《示范法》")第7条第1款的规定,"仲裁协议"是指当事各方同意将他们之间确定的不论是契约性或非契约性的法律关系上已经发生或可能发生的一切或某些争议提交仲裁的协议。

仲裁协议的有效不仅需要当事人双方的合意,而且需要以仲裁庭以及法院认可的形式表现出来。[①] 若当事人之间没有仲裁协议,仲裁委员会则不予受理;若当事人之间达成仲裁协议,法院则无权管辖案件。因此,有效的仲裁协议同时也排除了法院对案件的管辖权。

一、仲裁协议的形式要件

随着仲裁制度的不断完善,世界各国及国际条约、文件都对仲裁协议的形式要求逐渐趋向宽容,有的国家甚至突破了书面形式的限制。但是,仲裁协议需要符合书面形式要件目前仍然为世界各国所普遍认同,有效的仲裁协议必须具备书面形式要件。

1. 我国法律对仲裁协议的要求

我国《仲裁法》第16条第1款规定:"仲裁协议包括合同中订立的仲裁条款和以其他书面方式在纠纷发生前或者纠纷发生后达成的请求仲裁的协议。"《最高人民法院关于适用〈中华人民共和国仲裁法〉若干问题的解释》(以下简称《仲裁法司法解释》)第1条规定:"仲裁法第十六条规定的'其他书面'形式的仲裁协议,包括以合同书、信件和数据电文(包括电报、电传、传真、电子数据交换和电子邮件)等形式达成的请求仲裁的协议。"第11条第1款规定:"合同约定解决争议

---

① 参见杨秀清:《协议仲裁制度研究》,法律出版社2006年版,第67页。

适用其他合同、文件中的有效仲裁条款的,发生合同争议时,当事人应当按照该仲裁条款提请仲裁。"

由此可见,在我国法定的仲裁协议形式包括仲裁条款、仲裁合同书、信件和数据电文、援引等,即仲裁协议必须满足书面形式要件,这就排除了通过口头形式等订立仲裁协议的有效性。据此,无论双方当事人是否承认口头仲裁协议的存在,该种仲裁协议都是无效的,口头订立的仲裁协议不因当事人的承认而有效。

2. 国际上对仲裁协议形式的要求

从国际上看,仲裁协议形式的发展,大致经历了严格的书面形式、扩大的书面形式和可证明的书面形式三个阶段。[1] 仲裁发展之初,因其自身特有的优势而迅速为各国所广泛采纳,但是由于其缺乏统一的规范,各国在仲裁的理论和实践上差异很大,对仲裁协议形式的规定不一致甚至相互矛盾,从而给仲裁实践及其在世界范围内的发展造成障碍。

联合国国际商事仲裁会议1958年6月10日通过的《承认及执行外国仲裁裁决公约》(以下简称《纽约公约》)首次对仲裁协议形式作出统一要求,规定仲裁协议必须是书面的,即应为当事人所签订或在互换函电中所载明之契约仲裁条款或仲裁协议,从而确定了仲裁协议诸多形式中的仲裁条款形式以及通过互换文件承载仲裁协议的形式。但随着时代发展,许多新的通信技术不断出现并被应用于商业领域,《纽约公约》规定的纸质书面形式逐渐同现代商业活动的快速发展不相适应。[2]

为解决这个问题,联合国国际贸易法委员会1985年通过了《示范法》,其第7条第2款规定:"仲裁协议应是书面的。协议或载于当事各方签字的文件中,或载于往来的书信、电传、电报或提供协议记录的其他电讯手段中,或在申诉书和答辩书的交换中。当事一方声称有协议而当事他方不否认,即为书面协议。在合同中提出参照载有仲裁条款的一项文件即构成仲裁协议,如果该合同是书

---

[1] 参见刘敏敏:《刍议国际商事仲裁协议形式的发展——兼评2006年〈国际商事仲裁示范法〉第7条修正案文》,载《法制与社会》2010年第11期。

[2] 参见赵健:《国际商事仲裁的司法监督》,法律出版社2000年版,第71页。

面的而且这种参照足以使该仲裁条款构成该合同的一部分的话。"《示范法》进一步将仲裁协议范围扩展到"其他电讯手段"以及援引所表现的仲裁协议形式。

2006年,联合国国际贸易法委员会又通过了对《示范法》第7条的修正案,进行了更加开放的修订,提供两种方案供各国立法者选择。其中,第7条之备选案文一进一步放宽了书面形式的定义解释;备选案文二更是对仲裁协议形式无任何要求。此举大大促进了国际仲裁事业的发展。例如,2011年《法国民事诉讼法典》规定,国际仲裁协议不受任何形式要求的约束。[①]

二、仲裁协议的实质要件

如前文所述,仲裁协议是争议当事人将可能发生或者已经发生的争议约定提交仲裁机构解决的一种协议,在我国该仲裁协议必须是书面形式。我国《仲裁法》第16条第2款规定:"仲裁协议应当具有下列内容:(一)请求仲裁的意思表示;(二)仲裁事项;(三)选定的仲裁委员会。"据此,一个有效的仲裁协议应当具备书面的形式要件及实质要件,其中实质要件包括:当事人请求仲裁的意思表示;有明确的仲裁事项;有选定的仲裁机构。

1. 当事人请求仲裁的意思表示

当事人请求仲裁的意思表示被普遍认为是仲裁协议最根本的要求,是仲裁协议当事人同意将争议事项提交给仲裁机构或仲裁庭解决的意思表示。

(1)当事人请求仲裁的意思表示必须是真实的。如果仲裁协议是一方对另一方威逼、胁迫的结果,则仲裁协议为无效协议。

(2)当事人请求仲裁的意思表示必须是明确且具体的。一份请求仲裁意思表示不明确的仲裁协议,一方面无法使仲裁机构取得管辖权,另一方面也无法排除法院的管辖。例如,实践中经常有此类约定:"如双方产生争议,可以向XX仲裁机构申请仲裁,亦可以向XX法院起诉。"对此,《仲裁法司法解释》第7条作出了明确规定,即约定"或裁或审"的仲裁协议无效,但一方向仲裁机构申请仲裁,另一方未在仲裁庭首次开庭前提出异议的除外。

---

① 参见鲍冠艺译注、宋连斌校:《2011年新法国仲裁法》,载中国国际经济贸易仲裁委员会编著:《"一带一路"沿线国家国际仲裁制度研究(一)》,法律出版社2011年版,第277页。

(3) 请求仲裁的意思表示应是双方或各方当事人一致的意思表示。诸如仲裁协议约定"经甲方同意后，乙方可以将争议事项提交XX仲裁委员会"之类的表述，由于没有甲方的仲裁意思表示，无法认定为双方合意达成，因此相关仲裁协议有可能被认定为无效。

2. 有明确的仲裁事项

仲裁事项是指当事人在仲裁协议中约定通过仲裁解决的争议事项或者当事人实际向仲裁机构申请解决的争议事项。仲裁事项可以是明确的一项或者几项，也可以是与合同相关的全部争议，如约定"因本合同发生或与本合同有关的一切争议可提请XX仲裁委员会解决"。《仲裁法司法解释》第2条规定："当事人概括约定仲裁事项为合同争议的，基于合同成立、效力、变更、转让、履行、违约责任、解释、解除等产生的纠纷都可以认定为仲裁事项。"

此外，《仲裁法》第3条还规定了不得仲裁的事项："下列纠纷不能仲裁：（一）婚姻、收养、监护、扶养、继承纠纷；（二）依法应当由行政机关处理的行政争议。"因此，在签订仲裁协议的时候，应该自查提交仲裁的争议事项是否能够通过仲裁解决，只有法律规定可以提交仲裁的纠纷，仲裁庭才能受理并作出裁决。

3. 有选定的仲裁机构

仲裁机构在我国就是仲裁委员会。选定仲裁机构是指当事人需要在仲裁协议中选定仲裁机构，而且选定的仲裁机构应该是确定并且唯一的。实践中，对选定的仲裁机构约定不明是影响仲裁协议效力的重要问题。例如，有的仲裁协议虽然指定了仲裁机构，但是仲裁协议中指向的仲裁机构名称不准确或者不存在，有的仲裁协议甚至约定了两个以上的仲裁机构，此类仲裁协议可能被认定无效。

(1) 未约定仲裁机构。《仲裁法》第18条规定："仲裁协议对仲裁事项或者仲裁委员会没有约定或者约定不明确的，当事人可以补充协议；达不成补充协议的，仲裁协议无效。"实践中，当事人若对仲裁机构未作出约定，特别是在涉外合同中，外方当事人若想将争议提交临时仲裁机构或不愿意提交中国仲裁机构解决，双方当事人就未在合同中约定仲裁机构作出补充约定的，如果关于仲裁协议的准据法是中国法律，则根据中国法律规定，该仲裁协议无效。

(2) 约定的仲裁机构不存在或者无法确定。实践中，若双方当事人约定的仲裁机构不存在或者无法确定,如双方当事人约定将争议提交 A 仲裁委员会仲裁,但实际上 A 仲裁委员会并不存在。或者双方约定的仲裁机构无法确定,如"双方因本合同引起的争议,在厦门进行仲裁","双方因本合同引起的争议,法律最终仲裁地为厦门",对于此类仲裁条款,若发生纠纷后双方当事人就仲裁机构达不成补充协议,则应依据《仲裁法》第 18 条之规定,认定仲裁协议无效。

(3) 约定的仲裁机构名称不准确,但可以确定具体的仲裁机构的。由于仲裁机构比较多,且仲裁机构的设置也与法院不一样,普通人对仲裁机构缺乏了解,因此在实践中,很多当事人因为对仲裁机构约定不明,导致仲裁协议效力存在争议。考虑到客观现状,《仲裁法司法解释》第 3 条规定:"仲裁协议约定的仲裁机构名称不准确,但能够确定具体的仲裁机构的,应当认定选定了仲裁机构。"因此,只要能够根据仲裁协议约定确定具体仲裁机构的,仲裁协议仍然有效。

实践中常见的确定仲裁机构的方式有:(1) 若仲裁协议约定由某地的仲裁机构仲裁且该地仅有一个仲裁机构的,则该仲裁机构视为约定的仲裁机构;若该地有两个以上仲裁机构的,当事人可以协议选择其中的一个仲裁机构申请仲裁;当事人不能就仲裁机构选择达成一致的,仲裁协议无效。(2) 双方当事人约定将争议提交甲方所在地仲裁委员会仲裁,若甲方所在地只有一个仲裁机构,则该仲裁条款是明确的,应属有效;若甲方所在地有多个仲裁机构,则无法确定最终的仲裁机构,该约定无效。(3) 遗漏或增加仲裁机构中的字或词。如将"上海仲裁委员会"表述为"上海市仲裁委员会"。司法实践中,根据《仲裁法司法解释》第 3 条的精神,若能够从名称意思上确定"上海仲裁委员会"为双方选定的仲裁机构,则应当认定能够确定具体的仲裁机构。

(4) 仲裁协议选定了两个或者两个以上的仲裁机构

仲裁协议约定两个以上仲裁机构,实践中常见情形为,当事人约定可以向 A 仲裁机构或者 B 仲裁机构申请仲裁。《仲裁法司法解释》第 5 条规定:"仲裁协议约定两个以上仲裁机构的,当事人可以协议选择其中的一个仲裁机构申请仲裁;当事人不能就仲裁机构选择达成一致的,仲裁协议无效。"据此,仲裁协议约定两个或两个以上的仲裁机构的,并不当然无效。若双方就选择仲裁机构达成合意,向其中一个仲裁机构申请仲裁,则仲裁协议有效;若双方无法达成合意,则仲裁协议无效。

(5) 因当事人约定仲裁规则而推定其选定的仲裁机构

《仲裁法司法解释》第 4 条规定:"仲裁协议仅约定纠纷适用的仲裁规则的,视为未约定仲裁机构,但当事人达成补充协议或者按照约定的仲裁规则能够确定仲裁机构的除外。"根据该解释,原则上双方约定纠纷适用仲裁规则但未约定仲裁机构的情形视为未约定仲裁机构,除非当事人就约定仲裁机构达成补充协议或者能够根据该仲裁规则确定仲裁机构。

三、仲裁协议的法律效力

仲裁协议的法律效力,是指法律赋予仲裁协议在解决争议过程中所具有的特殊作用及其法律拘束力。仲裁协议法律效力包括对当事人、仲裁机构、法院以及仲裁裁决的约束力。仲裁协议的法律效力主要表现在以下几个方面:

1. 对当事人的法律效力

仲裁协议对当事人最主要的法律效力是,当事人任何一方都有义务将争议提交仲裁解决。因为仲裁协议一旦有效订立,双方当事人都要受其约束,都要履行协议约定的义务,任何一方都应当将他们之间的特定争议提交仲裁解决,而不得提交法院解决。

2. 对仲裁机构和仲裁庭的法律效力

有效的仲裁协议是仲裁机构和仲裁庭对争议案件行使仲裁管辖权的根据。一方面,仲裁机构受理、审理、裁决争议案件必须以有效的仲裁协议为基础。另一方面,仲裁协议对仲裁机构的法律效力还体现在仲裁机构的审理范围受到仲裁协议的限制,即仲裁机构或仲裁庭的管辖权限于仲裁协议约定的争议事项,对于超出仲裁协议范围的事项,仲裁机构或仲裁庭无权审理。

3. 对法院的效力

《仲裁法》第 5 条规定:"当事人达成仲裁协议,一方向人民法院起诉的,人民法院不予受理,但仲裁协议无效的除外。"据此,仲裁协议以当事人的自由意志排除了法院的司法管辖权,这是仲裁协议的法律效力所产生的主要的也是最直接的效果之一。如果一方当事人在争议发生后不按仲裁协议约定将争议提交仲裁解决,而是诉诸法院,则法院会因其无管辖权而要求当事人交由仲裁解决。如果法院已经受理了有关当事人所提起的诉讼,则另一方当事人有权以他们之间存在仲裁协议、法院无管辖权为由,要求法院终止有关的诉讼程序、驳回该当事人的起诉。

但是,仲裁协议排除法院司法管辖权的规定不是绝对的,各有关仲裁法律制度实际上都对法院的司法管辖权给予了不同程度的保留。其中,最为主要的保留是,规定法院享有对仲裁协议的存在与否、有效性和可执行性进行审查和裁判的权力。当法院认定仲裁协议不存在、无效或无法执行时,法院即对案件享有司法管辖权。

4. 对仲裁裁决具有约束力和强制执行力的效力

有效的仲裁协议是强制执行仲裁裁决的依据。《纽约公约》及我国《仲裁法》都规定,如果一方当事人拒不履行仲裁裁决,另一方当事人可以向法院提交有效的仲裁协议和裁决书,申请强制执行。《示范法》也明确规定,仲裁裁决不论在哪国境内作出,都应该被承认具有约束力,且经向有管辖权的法院提出书面申请,即应按本法的有关规定予以执行。

四、仲裁协议的独立性

合同的终止、无效或失效,是否必然导致作为合同组成部分的仲裁协议,包括仲裁条款和仲裁协议书终止、无效或失效,因履行合同发生的争议或与合同有关的争议是否能够根据仲裁协议提交仲裁解决等,就是仲裁协议独立性问题。

仲裁条款的独立性或称"仲裁条款自治权原则"是指,如果当事人在主合同中表明了以仲裁解决争议的意愿,这种意愿就应得到保护。仲裁条款具有保障当事人通过寻求某种救济而实现当事人权利义务的特殊性质,具有相对的独立性。因此,仲裁条款应被视为独立于合同而存在,它与合同是可分割或相分离的,合同的无效、失效或不存在不影响仲裁条款的效力,即使当事人主张合同无效、失效或不存在,仲裁庭基于仲裁条款仍有管辖权。

《仲裁法》第19条规定:"仲裁协议独立存在,合同的变更、解除、终止或者无效,不影响仲裁协议的效力。"《仲裁法司法解释》第10条进一步规定:"合同成立后未生效或者被撤销的,仲裁协议效力的认定适用仲裁法第十九条第一款的规定。当事人在订立合同时就争议达成仲裁协议的,合同未成立不影响仲裁协议的效力。"由此可以确认,我国从法律上确认了仲裁协议的独立性。

仲裁条款的独立性目前已为越来越多国家的国内立法和司法实践所承认,同时也正为大多数国际仲裁公约与国际仲裁规则所采用。

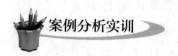

案例分析实训

【案情简介】

2019年11月,A某与B某签订《房屋租赁合同》,约定A某将其所有的一处房屋租赁给B某用于生产经营,租赁期限为三年,租金一次性支付。同时,约定"凡因履行本合同所发生的一切争议,应提交上海仲裁委员会,并根据该会的仲裁规则进行仲裁"。合同签订后,B某发现该房屋并未取得建设工程规划许可证,为不影响其日后的生产经营,B某向上海仲裁委员会申请仲裁,请求裁决确认B某与A某签订的《房屋租赁合同》无效。A某答辩称:如《房屋租赁合同》无效,仲裁条款也应当无效,故上海仲裁委员会无权受理本案。随后,B某向哈尔滨仲裁委员会请求确认仲裁条款有效。

【思考问题】

如果合同终止、被撤销或者无效,构成合同一部分的仲裁条款是否也随之终止、被撤销或者无效,所发生的有关争议是否还能够根据仲裁条款提交仲裁机构解决?为什么?

第二节 可仲裁事项及范围

一、可仲裁事项和可仲裁范围的概念

可仲裁事项是指,根据适用的法律,当事人约定提交仲裁解决的争议事项或已经提交仲裁解决的争议事项是可以通过仲裁方式解决的。也就是说,能够提

交仲裁的,属于可仲裁性事项;不能够提交仲裁的,不属于可仲裁性事项。一个事项进入仲裁程序需要得到法律和当事人的双重授权,并且当事人的授权必须在法律规定的范围之内,否则该授权无效。

争议事项的可仲裁性是仲裁裁决具有效力而不被撤销,并且能够获得承认和执行的前提条件。根据《仲裁法》第58条第1款第2项的规定,裁决的事项不属于仲裁协议的范围或者仲裁委员会无权仲裁的,人民法院组成合议庭经审查核实的,应当裁定撤销该裁决。①

二、我国立法关于可仲裁范围的规定

关于争议事项的可仲裁性问题,我国《仲裁法》第2条规定:"平等主体的公民、法人和其他组织之间发生的合同纠纷和其他财产权益纠纷,可以仲裁。"第3条规定:"下列纠纷不能仲裁:婚姻、收养、监护、扶养、继承纠纷;依法应当由行政机关处理的行政争议。"从上述规定来看,可仲裁范围的确定标准大概可以概括如下:

1. 仲裁主体的平等性

平等主体的当事人之间发生的民事纠纷可以申请仲裁,非平等的主体间的纠纷,如行政争议,应排除在仲裁范围之外。

2. 仲裁事项的可处分性

仲裁事项必须是当事人有权处分的民事实体权利,即应为双方当事人在法律规定的范围内可以随意行使、主张、变更或者放弃的民事实体权利。因此,婚

---

① 我国《仲裁法》第58条规定:"当事人提出证据证明裁决有下列情形之一的,可以向仲裁委员会所在地的中级人民法院申请撤销裁决:

(一)没有仲裁协议的;

(二)裁决的事项不属于仲裁协议的范围或者仲裁委员会无权仲裁的;

(三)仲裁庭的组成或者仲裁的程序违反法定程序的;

(四)裁决所根据的证据是伪造的;

(五)对方当事人隐瞒了足以影响公正裁决的证据的;

(六)仲裁员在仲裁该案时有索贿受贿,徇私舞弊,枉法裁决行为的。

人民法院经组成合议庭审查核实裁决有前款规定情形之一的,应当裁定撤销。

人民法院认定该裁决违背社会公共利益的,应当裁定撤销。"

姻、收养、监护、继承等涉及人身关系的争议不能申请仲裁。

3. 争议内容的财产性

可以提交仲裁解决的纠纷须为民商事纠纷,主要是合同纠纷,也包括一些非合同的财产权益纠纷,因此,凡不具备财产性的或者虽然涉及财产权益但建立在身份关系基础上的纠纷均不能以仲裁的方式解决。

第六届全国人大常委会第十八次会议于1986年12月2日决定我国加入1958年在纽约通过的《承认及执行外国仲裁裁决公约》(以下简称《纽约公约》),该公约于1987年4月22日对我国生效。在我国加入《纽约公约》时所作的商事保留声明中,第2条规定:"根据我国加入该公约时所作的商事保留声明,我国仅对按照我国法律属于契约性和非契约性商事法律关系所引起的争议适用该公约。所谓'契约性和非契约性商事法律关系',具体是指由于合同、侵权或者根据有关法律规定而产生的经济上的权利义务关系,例如货物买卖、财产租赁、工程承包、加工承揽、技术转让、合资经营、合作经营、勘探开发自然资源、保险、信贷、劳务、代理、咨询服务和海上、民用航空、铁路、公路的客货运输以及产品责任、环境污染、海上事故和所有权争议等,但不包括外国投资者与东道国政府之间的争端。"也就是说,上述经济上的权利义务关系中所发生的争议,包括但不限于上述所列的具体争议,应属于可仲裁的事项。

三、特定事项的可仲裁性

1. 侵权争议的可仲裁性

侵权争议属于非契约性争议,与契约性争议不同。仲裁需要当事人具有合意,即双方同意将争议提交仲裁,但实践中基于侵权纠纷而提交仲裁的情况较少,因为当事人一般无法预料争议发生的可能,也就不可能事先达成仲裁协议。

在理论界,国内学者们对侵权纠纷的可仲裁性持有不同的观点。有学者从当事人对权利处分的程度出发,认为"侵权行为"是一个开放型的概念,包括财产侵权和人身侵权两种类型。如果是人身权利纠纷,争议不涉及财产权益,但涉及的权利内容当事人可以自由处分,那么这样的侵权争议也具有可仲裁性。[①] 有

---

① 参见王金兰、王玮:《论侵权行为的可仲裁性》,载《河北法学》2004年第10期。

学者在理论上总结出了仲裁事项的一般标准,即仲裁事项客观上应符合的三个标准:可诉讼性、可补偿性及可和解性。① 有学者认为,只要案件本身具有财产内容和平等主体两个属性,即可通过仲裁的方式解决。还有学者从我国实践案例出发,说明侵权纠纷具有可仲裁性。以上几种主张对侵权是否可受仲裁约束的切入点不同,进而得出了不同的结论,也正是由于切入点的不同,以上观点也都存在值得商榷的地方。

从国际上来看,根据《纽约公约》第1条第3款的规定,可仲裁的事项包括"不论其为契约性质与否,而依提出声明国家之国内法认为系属商事关系者"。换言之,《纽约公约》并非以财产性或财产权益性事项作为确定可否仲裁的标准,而是以其是否属于商事关系为标准。这样的措辞显然不是限制非契约的侵权争议的可仲裁性,而恰恰可以表明可仲裁事项应当包括合同性质的和与合同相关的其他非合同性质的争议两部分内容。依此种解释,侵权行为当然具有可仲裁性。同时,从《纽约公约》的规定来看,并未区分财产权益纠纷与人身权益纠纷。由此可以得出,国际公约对该问题的态度是,不论涉及财产还是人身的侵权纠纷,都具有可仲裁性。

我国司法实践中也出现了承认侵权案件可仲裁性的案例,如在江苏省物资集团轻工纺织总公司诉(香港)裕亿集团有限公司、(加拿大)太子发展有限公司侵权损害赔偿纠纷上诉案中,最高法认可了侵权争议的可仲裁性。但是,这种认可仍旧依附于个案,无法生成一般、准确、可适用的标准。

2. 知识产权争议的可仲裁性

我国现行法律仅仅在《著作权法》中规定了著作权合同纠纷可仲裁,但《专利法》《商标法》等其他知识产权法律并未明确规定知识产权的可仲裁性。近年来,知识产权争议仲裁成为仲裁界的一大热点,厦门、武汉、天津、西安、广州等地的仲裁机构都相继成立了知识产权仲裁院。

涉及知识产权的争议主要有三种,一是因合同(如许可合同)而产生的争议,即合同争议;二是未经许可擅自使用他人的知识产权的行为而构成对他人知识产权的侵犯,即侵权争议;三是涉及知识产权的有效性和对该权利提出的异议,

---

① 参见杜新丽:《论争议事项可仲裁性的认定》,载《人民司法》2008年第15期。

即知识产权确权纠纷。

（1）知识产权合同争议。知识产权合同争议涉及商标、专利、版权的许可使用、转让等合同纠纷，属于平等主体之间的财产性权利争议，属于《仲裁法》规定的可仲裁范围。

（2）知识产权合同争议案件。知识产权具有财产性和人身性相结合的特点，知识产权中的人身权和特定智力成果相联系，反映对智力成果的财产关系的专有权利关系。[①] 实践中，专利或商标所有人经常给予一个或多个公司、个人使用许可，以开发利用该专利或商标，许可人或受许可人之间的任何争议都可以比照有形财产侵权纠纷，提交仲裁。另外，知识产权侵权问题的专业性强，如涉及专用权人的商业秘密，在双方当事人自愿的基础上，通过仲裁解决知识产权纠纷具有很大优势。

（3）知识产权确权纠纷。涉及知识产权有效性和对该权利提出异议的确权类纠纷案件无法通过仲裁解决，该类纠纷涉及相关主管机关依照法律程序对知识产权申请人的审查、批准和授权，仲裁机构无权审查知识产权授权机关行为的合法性。根据我国法律规定，任何人认为专利权、商标权的产生存在违法情形，都可以在法定期间内向专利复审委员会、商标评审委员会等主管机关请求撤销。对行政机关作出的决定不服的，可以向有关人民法院提起诉讼。因此，知识产权争议中的确权纠纷不能进入仲裁程序。

3. 证券争议的可仲裁性

资本市场繁荣的一个产物是出现各种各样的涉及证券的交易，产生各种类型的争议。那么，仲裁是否可以用于解决证券交易争议呢？

近些年来，证券市场上因虚假陈述、操纵股价、内幕交易、欺诈客户等违法行为导致投资者索赔的案件逐渐增多，这些证券纠纷属于民商事案件，其中有合同纠纷，也有侵权纠纷。证券业是一个专业性、技术性很强的行业，常常涉及复杂的法律和证券专业知识，要求对证券争议进行裁判的人员具有相应的专业理论和经验。

从我国的立法现状来看，原国务院法制办公室和中国证券监督管理委员会

---

① 参见张建华：《仲裁新论》，中国法制出版社2002年版，第100页。

2004年联合发布《关于依法做好证券、期货合同纠纷仲裁工作的通知》,建议证券公司、期货经纪公司、证券投资咨询机构等修订格式合同,在争议解决部分引入仲裁条款,使合同更加完备,引导合同双方订立合同时选择仲裁作为解决争议的方式。据此,从我国目前的法律规定来看,并不排除包含侵权在内的所有民商事证券争议通过仲裁解决。

【思考问题】

1. 哪些事项可以申请仲裁?
2. 哪些事项不能申请仲裁?

第三节 仲 裁 程 序

一、仲裁申请

仲裁申请是指平等民商事主体就他们之间发生的合同纠纷和其他财产权益纠纷,根据双方当事人之间达成的仲裁协议,提请约定的仲裁委员会,以仲裁方式解决争议的行为。

1. 申请仲裁的实质条件

我国《仲裁法》借鉴了民事诉讼法有关规定,该法第21条规定当事人申请仲裁时应当符合下列条件:(1)必须存在有效的仲裁协议;(2)有具体的仲裁请求、事实和理由;(3)仲裁事项属于仲裁委员会的受理范围。

2. 仲裁申请文件

当事人向仲裁委员会申请仲裁,应提交下列文件:仲裁协议;仲裁申请书;有关证据材料等。

3. 仲裁费用

申请人申请仲裁,按照仲裁机构收费办法,需要预交一定的仲裁费用。仲裁费用的负担问题由仲裁庭作出裁决,原则上由有过错的当事人承担。

二、仲裁程序的开始和仲裁申请的受理

(一)仲裁受理的概念

仲裁受理是指仲裁委员会对当事人的仲裁申请经过审查,认为符合法律规定的申请仲裁条件,决定予以立案审理的行为。

仲裁机构在收到仲裁申请书之日起5日内应进行审查,认为符合受理条件的,应当受理并通知当事人;认为不符合受理条件的,应当书面通知当事人不予受理并说明理由。受理通知可以用书面形式,也可以用口头形式,但不受理的通知应当采用书面形式,确保申请人知晓为何仲裁申请不被受理,便于其寻求其他途径解决纠纷。

(二)仲裁受理的审查

仲裁机构可以从以下几个方面进行审查:(1)仲裁申请是否符合《仲裁法》第21条规定的申请仲裁的条件;(2)仲裁申请书的内容是否完备;(3)当事人是否缴纳仲裁费用。

一般来说,对仲裁申请书的审查主要集中在形式上。例如,有关文件份数是否足够;代理手续是否完备;是否存在仲裁协议;有关案件是否经过仲裁或诉讼处理等。只要能够证明存在仲裁协议,且当事人愿意交纳仲裁费用,仲裁机构就可以立案,而其他实体性的权利应当由仲裁庭依法作出裁决。

(三)仲裁受理的影响

仲裁委员会受理当事人的仲裁申请后,仲裁程序开始启动。仲裁申请人和被申请人取得仲裁当事人的资格,依法享有仲裁法及仲裁规则中规定的权利,并承担相应的义务。

申请人可以放弃或者变更仲裁请求,被申请人可以承认或反驳仲裁请求,并有权提出反请求。

(四)仲裁机构受理申请后的工作

仲裁机构一旦受理案件,就会按照仲裁规则的规定及时通知所有当事人,并开始准备下一步仲裁程序。一般来说,仲裁机构主要开展以下工作:

（1）在规定的期限内将仲裁规则及仲裁员名单送达申请人；
（2）将申请书副本和仲裁规则及仲裁员名单送达被申请人；
（3）被申请人提交答辩书；
（4）向申请人送达答辩书；
（5）通知当事人提交身份证明书；
（6）组成仲裁庭；
（7）接受并提请法院办理有关财产保全的申请及有关证据保全的申请；
（8）告知当事人有权对仲裁员申请回避。

（五）仲裁申请的撤回

撤回仲裁申请是指，仲裁委员会受理当事人提出的仲裁申请后，在仲裁庭作出仲裁裁决之前，仲裁申请人撤回自己的仲裁申请，不再请求仲裁庭对争议案件进行审理并作出裁决的行为。

申请人撤回仲裁申请应当具备以下条件：撤回仲裁申请必须由仲裁申请人及其法定代理人或者经过特别授权的委托代理人提出；必须采取书面形式申请撤回；撤回仲裁申请的时间必须在仲裁委员会受理后。

需要说明的是，申请人经书面通知无正当理由不到庭或者未经仲裁庭许可中途退庭的，可以视为撤回仲裁申请。

三、仲裁庭的组成及仲裁员的选定

（一）仲裁庭的组成

仲裁庭是承担仲裁当事人争议任务的临时组织，当事人向仲裁委员会申请仲裁后，仲裁委员会应根据仲裁案件的实际情况组成合议庭，仲裁庭采用何种方式组成由当事人选择决定。我国《仲裁法》第 30 条规定："仲裁庭可以由三名仲裁员或者一名仲裁员组成。由三名仲裁员组成的，设首席仲裁员。"据此，我国仲裁庭的组成方式分为独任制仲裁庭和合议制仲裁庭。国内各仲裁机构普遍按争议标的额的大小选择适用普通程序或简易程序。适用普通程序的，仲裁庭由三人组成；适用简易程序的，则由一人独任仲裁。具体的争议标的额划分标准也因各地的经济发展水平和实际情况而不尽相同。目前，中国国际经济贸易仲裁委员会(以下简称"中国贸仲")和北京仲裁委员会(以下简称"北仲"),将两种程序的争议金额标准确定为500万元。

1. 独任制仲裁庭

独任制仲裁庭是指由一名仲裁员组成仲裁庭,对当事人提交的仲裁案件进行审理和裁决的组织形式。当事人约定由一名仲裁员组成仲裁庭的,则由当事人共同选择或共同委托仲裁委员会主任指定独任仲裁员。其优点在于经济、迅速,但独任仲裁员的个人素质、业务水平对案件的正确裁决影响较大。

2. 合议制仲裁庭

合议制仲裁庭是指由三名仲裁员组成仲裁庭,对当事人提交的仲裁案件进行集体审理、评议、裁决的组织形式。合议制仲裁庭设首席仲裁员,主持案件的审理和裁决工作。合议制仲裁庭对案件进行集中审理,在评议裁决时一人一票,按照仲裁庭多数意见作出裁决;在仲裁庭就案件不能形成多数意见时,应当按照首席仲裁员的意见作出裁决。

但是,我国仲裁法并未规定在何种情况下组成合议制仲裁庭,在何种形式下组成独任制仲裁庭。因此,仲裁庭的组成方式可以由双方当事人自愿协商选择。

(二) 仲裁员的选定

我国所有的仲裁机构受理的案件,仲裁员人数都是三名或者一名,我国仲裁机构的仲裁规则普遍允许当事人自由约定仲裁员是三名还是一名。

1. 独任仲裁员的选定或指定

《仲裁法》第31条第2款规定:"当事人约定由一名仲裁员组成仲裁庭的,应当由当事人共同选定或者共同委托仲裁委员会主任指定仲裁员。"《仲裁法》第32条规定:"当事人没有在仲裁规则规定的期限内约定仲裁庭的组成方式或者选定仲裁员的,由仲裁委员会主任指定。"简单地说,独任仲裁员的选定有两种方式,第一,由当事人协商,共同选定。第二,如果当事人无法协商共同选定,则由仲裁委员会主任指定。

2. 三名仲裁员的选定或指定

《仲裁法》第31条第1款规定:"当事人约定由三名仲裁员组成仲裁庭的,应当各自选定或者各自委托仲裁委员会主任指定一名仲裁员,第三名仲裁员由当事人共同选定或者共同委托仲裁委员会主任指定。第三名仲裁员是首席仲裁员。"

如果案件存在两个或两个以上的申请人或被申请人,则该两个或两个以上的申请人或被申请人应当共同协商选定或者共同委托仲裁委员会主任指定一名仲裁员。

3. 仲裁员名册制度

我国的仲裁员名册制度具有强制性。被列入仲裁员名册的仲裁员不仅要符合《仲裁法》第13条规定的资质,而且是经过仲裁委员会遴选确认的,通常具备较高的专业素质和业务能力。仲裁员名册制度虽然在一定程度上起到保障仲裁员水平和公正的效果,这是其优势所在,但同时也会过度限缩当事人选择仲裁员的范围。

四、仲裁审理方式及程序

(一) 仲裁审理的概念和特征

仲裁审理是指仲裁庭依法组成后,按照仲裁法和仲裁规则规定的程序和方式对当事人交付仲裁的争议进行审理并作出裁决的活动。

仲裁审理的特征:

第一,仲裁审理具有阶段性和程序性。

第二,仲裁审理案件可以分成几个不同的阶段:开庭仲裁,由首席仲裁员或者独任仲裁员宣布开庭;仲裁庭调查,包括听取申请人和被申请人双方的陈述;举证、质证、当事人辩论;调解,裁决。

第三,仲裁审理的参与人具有综合性。参与仲裁审理的除了仲裁员、申请人和被申请人之外,一般情况下还有双方的代理人、证人、鉴定人和翻译人员等。

(二) 仲裁审理的原则

1. 以开庭审理为主、书面审理为补充原则

开庭审理是指仲裁庭召集双方当事人及其代理人在特定的时间、场所在仲裁庭主持下面对面进行调查、质证、辩论等仲裁活动的审理方式。书面审理是指

双方当事人不必亲自到庭,仲裁庭只根据双方提供的仲裁申请书、答辩书以及其他书面材料对案件进行审理并作出裁决的审理方式。

2. 以不公开审理为主、公开审理为补充原则

不公开审理制度是指仲裁庭在审理案件时,只允许双方当事人、代理人、证人、翻译人员等参加,不对社会公众公开,不允许群众旁听,也不允许新闻记者采访报道。不公开审理目的在于保护当事人的商业秘密,维护当事人的商业信誉,体现了仲裁最大的特点在于尊重当事人意愿的重要原则。《仲裁法》第40条规定:"仲裁不公开进行。当事人协议公开的,可以公开进行,但涉及国家秘密的除外。"据此,在双方当事人协商一致的情况下,即双方都同意公开进行的,仲裁庭可以公开审理。

(三) 开庭审理的一般顺序

1. 仲裁庭调查

仲裁庭调查,先由申请人陈述案情,讲明事实和理由,然后由被申请人答辩以及陈述事实;仲裁员提问当事人;经仲裁员同意,双方当事人可以互相提问。

在仲裁调查阶段,双方当事人对自己的主张都应提供证据,即应出示证据并当庭质证,仲裁庭认为必要时也可以自行收集证据,以便更全面了解事实。具体包括:听取申请人、被申请人双方的陈述,询问当事人以了解案情,申请人、被申请人对证据进行出示、辨认和质证。

2. 仲裁庭辩论

仲裁庭辩论是指当事人在仲裁庭的主持下,就案件争议的事实和适用法律陈述自己的主张,互相辩驳和论证,以维护自己的合法权益。仲裁庭辩论的顺序为申请人及代理人先进行辩论,然后由被申请人及代理人发表辩论意见。

辩论结束后,由首席仲裁员或独任仲裁员询问当事人最后意见。

3. 最后陈述

在最后一次庭审结束前,首席仲裁员或独任仲裁员应当告知当事人有最后陈述的权利,或者在庭审后提交书面的代理意见。申请人、被申请人均享有进行最后陈述的权利。

4. 和解和调解

仲裁和解和调解与民事诉讼中的和解和调解过程本质相似,不同的是,仲裁和解后可以以撤回申请的方式结案,也可以根据和解协议制作裁决书的方式结案;调解达成协议的,仲裁庭应当制作调解协议书或根据协议结果制作裁决书。调解协议书与裁决书有同等的法律效力。

5. 仲裁庭评议和作出裁决

在当事人最后陈述后,仲裁庭宣布休庭进行评议。仲裁庭可以当庭作出裁决,也可以在审限之内作出仲裁裁决。仲裁庭裁决按多数仲裁员的意见作出,由仲裁员签名并加盖仲裁委员会印章。对证据、裁决书持不同意见的仲裁员可以签名,也可以不签名,但是不签名的仲裁员应当说明不签名的理由。

(四)书面审理

书面审理是指双方当事人或代理人不必亲自到庭仲裁,仲裁庭根据双方提供的书面证据材料等,对案件进行审理并作出裁决的活动。我国《仲裁法》第39条规定:"仲裁应当开庭进行。当事人协议不开庭的,仲裁庭可以根据仲裁申请书、答辩书以及其他材料作出裁决。"书面审理是开庭审理的必要补充。

(1)书面审理注意以下几个问题:

第一,需双方当事人达成不开庭审理的协议,否则仲裁庭不能进行书面审理;

第二,争议金额小,案情简单,事实清楚;

第三,要给当事人提供证据材料的必要时间;

第四,仲裁庭应当将一方当事人提供的书面材料及时送达对方当事人,同时还应当及时将证人证言、鉴定结论、勘验笔录等送达双方当事人;

第五,不排除根据情况需要,仲裁庭传唤一方当事人到庭就案件某个问题进行询问。

(2)采取书面审理的,在作出裁决之前,仲裁庭也应给双方当事人提供最后陈述的机会。

第四节　仲裁裁决的撤销与执行

一、仲裁裁决的撤销

（一）申请撤销仲裁裁决的概念

撤销仲裁裁决是指，法院基于当事人的申请审查仲裁委员会作出的仲裁裁决，并对符合法定撤销情形的仲裁裁决裁定予以撤销的行为。

由于商事仲裁实行一裁终局制，仲裁裁决一经作出即发生法律效力，当事人不能就同一纠纷再向仲裁委员会申请仲裁，也不能就同一纠纷向法院起诉或上诉。一裁终局制度的建立，充分体现了尊重当事人意愿原则，但是由于受各种因素的影响，有的仲裁裁决也可能出现偏差或错误，因此我国《仲裁法》设置了申请撤销仲裁裁决的监督机制，以确保仲裁裁决的合法性和正确性。

申请撤销仲裁裁决需要满足以下条件：第一，申请撤销仲裁裁决的主体是仲裁当事人，包括仲裁申请人和被申请人；第二，申请撤销仲裁裁决应当在收到裁决书之日起 6 个月内提出；第三，申请撤销仲裁裁决应当向作出仲裁裁决的仲裁委员会所在地中级人民法院提出。

（二）申请撤销国内仲裁裁决的情形

根据《仲裁法》第 58 条的规定，当事人提出证据证明裁决有下列情形之一的，可以向法院申请撤销裁决：

（1）没有仲裁协议的；

（2）裁决的事项不属于仲裁协议的范围或仲裁委员会无权仲裁的；

（3）仲裁庭的组成或者仲裁程序违反法定程序的；

（4）裁决所依据的证据是伪造的；

（5）对方当事人隐瞒了足以影响公正裁决的证据的；

（6）仲裁员在仲裁该案时有索贿受贿，徇私舞弊，枉法裁决行为的；

（7）法院认定该裁决违背社会公共利益的。

二、仲裁裁决的执行

(一) 仲裁裁决执行概述

仲裁裁决执行是指,一方当事人不履行裁决,经另一方当事人向法院提出申请,法院依照法定程序,根据生效仲裁裁决强制负有义务的一方当事人履行其实体义务以实现权利人的实体权利的行为。

1. 管辖法院

《最高人民法院关于人民法院办理仲裁裁决执行案件若干问题的规定》第2条规定:"当事人对仲裁机构作出的仲裁裁决或者仲裁调解书申请执行的,由被执行人住所地或者被执行的财产所在地的中级人民法院管辖。符合下列条件的,经上级人民法院批准,中级人民法院可以参照民事诉讼法第三十八条的规定指定基层人民法院管辖:(一)执行标的额符合基层人民法院一审民商事案件级别管辖受理范围;(二)被执行人住所地或者被执行的财产所在地在被指定的基层人民法院辖区内。"即仲裁裁决执行原则上由中级人民法院管辖,同时也可以指定符合条件的基层人民法院管辖。

2. 申请仲裁裁决执行的文件

申请仲裁裁决执行应当向法院提交的文件包括:执行申请书;生效仲裁裁决书的副本及其复印件;仲裁裁决送达对方当事人的证明;申请执行人的身份证明;继承人或权利承受人申请执行的,应当提交继承或承受权利证明文件;委托律师代理申请执行程序的,还应提交授权委托书、律师事务所函和律师执业证复印件。

3. 申请执行的期限

根据《民事诉讼法》第239条规定,申请执行的期间为两年。若中止、中断,则适用法律有关诉讼时效中止、中断的规定。

如果被执行人未对申请执行时效期间提出异议,则法院不应主动审查,更不能以此为由裁定不予执行。

4. 法院执行仲裁裁决的措施

仲裁裁决作为生效的裁判文书,其执行措施与法院判决的执行措施的法律适用是相同的。我国法院目前执行措施主要包括查询,冻结,查封,扣押,搜查,划拨,扣留提取收入,拍卖,变卖,指定交付,强制迁出,证照转移,对行为执行等。

(二) 我国香港、澳门、台湾地区仲裁裁决的执行

港澳台地区虽然均为中国领土不可分割的部分,但由于港澳台法律体系和内地(大陆)不同,具有特殊性,因此港澳台的仲裁裁决并不能直接在内地(大陆)申请强制执行,需要经过"认可"和"执行"两个步骤,即由申请方申请内地(大陆)法院认可并执行港澳台的仲裁裁决,或出于实际需要仅申请内地(大陆)法院认可仲裁裁决,而不申请执行。该流程主要涉及的问题包括:可以申请认可与执行的仲裁裁决的范围、管辖法院、申请时限、不予认可和执行的情形等。

1. 我国香港地区仲裁裁决的执行

自2000年2月1日起施行的《最高人民法院关于内地与香港特别行政区相互执行仲裁裁决的安排》(以下简称《安排》)以及自2020年11月27日起施行的《最高人民法院关于内地与香港特别行政区相互执行仲裁裁决的补充安排》(以下简称"《补充安排》")两个文件是香港与内地区际仲裁裁决承认与执行安排的依据。

(1) 管辖法院。根据《安排》第1条、第2条的规定,被申请人住所地或者财产所在地的有关法院享有此类案件的管辖权。若被申请人住所地或者财产所在地在内地不同的中级人民法院辖区内的,申请人可以选择其中一个中级人民法院申请执行裁决,不得分别向两个或两个以上法院提出申请。被申请人的住所地或者财产所在地,既在内地又在香港特区的,申请人不得同时分别向两地有关法院提出申请。只有一地法院执行不足以偿还其债务时,才可就不足部分向另一地法院申请执行。两地法院先后执行仲裁裁决的总额,不得超过裁决数额。

但是,2020年《补充安排》第3条规定:"将《安排》第二条第三款修改为:'被申请人在内地和香港特区均有住所地或者可供执行财产的,申请人可以分别向两地法院申请执行。应对方法院要求,两地法院应当相互提供本方执行仲裁裁

决的情况。两地法院执行财产的总额,不得超过裁决确定的数额。"这改变了不得向两地法院同时申请执行的规定,允许申请人同时向两地法院申请执行。

(2) 申请文件。根据《安排》的规定,申请人向内地管辖法院申请执行香港地区仲裁裁决的,应该提交执行申请书、仲裁裁决书、仲裁协议等。

(3) 申请期限。《安排》第5条规定:"申请人向有关法院申请执行内地或者香港特区仲裁裁决的期限依据执行地法律有关时限的规定。"内地法院申请执行的期限为两年,香港法院申请执行的期限为六年。据此,向内地法院申请认可和执行香港地区仲裁裁决的期限为两年。当事人仅向内地法院申请认可而未同时申请执行香港地区仲裁裁决的,裁决被认可后,申请执行该裁决的期限为两年,从该认可裁定生效之日起重新计算,并应适用中止、中断的规定。

2. 我国澳门地区仲裁裁决的认可和执行

(1) 管辖法院。根据2006年4月1日起生效的《最高人民法院关于内地与澳门特别行政区关于相互认可和执行民商事判决的安排》第4条的规定,内地有权受理认可和执行判决申请的法院为被申请人住所地、经常居住地或者财产所在地的中级人民法院。两个或者两个以上中级人民法院均有管辖权的,申请人应当选择向其中一个中级人民法院提出申请。

(2) 申请文件。向内地管辖法院申请执行澳门地区仲裁裁决的,应提交申请书、申请人身份证明、仲裁协议、仲裁裁决书或者仲裁调解书。

(3) 申请认可和执行的期限。申请认可和执行澳门仲裁裁决的期限为两年,当事人仅申请认可而未同时申请执行澳门仲裁裁决的,裁决被认可后,申请执行该裁决的期限为两年,从该认可裁定生效之日起重新计算,并适用中止、中断的规定。

3. 我国台湾地区仲裁裁决的认可和执行

我国大陆和台湾地区并未像内地与澳门、香港地区一样就互相认可执行仲裁裁决签署协议,而是以各自制定相应规定的形式实现仲裁裁决的相互认可和执行。目前,2015年发布的《最高人民法院关于认可和执行台湾地区仲裁裁决的规定》,是我国大陆对台湾地区仲裁裁决认可和执行的主要依据。

(1) 管辖法院。根据《最高人民法院关于认可和执行台湾地区仲裁裁决的规定》第4条之规定,申请认可台湾地区仲裁裁决可以选择的管辖法院范围较广,包括申请人住所地、经常居住地或被申请人住所地、经常居住地、财产所在地中级人民法院或者专门人民法院。申请人向两个以上有管辖权的人民法院申请认可的,由最先立案的人民法院管辖。

(2)申请文件,与香港地区、澳门地区相关规定类似,不再赘述。

(3)申请认可和执行的期限。申请人仅申请认可而未同时申请执行的,申请执行的期间自人民法院对认可申请作出的裁定生效之日起重新计算。

(三)根据《纽约公约》申请承认和执行外国仲裁裁决

1958年6月10日,联合国国际商事仲裁会议在纽约通过《纽约公约》。截至2023年4月,该公约已有172个缔约国。1986年12月2日,中国决定加入《纽约公约》,该公约于1987年4月22日对中国生效。为了促进仲裁裁决的承认和执行,除非有该公约所列举的拒绝执行裁决的理由,各缔约国的主管机关和执行法院都有义务承认和执行外国仲裁裁决。这可以为日益增多的国际商事仲裁提供更多便利。

1. 互惠保留和商事保留原则

《纽约公约》规定,各缔约国之间应当依照公约约定互相承认和执行其他缔约国之仲裁裁决,唯当存在公约第5条规定之情形时,方可拒绝承认及执行。中国在声明互惠保留和商事保留的前提下正式加入《纽约公约》。

事实上,中国在参加《纽约公约》时作了互惠保留声明和商事保留声明,即中国只承认在另一缔约国领土内作出的商事仲裁裁决(包括临时裁决)。国家间争端的仲裁裁决以及国家和私人间争端的仲裁裁决均不能依据《纽约公约》在中国获得承认和执行。

中国的保留条款强调,仲裁裁决在中国获得承认及执行的关键是仲裁地在《纽约公约》缔约国领土,而不考虑当事人的国籍以及仲裁机构所在地。

2. 管辖法院

根据《最高人民法院关于执行我国加入的〈承认及执行外国仲裁裁决公约〉的通知》第3条规定,申请我国法院承认及执行在另一缔约国领土内作出的仲裁裁决,由仲裁裁决的一方当事人提出。对于当事人的申请应由我国下列地点的中级人民法院受理:(1)被执行人为自然人的,为其户籍所在地或者居所地;(2)被执行人为法人的,为其主要办事机构所在地;(3)被执行人在中国无住所、居所或者主要办事机构,但有财产在中国境内的,为其财产所在地。同时,前述规定的管辖法院有选择次序。

值得注意的是,并非所有的中级人民法院均有权管辖外国仲裁裁决的承认及执行案件。根据最高法《涉外民商案件管辖规定》第3条之规定,前述受理《纽约公约》项下承认及执行外国仲裁裁决的申请的管辖法院必须具有涉外案件管辖权。

3. 中国可以不予承认、执行外国仲裁裁决的情形

中国对外国仲裁裁决是无法撤销的。但是,当事人提出申请,且满足法定条件的情形的,中国可以拒绝承认和执行。根据《纽约公约》第5条的规定,法院得予拒绝承认及执行的主要包括以下情形:

(1) 仲裁协议是由无行为能力人或限制行为能力人签订的;仲裁协议依当事人约定的法律是无效的;双方当事人没有约定准据法的;仲裁协议依照裁决地所在国法律是无效的。

(2) 外国仲裁裁决的一方当事人没有收到关于指定仲裁员和进行仲裁程序的适当通知,或因不属于该当事人的情况致使其未参加抗辩的。

(3) 裁决所处理的纠纷不属于约定的仲裁范围,或者不属于仲裁事项;裁决的部分内容超出仲裁范围,对超出仲裁范围的仲裁事项不予承认及执行。

(4) 仲裁机构的组成或者仲裁程序与当事人双方的约定不符,或者在无约定的情况下,与仲裁地所在国法律不符。

(5) 仲裁裁决未发生效力;经裁决地国家或裁决所依据准据法国家主管机关撤销或停止执行的仲裁裁决。

(6) 依据司法协助国法律仲裁事项属于不能仲裁的;承认及执行该仲裁裁决是违背该国公共政策的。

4. 承认及执行外国仲裁裁决流程

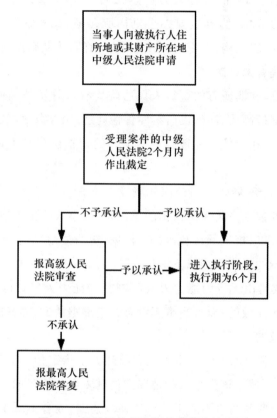

图 4-1 承认及执行外国仲裁裁决流程图

中国法院系统已建立不予承认及执行外国仲裁裁决的逐级上报制度。如果法院认为申请承认及执行的外国仲裁裁决不符合中国参加的国际公约的规定,在裁定拒绝承认及执行之前,必须报请本辖区所属高级人民法院(以下简称"高院")审查;如果高院同意拒绝承认及执行,则应将其审查意见报最高法审查,待最高法答复后,方可裁定拒绝承认及执行。

根据逐级上报制度,只有最高法具有裁定拒绝承认及执行外国仲裁裁决的最终审查权和决定权,从而确保中国法院正确适用《纽约公约》,并保证相关的外国仲裁裁决在中国获得承认及执行。

第五节 主要仲裁机构介绍

一、国际主要仲裁机构介绍

（一）国际商会国际仲裁院

国际商会国际仲裁院（International Chamber of Commerce International Court of Arbitration，ICC）成立于1923年，现已经发展成为世界上最重要的和最著名的国际商事仲裁机构。ICC附设于国际商会，主要职责是根据其仲裁规则，通过仲裁的方式解决国际性的商事争议，促进国际商业活动的正常进行。

与国际上其他隶属于某个国家的仲裁机构不一样，ICC独立于所有国家及地区，而审理的案件所涉及的当事人以及审理案件的仲裁员却可能来自任何一个国家，它是典型的国际性商事仲裁机构。

ICC由主席、副主席、委员和候补委员组成，具体工作由其常设机构秘书处协助。其中，ICC设主席一人、副主席若干人；秘书处由来自几十个国家的人员组成，由秘书长领导；直接负责每个案件进程管理的是顾问，首席顾问协助秘书长工作，每位顾问均有一名助手和一名秘书协助办理个案的有关事项。

随着仲裁理念和环境的发展，ICC也多次对其仲裁规则作出修订，现行的仲裁规则是1998年1月1日生效的《国际商会仲裁规则》。依照该规则，当事人协议按照ICC仲裁规则提交仲裁的，除非双方已经约定适用订立仲裁协议时有效的仲裁规则，否则应视为事实上愿意适用仲裁程序开始之日有效的ICC仲裁规则。

每位仲裁员均应独立于案件当事人并保持独立。如仲裁员由仲裁院委任，则仲裁院在确认或委任仲裁员时，应考虑仲裁员的国籍、住址、与当事人或其他仲裁员国籍国相同等其他关系以及该仲裁员适用本规则进行仲裁的时间和能力。仲裁庭应根据书面材料或者会同当事人并依据其最新提交的材料，拟定审理范围。ICC仲裁规则规定了核阅裁决书程序。在裁决书形式经仲裁院批准之前,仲裁庭不得作出裁决。依该程序,仲裁庭应在签署裁决书之前,将裁决书草案提交仲裁院。仲裁院可以对裁决书的形式进行修改,并且在不影响仲裁庭自主决定权的前提下,提请仲裁庭注意实体问题。

(二) 斯德哥尔摩商会仲裁院

斯德哥尔摩商会仲裁院(Arbitration Institute of the Stockholm Chamber of Commerce,SCC)成立于1917年,属于斯德哥尔摩商会的一个专门机构,但在职能上是独立的。

SCC仲裁院设有由三名委员组成的委员会。委员由商会执行委员会任命,任期两年;委员会按照多数票决定有关事宜,如不能形成多数票,该委员会主席有投票决定权;该委员会的决定是终局的,商会不得复议。此外,SCC还设有秘书处,由商会雇员组成。秘书处设秘书长一人,由律师担任,主持秘书处的工作。

SCC成立之初,主要从事瑞典国内仲裁。1970年,美苏贸易合同仲裁条款选择SCC作为合同争议仲裁机构。自此,国际社会开始认可SCC在解决东西方贸易争端方面的重要作用。

SCC有一套完整的仲裁规则和一批精通国际商事仲裁理论与仲裁实践的专家。目前,SCC可以受理世界上任何国家当事人所提交的商事争议。SCC也允许当事人约定按《联合国国际贸易法委员会仲裁规则》规定的仲裁程序。SCC没有仲裁员名单,当事人可以自由指定任何国家、任何身份的人作为仲裁员,通常当事人双方各自选择一名同胞作为仲裁员,并共同选择第三名仲裁员组成三人仲裁庭。

(三) 美国仲裁协会

美国仲裁协会(American Arbitration Association,AAA)成立于1926年,是提供争议解决和冲突管理服务的非营利的多元化纠纷解决(Alternative Dispute Resolution,ADR)机构。AAA的服务包括仲裁、教育培训、独立事实认定、调解—仲裁、调解、协商和会议推广、出版等。AAA在美国有34个办事处,还有2个国际中心分别设在美国纽约和爱尔兰都柏林。

国际争议解决中心(ICDR)是AAA的国际部门,负责管理AAA的所有国际事务。随着经济全球化的推进,AAA的国际仲裁受案量大增。为了适应这个新的挑战,1996 年 6 月,AAA 在纽约设立了 ICDR。当事人可以向任何一个 AAA 的办事处提交争议仲裁申请,但仲裁仍在指定的地点进行。不过,一旦仲裁申请向 AAA 提交完毕,所有案件均应由 ICDR 集中管理,以便进行快速、有效、公正的管理。

2003 年 7 月 1 日,AAA 修订并施行了国际争议解决程序(包括调解规则和仲裁规则)。与此前的规则相比,国际争议解决程序在重要的方面并未作修改,并允许挑选部分仲裁裁决经处理后予以公开。每个月,ICDR 都会遴选出一些裁决、决定公开,以鼓励对国际仲裁进行研究。所选择的裁决都要作保密处理,隐去当事人的名称以及其他可以识别身份的细节。此外,2003 年生效的 ICDR 国际争议解决程序增加了国际调解规则。

(四)伦敦国际仲裁院

伦敦国际仲裁院(London Court of International Arbitration,LCIA)的前身是 1892 年成立的伦敦仲裁厅(London Chamber of Arbitration),1903 年改名"伦敦仲裁院",1975 年伦敦仲裁院与皇家仲裁员协会合并,1981 年改为现名,并制定了具有前瞻性的仲裁规则。

LCIA 由伦敦市政府、伦敦商会和皇家特许仲裁员协会三家共同组成的联合管理委员会管理。LCIA 日常事务由皇家仲裁员协会负责,皇家仲裁员协会会长兼任 LCIA 执行主席和秘书长。由于英国在贸易方面的领先位置以及在处理海上货物运输和保险争议方面积累的丰富经验,许多国际贸易、海事争议的当事人选择在 LCIA 仲裁。LCIA 既处理国内商事仲裁案件,也处理国际商事仲裁案件。

LCIA 现行的仲裁规则是 1998 年 1 月 1 日起开始实施的。该仲裁规则规定,如果当事人各方具有不同的国籍,则除非与该候选仲裁员不同国籍的其他当事人书面同意,独任仲裁员或仲裁庭首席仲裁员的国籍不应与任何一方当事人的国籍相同。如仲裁协议授权各方当事人提名一名仲裁员,而争议当事人超过两方,且其没有书面同意,为组成仲裁庭,争议当事人分别作为申请人和被申请人代表独立的双方,则仲裁院将不考虑当事人的提名而自行委任仲裁庭成员。当事人可以并且仲裁院也鼓励当事人就仲裁程序的进行达成一致,只要其始终符合仲裁庭公平、公正、效率等的一般原则。作为一般原则,当事人承诺对仲裁中的所有裁决、所有在程序中为仲裁目的而产生的材料以及由另一方当事人在程序中提供的不为公众知悉的其他文件保密,除非当事人另有书面明示约定,以及为保护或实现法律权利、执行或抗辩裁决、在法院或其他司法机构进行善意的法律程序中,为尽法律义务而披露前述资料。同时,仲裁庭成员、仲裁院也承担保密义务。

二、中国主要仲裁机构介绍

(一) 中国国际经济贸易仲裁委员会

中国国际经济贸易仲裁委员会(以下简称"中国贸仲")是以仲裁的方式,独立、公正地解决契约性或非契约性的经济贸易等争议的常设商事仲裁机构。中国贸仲是中国国际贸易促进委员会根据中央人民政府政务院1954年5月6日的决定,于1956年4月设立,当时名称为"对外贸易仲裁委员会"。中国国际贸易促进委员会还制定《中国国际贸易促进委员会对外贸易仲裁委员会仲裁程序暂行规则》(以下简称《中国贸仲暂行规则》)。中国实行对外开放政策以后,为了适应国际经济贸易关系不断发展的需要,对外贸易仲裁委员会于1980年改名为"对外经济贸易仲裁委员会",又于1988年改名为"中国国际经济贸易仲裁委员会",自2000年10月1日起同时启用"中国国际商会仲裁院"名称。

中国贸仲总会设在北京。根据业务发展的需要,中国贸仲分别于1989年和1990年在深圳和上海设立了深圳分会和上海分会。2004年6月18日,深圳分会更名为"中国国际经济贸易仲裁委员会华南分会"(以下简称"华南分会")。中国贸仲北京总会及其华南分会、上海分会等是一个统一的整体,中国贸仲是一个仲裁委员会。总会和分会使用相同的《仲裁规则》和《仲裁员名册》,在整体上享有一个仲裁管辖权。

中国贸仲在组织机构上实行委员会制度,设主任一人、副主任若干人、委员若干人;主任履行仲裁规则赋予的职责,副主任受主任的委托可以履行主任的职责。中国贸仲总会和分会分别设立秘书局、秘书处,各有秘书长一人、副秘书长若干人。总会秘书局和分会秘书处分别在总会秘书长和分会秘书长的领导下负责处理仲裁委员会总会和分会的日常事务。中国贸仲还设立四个专门仲裁委员会：专家咨询委员会、案例编辑委员会、仲裁员资格审查考核委员会和发展委员会。

中国贸仲1956年4月成立之际，中国国际贸易促进委员会根据国际惯例制定了《中国贸仲暂行规则》。随着中国经贸形势的发展和仲裁业务的需要，中国贸仲多次修改并完善其仲裁规则，现行的仲裁规则于2014年11月4日由中国国际贸易促进委员会/中国国际商会修订并通过，自2015年1月1日起施行。

（二）中国海事仲裁委员会

中国海事仲裁委员会（英文简称"CMAC"，以下简称"中国海仲"）是根据国务院1958年11月21日决定，于1959年1月22日在中国国际贸易促进委员会（中国国际商会）内设立的，唯一以解决海事海商、交通物流争议为特色并涵盖其他所有商事争议的全国性、国际化仲裁机构。

中国海仲位于北京，在上海设有上海总部，在天津、重庆、深圳、福州、舟山、海口、大连、青岛、厦门设有分会/仲裁中心，在香港特别行政区设有香港仲裁中心，在宁波、广州、南宁等国内主要港口城市设有办事处。为满足行业仲裁和多元化服务需要，中国海仲下设航空争议仲裁中心、计量争议仲裁中心、建设工程争议仲裁中心、海事调解中心、航空争议调解中心、救助打捞争议调解中心、物流争议解决中心、渔业争议解决中心等业务中心。

上海总部和分会/仲裁中心可以就近管理仲裁案件，与中国海仲适用统一的《仲裁规则》和《仲裁员名册》，提供统一的仲裁服务。香港仲裁中心依据香港特区法律成立，其所管理的案件，除非当事人另有约定，仲裁程序法为香港法，所作裁决为香港裁决。

（三）上海仲裁委员会

上海仲裁委员会（英文简称"SHAC"，以下简称"上仲"）成立于1995年9月18日，是根据《仲裁法》组建的常设仲裁机构。

上仲受理案件的范围是：房地产纠纷、建设工程纠纷、金融纠纷（含保险、期货、证券、融资等纠纷）、产品质量责任纠纷、知识产权纠纷（含专利、版权、商标等纠纷）、海事海商纠纷、运输纠纷以及国际贸易、国际代理、国际工程项目、国际投资和国际技术合作等经济纠纷。

目前,第七届上海仲裁委员会由15名境内外法律、经济贸易专家和知名人士组成。上仲的常设机构是秘书处,在秘书长领导下处理日常事务。秘书处内设五个部门:立案部负责咨询接待、案件受理;仲裁一部、仲裁二部、仲裁三部负责仲裁案件的处理;行政部负责机构的财务及人事管理。

(四) 北京仲裁委员会

北京仲裁委员会(英文简称"BAC",以下简称"北仲")于1995年9月28日设立,是独立、公正、高效地解决平等主体自然人、法人和其他组织之间发生的合同纠纷和其他财产权益纠纷的常设仲裁机构。自设立以来,北仲已迅速成长为在国内享有广泛声誉、在国际上亦有一定地位和影响的仲裁机构。秉承着"独立、公正、专业、高效"的价值理念,北仲正努力成为一个集仲裁、调解、建设工程评审等在内的多元争议解决实践中心,一个关于多元争议解决的信息交流、培训研究和宣传推广的中心,成为推动中国多元化争议解决发展的重要力量。

北仲由法律、经济贸易等方面的专家和知名人士组成,包括主任一人、副主任四人和委员若干人。北仲下设办公室,负责处理仲裁委员会的日常事务。第一届仲裁委员会主任由著名法学家江平教授担任,现任主任郭卫是民主法治、立法和法律服务行业管理领域资深专家,曾任北京市司法局党委委员、副局长、一级巡视员。

北仲根据《仲裁法》的规定,从法律、经济贸易、技术等专业领域聘请了627名具有较高专业水平和良好道德素质的人士担任仲裁员,并按经济合同、技术合同、知识产权、房地产、工程建筑、股票证券、贸易和投资等专业设置统一的仲裁员名册。

(五) 深圳国际仲裁院

深圳国际仲裁院(英文简称"SCIA",又名"华南国际经济贸易仲裁委员会",曾用名"中国国际经济贸易仲裁委员会华南分会""中国国际经济贸易仲裁委员会深圳分会",以下简称"深国仲")创设于1983年,是中国改革开放的产物、经济特区建设的产物、内地与港澳合作的产物,也是粤港澳地区第一家仲裁机构。1984年开创聘请境外仲裁员的先河,1989年开创中国仲裁裁决按照《纽约公约》

在境外获得承认和执行的先例,2012年开创法定机构管理模式和以国际化理事会为核心的法人治理机制,2016年开创中国仲裁机构受理投资仲裁的规则安排。

作为中国最早聘请境外仲裁员的仲裁机构,深国仲持续加大仲裁员结构的国际化力度。截至目前,当事人覆盖138个国家和地区,仲裁员覆盖114个国家和地区,境外仲裁员占比36.78%,国际化比例全国领先。

根据市场需求的变化,以当事人为中心,深国仲持续创新业务规则:率先规定可以受理东道国与外国投资者之间的投资仲裁案件,率先制定《关于适用〈联合国国际贸易法委员会仲裁规则〉的程序指引》,率先探索"选择性复裁机制",率先推出谈判促进规则,率先实践"展会调解+仲裁""商会调解+仲裁"和"香港调解+深圳仲裁"机制,率先创新"四位一体"资本市场纠纷解决机制。

深国仲与联合国国际贸易法委员会(UNCITRAL)、世界银行国际投资争端解决中心(ICSID)、国际商会(ICC)仲裁院等国际组织以及香港国际仲裁中心(HKIAC)、新加坡国际仲裁中心(SIAC)等知名国际仲裁机构建立了紧密合作关系,参与共建中非联合仲裁中心(CAJAC),并在美国洛杉矶设立了中国首个国际仲裁海外庭审中心"北美庭审中心"。作为立足粤港澳大湾区的国际仲裁机构,深国仲被最高人民法院纳入"一站式"多元化国际商事纠纷解决机制。立足前海,牵头创建粤港澳仲裁调解联盟,并共同发起设立中国自贸区仲裁合作联盟,通过协同创新,致力于提升中国仲裁的国际化水平。

第五章

律师咨询与谈判

本章概要

律师在开展工作过程中,为客户提供咨询、参与客户谈判都是其重要的工作内容。虽然律师咨询与参与谈判都是律师以自己的专业能力满足当事人的法律需求,但是两者却有着本质的不同,并且需要不同专业技能予以支撑。本章将对两种常见的、相似却不同的法律服务分别进行阐述,方便学生了解两者的相似点以及分别掌握专业技能的不同点。

学习目标

通过本章学习,学生应基本掌握律师咨询与谈判的基本技能,懂得根据不同的法律需求正确使用语言的技巧与力量,从而为当事人提供高效、专业、有价值的法律服务。

第一节 律师咨询与谈判概述

一、律师咨询

1. 咨询的含义

咨询,是通过专业人士所储备的知识经验和对各种信息资料的综合加工而进行的综合性研究开发。咨询产生智力劳动的综合效益,起着为决策者充当顾问、参谋和外脑的作用。每个人都有自己的局限性,都可能在某一特定领域遇到无法依靠自己已有的知识和经验解决的问题,这就需要向相关领域的专业人士请教,听取专业人士给出的建议和解决方法。传统的企业咨询通常分为两类:企业管理咨询和人力资源咨询。其中,企业管理咨询从纵向上可以分为三个层次:信息咨询、管理咨询和战略咨询,在每一个层次上又可以从横向细分为不同的业务领域。

2. 法律咨询的含义

法律咨询有广义与狭义之分。广义的法律咨询不仅限于律师对于法律求助者的法律知识的解答,还包括更广泛的法律工作者对法的释疑。狭义的法律咨询是指签订委托合同之外的咨询业务,主要是指律师传统业务中的咨询业务,即律师就有关法律事务问题作出解释、说明,提出建议和解决方案的活动。按不同的分类标准,法律咨询可分为现场口头咨询、当事人提供案件材料后律师提供咨询意见;正式的收费咨询、非正式的不收费的仅供参考的咨询;等等。

法律咨询是指提供法律问题的解答。由于法律的复杂性,非专业人士在遇到法律问题时往往需要求助于律师等专业的法律人士。一般而言,律师在提供法律咨询时通常先免费回答一些基本问题,如果当事人想进一步获得解决方案,则需要付费咨询。在现实的法律咨询中,律师通常会根据问题的难易程度以及解答问题所耗费的精力、时间收取相应的费用。

3. 正式法律咨询

在进行正式法律咨询时,以下环节是必不可少的:

(1) 了解案情

律师在进行正式法律咨询时,必须先弄清整个案件过程,帮助当事人从纷乱繁杂的事实中理清法律关系,找到矛盾、争议焦点。之后,律师在办理案件时需要依照逻辑思维一步步推动诉讼案件的进程。

第一,律师应当充分倾听当事人的陈述。诉讼案件的咨询要尽量按照时间顺序理清案件事实、经过,让当事人按时间先后顺序介绍大致案情有利于律师完整、准确把握案件全貌。听取当事人对案件过程的描述时,律师可以事先把握在法庭上需要陈述的内容,评估当事人享有的权益,提前做好应对准备。

第二,在充分了解案情的基础上,律师应对案件进行定性并着手处理具体的法律事务,包括但不限于寻找法律理论依据以及准备证据,进而形成法律意见以及制作相应的法律文书。

(2)罗列问题清单

听取当事人陈述之后,律师可以拟定一份问题清单,根据清单问题询问当事人和调查取证。这种方法便于律师把握案件的关键性问题,为案件后续进程做好充分准备。在进一步深入提问前,律师可以将相关的事实主张和潜在的证据一一对应列出,明确需要进一步探讨或者仍不清楚的事实问题,并根据问题清单内容与当事人进行沟通,决定下一步的案件处理事宜。

二、法律谈判

1. 谈判的含义

谈判,是每个人生活中不可或缺的内容。人们要相互交往、协商问题,就要进行谈判。要给谈判下一个定义并不是一件容易的事情,因为它在我们日常生活中无处不在,很难用几句话准确、充分地表达出谈判的全部内涵,但它有两个要点毋庸置疑:第一,谈判与利益相关。尼伦伯格指出,当人们想交换意见、改变关系或寻求同意时,人们开始谈判。其中,交换意见、改变关系、寻求同意都是人们的需求,这些需求来自人们想满足自己的某种利益,当这些需求无法通过自身完成时,就需要借助谈判的方式来实现。因此,谈判就是人们不断明确各自利益和试探对方底线的过程,最终目的就是在对方可接受的范围内最大程度争取己方的利益。第二,谈判与沟通有关。想要谈判,就必须有谈判对象;有了谈判对象,就必须进行沟通。双方虽然有真实的分歧,但又是相互需要的。有些需求是未被言明的,但与表象的利益一样,它们是真实存在的。即便经验丰富的操盘手,也未必在交易之初就全面了解这些需求,因此谈判往往是一种通过相互协商而共同作出决定的沟通过程。

综上所述,谈判是参与各方基于某种需要,对共同关心的事务进行信息交流、磋商,为达成最终合意而交涉的过程。谈判因利而起,为利而搏,以利而终。

2. 法律谈判的含义

法律谈判作为谈判的一种,除了谈判所具有的沟通特性外,还具有自身的行业特点。

广义的法律谈判是指,谈判参与各方为了实现某种法律上可实现的目的或需要,彼此进行信息交流,磋商达成协议,旨在协调相互关系、赢得或维护各自利益的行为过程,包括所有的民商事谈判、解决纠纷的各种协商活动等。

狭义的法律谈判是指,律师凭借其专业知识与职业技能代理当事人与对方当事人或代理律师对纠纷的解决方案进行沟通和妥协,是由律师代理当事人运用法律知识和诉讼经验对法庭诉讼的各种可能后果进行全面评估后,借助律师的技能(如法律研究技能、案情研究技能、证据挖掘技能、答辩技能、代理技能等)和谈判技巧实施的庭外博弈。简单来说,法律谈判就是律师借助法律知识、法律技能和谈判技巧为实现当事人的权利、利益与相对方达成合意而进行的一系列沟通、磋商等行为过程。

总而言之,法律谈判的核心是追求真正的合意,充分尊重并体现当事人的意思自治,基本过程是沟通、协作、竞争、妥协,实现条件是律师的过硬法律知识与专业技能,最终目的是为当事人争取最大利益。

3. 如何做好法律谈判

(1) 认真做好准备工作

在法律谈判中,最大的禁忌在于律师的盲目自信,不做任何准备就仓促上阵,最终大概率会导致谈判的失败。为了避免在谈判中处于被动状态,律师必须认真做好准备工作。

首先,要知己,充分与委托人进行沟通。律师在接受委托后,应仔细梳理相关的材料,认真倾听委托人的要求与表述,并做好相关记录,对案件进行详细分析。其次,要知彼,充分了解对方当事人。接受委托后,律师要详细了解对方当事人及其代理律师的基本情况、相关信息。最后,要明确谈判内容与风险。做好知己知彼等准备工作后,律师应与委托人进行协商沟通,明确谈判所要达到的预期目标。

从实际效果来看,只有认真做好准备工作,谈判才会有预期的收获。每一次准备充分的谈判,都会对后续的谈判进程和结果带来正面影响。

(2) 精心选择谈判策略

谈判策略是律师在谈判之前确定的有利于为己方委托人争取利益的基本指导思路,所有具体的谈判技巧都应围绕其展开。因此,选择合适的谈判策略是决定法律谈判成败的关键。当然,谈判策略并非一成不变,在不同的谈判阶段需要根据实际情况适时调整,以期达到最佳谈判目标。

谈判策略大致可以划分为三大类型:其一,解决问题型谈判策略,是指在谈判过程中谈判双方不仅考虑自身利益,也要考虑对方利益,从而使双方都能获利,最终促使协议达成。其二,协作型谈判策略,是指在谈判过程中双方对各自的谈判目标和利益均作出相应的让步,最后努力达成一份令双方都感到较为满意的协议。其三,进攻型策略,是指采取提高报价、要挟或者故意争论等谈判行为,削减对方对其谈判力量的信心,诱使其作出让步并达成谈判协议,力争让最终达成的协议满足己方当事人事先确定的全部需求或迫使对方达成一份比其最初确定的最低方案更糟糕的协议。其中,协作型谈判策略的特征在于,采取合理开价,在公平合理的基础上确定交易对价,主动作出一些让步以鼓励和换取对手作同样的回应,或向对手承诺对其让步给予回报,以努力达成一份令双方都感到较为满意的协议。协作型策略要求谈判者与对手建立一种友好的相互协作关系,在这一点上,协作型策略与解决问题型策略比较类似,但解决问题型策略通常运用于共赢性谈判局势中,而协作型策略除了运用于共赢局势外,还可以运用于对立性谈判局势中。需要注意的是,使用协作型策略的谈判者常常采用合理开价和礼节性争论的技巧。

协作型谈判策略与解决问题型谈判策略都涉及与对方在某种程度上的合作问题,因此通常也被归纳为合作性谈判策略,而进攻型谈判策略则相对更像对抗性的策略。事实上,在任何一次谈判或谈判中的任何一个环节,都可能运用到上述三种策略中的一种或数种,在不同的谈判阶段应当交叉使用不同策略,选择正确的策略才能不断推动谈判进行,最终才能取得成功。

(3) 努力追求双赢结果

双赢是谈判双方的最佳选择。双方从谈判目标与利益出发,在谈判中了解,在竞争中协作，最终才能达成令双方满意的协议。这种结果不仅是博弈的结果，也是双赢、和谐的结果。然而，想要做到双赢却并非易事，谈判者在谈判中往往会将更多的注意力放在追求自身利益最大化上，而忽视了对方的利益。双赢结果的达成需要谈判者准确把握自身的优势和劣势，同时还要全面掌握对方的情况和诉求。要想实现真正意义上法律谈判的双赢，就必须确保在谈判中互信与包容、竞争与协作、和谐与共享，在沟通中取长补短，在求同存异中追求双赢。

4. 如何提高谈判能力

谈判能力实际上是能够通过训练得到提高的，或者说高超的谈判技巧是可以通过提炼、总结而掌握的。并非所有的谈判专家都是天生的，优秀的谈判能力可以通过不断训练而获得。具体来说，可以从以下几个方面有意识地进行训练：

第一，谈判口才训练。谈判的基础是"谈"，既然需要"谈"，好口才不可或缺，是成为优秀谈判者的关键技能。所谓谈判口才，是指谈判时口语表达的艺术和技巧，是在特定的条件下，谈判者为最终达到某种特定的表达效果，运用语序适宜、准确得体、生动有效的言语，同对方进行协商的艺术与技巧。只有拥有好口才，才能完美地将自己的思想表达出来。

第二，知识的积累。谈判者的广博知识是谈判成功的重要因素，知识越广博，就越能熟练运用谈判技巧。法律谈判者需要具备以下几方面的知识：首先，当然是法学。只有专业知识过硬，才能自信、从容地进行法律谈判。其次，是心理学。律师要研究和懂得当事人的心理，要善于倾听、引导当事人，才能有利于信任关系的确立。再次，是社会学。对社会经济运转的底层逻辑越了解，人生经验、社会经验就会越丰富，在分析问题时才能更有大局观，分析案件的角度也会更广阔，而这些都有利于提升谈判能力。最后，是政治学。律师要掌握党和政府的政策精神以及我国政治体制及其运作特点，才能更好地把握谈判的宏观方向。

第三，个人魅力的塑造。个人魅力是谈判时的强大资本。谈判者的个人魅力不光体现在语言的准确、优美上，也体现在个人涵养、素质上。当谈判者能够综合运用自身魅力来影响对手时，谈判已经成功一大半。对律师而言，个人魅力取决于长期的文化修养、思想修养、政治修养、道德修养、专业修养、行业知识社会经验以及待人接物的方式方法、性格特点、言行举止等多方面因素。律师的个人魅力,是其长期修身养性的结果。

第二节 律师咨询的技巧

一、法律咨询的特点

作为一名律师,法律服务的终极目标是帮助当事人处理相关法律问题,解决矛盾纠纷。这样的工作性质决定了律师需要花费大量的时间与精力和他人沟通交流,因此学会如何与性格各异的当事人沟通是一名律师的必修课,掌握沟通技巧也是律师的基本技能。

1. 引导当事人说出其考量

当事人愿意向律师付费咨询肯定不是为了进行闲聊或者思想交流,当事人前来寻求律师的帮助必然是因为遇到矛盾纠纷,需要通过法律途径解决,希望律师从专业角度给出建议和解决方案。当然,律师与当事人之间的交流不会永远一帆风顺,其间难免会碰到一些曲折坎坷。在实践中,经常会遇到当事人对真实情况有所保留,他们担心一旦将实情全盘托出,会导致自身利益受到损害,因此在面对律师询问时隐瞒这部分事实,只阐述对自己有利的部分,而这显然并不是律师想要的结果。如果想要当事人积极配合解决问题,律师在发现当事人有所保留时就要进行适当引导,鼓励当事人说出其顾虑及期望,以实现与当事人之间的有效交流。

2. 援引适当的法律解决问题

在当事人初次前来法律咨询时,除了注意沟通技巧以外,律师还应当向当事人展现其作为一名律师的专业水平,从而获取当事人的信任。在了解事实经过之后,律师通常要援引适当的法律,特别是有利于当事人的法律条款,为当事人进行分析。需要注意的是,在为当事人分析案情之前,律师应当对这些法律条款十分熟悉,并做好充分的准备,以保证向当事人提供优质的咨询意见,赢得当事人的信任并顺利开展案件的后续合作。

3. 对案情作出准确判断

在了解案件大致经过并找出法律要点之后,如果律师可以对案情作出一个准确的判断,将会极大地打消当事人的顾虑。律师对案情的准确判断往往基于其处理案件的丰富实务经验。虽然法律依据和法律概念构成法律的基础框架,但究其本质仍然只是抽象的法学理论,处理案件还是需要将理论转化为事实主张。律师处理案件,需要在综合案件事实、法律条款、法定构成要件后提出具体的事实主张,维护当事人的合法权益。

二、法律咨询的原则

1. 以当事人为主

"以当事人为主"并不意味着律师无条件顺从当事人。当事人的要求可以分为法律问题和非法律问题两个板块。律师的身份定位是帮助当事人处理其法律问题。至于非法律问题,当事人自身可能比律师更为专业,所以作为律师要明确自己的身份——法律问题的帮助者,而非精通所有领域的专家。对于如何处理律师与当事人之间的关系,每个律师都有一套自己的方法与经验,在沟通过程中当事人的主观情感因素是不可避免的,因此律师需要找到平衡当事人主观意愿和理性法律判断的平衡点。

2. 提取谈话中的有效信息

在与当事人进行沟通时,一名经验丰富的律师应能从中提取出当事人提到的有效信息。在法律咨询过程中,由于绝大多数的当事人都没有接受过系统的法学教育,很多当事人会将重点放在表达自己的主观情感上,但作为律师,更想听到的是当事人对于案件客观情况的陈述。为此,律师首先要分析当事人的谈话构成,辨析哪一部分是具体案情,哪一部分是当事人抒发的自我感情。当事人陈述的案情将直接影响到证据的收集,而准确提取谈话中的有效信息则有助于律师快速找到解决方案、找出争议焦点,从而顺利推进案件解决。

3. 注重法律思维分析

处理案件的时候要注重运用法律思维,养成法律思维是一名法律人最基本的职业素养。处理案件要先从具体到抽象,然后再从抽象回到具体。

从具体到抽象,指的是分析案件时,要根据案情判断哪些法律可以适用于本案。将具体的案件事实与抽象的法条相连接,这一推导过程需要分析法定构成要件。例如,在刑事案件中,分析嫌疑人是否成立某种犯罪应当先从客观层面判断嫌疑人是否实施了犯罪行为。如果嫌疑人没有犯罪行为,那么在客观层面不构成犯罪,嫌疑人无罪;如果嫌疑人实施了犯罪行为,那就需要再从主观层面判断其主观心理是故意还是过失,从而最终判断其是否犯罪以及犯何罪。

从抽象到具体,指的是在分析适用法律之后,将构建好的法律理论转化为案件的事实主张。在庭审之前,由于案件情况可能因为事实主张的改变而改变,因此作为律师,应当在庭审之前多做一些事实主张上的准备,并依据多种主张收集整理证据。只有准备充分,才能在庭审时应对自如。

4. 与当事人产生情感共情

大部分情况下,律师与当事人建立联系是基于当事人的法律咨询,在此之前对彼此毫无了解。一般而言,初次见面的当事人很难毫无保留地将所有情况告诉律师。在与当事人交谈时,揣摩其期望和顾忌,可以快速拉近律师与当事人之间的距离,有助于律师获取更多对处理案件有帮助的情况。

良好的沟通是建立信任的桥梁,相互理解是建立信任的重要环节。律师在与当事人交谈中不时表达对当事人的理解,可以增加当事人对律师的信任,并能鼓励当事人全面参与到沟通之中。中国的传统文化观念更倾向于隐忍而非宣泄,通常情况下当事人寻求法律帮助时往往已经历过一些不愉快,心中也可能有些委屈无处宣泄倾诉。此时如果律师对当事人的遭遇表示同情,对当事人的心情表示理解,大多数当事人会感受到律师的鼓励并愿意继续交谈,也会在交谈过程中降低戒备心与顾虑,而律师可以从交谈中获得更多更有价值的信息。与当事人产生共情有利于和当事人建立良性的互动关系,为解决问题奠定基础。

5. 恪守法律工作的底线

虽然律师是具有专业知识的服务者,能够根据客户的需求在法律层面给出专业性建议和解决方案,但是最终实施方案的选择权在客户自己,律师无权也不可能代替客户作出决定,因为律师服务客户的前提是恪守法律底线。

同时,"以当事人为主"的原则并不适用于所有情况。有原则就有例外,律师应当具备独立思考和判断的能力,当遇到以下两种情况时,不能一味以当事人的想法为先,而应当适时提出自己的看法。

第一种是当事人对于案件情况的判断产生偏差。法律规定有时与大多数群众的朴素价值观不同,如果律师发现当事人对于案件结果的预期与法律规定相差较大,则应当及时向其说明:其判断可能是错误的或者并没有法律依据支持的,案件与其预想的结果可能不一致,及时告知风险,避免后续产生误会。

第二种是当事人的决定违背公序良俗或者违反法律。如果当事人的决定违背公序良俗但并不违反法律,而是律师与当事人的价值观念产生冲突,则律师不能完全放弃其作为代理人的自主权,可以尝试通过沟通融合自己与当事人的价值观念,委婉地告诉当事人其想法可能是错误的。但是,律师不能否认或者诋毁其想法,只有在承认其价值观并不违反法律的前提下,当事人才有可能转变自身可能违背道德或者公序良俗的观念,进而作出改变。如果当事人的决定已经违背法律,作为一个法律工作者,律师必须指出其想法的错误并告知这样做的法律风险。遵纪守法是每个公民的底线,而法律工作的底线是在法律允许的范围内为当事人争取利益最大化。

三、法律咨询的技巧

法律咨询看似简单,但实际大有门道。律师如果掌握适当的法律咨询的技巧,成案率将会有所提高。经验丰富的律师可以从简单的咨询中迅速判断出当事人的诉求,并在提供法律咨询的过程中取得当事人的信任。律师的谈话技巧往往能够决定对话的进程,不同的询问方式可能得到当事人不同的答案。为此,灵活运用询问方式,适当使用多种谈话技巧,可以有效提高法律咨询的质量。

1. 各类询问技巧

(1) 开放式询问

开放式询问,顾名思义,此类询问不具有特定性目的,没有对当事人作明确的指向性提问,当事人可以畅所欲言表达自己的情感、阐述自己的观点。

虽然开放式询问对当事人没有实质引导的指向性,但是提问方式不同会导致当事人回答范围不同。例如,同样是开放式提问,"你遇到什么棘手的事情了吗?"和"最近发生什么突发事件吗?"虽然都是开放式的,但提问的广泛程度不同。当事人回答前者没有任何限制,可以向律师描述自己遇到的任何困难,也并不局限于法律问题。这种提问方式一般适用于与当事人第一次面谈,有利于营造轻松的咨询环境,让当事人不受拘束,对推进后续案件咨询更有帮助。后者的提问将重点放在"最近""突发事件"上,对于当事人的回答进行了时间、范围的限制,但没有对具体细节进行限制,当事人仍然掌握着话题的主导权,这种提问方式便于律师把握案件的大致情况。

(2) 封闭式询问

封闭式询问与开放式询问不同,具有精确性。封闭式询问提出的问题对于想要得到的回答不仅有范围限制,而且答案本身具有唯一性。这种提问方式可以帮助律师把握案件具体情况,快速了解案件细节。律师在会见时往往会就案件的一些关键细节向当事人进行详细询问,例如,案发当天晚上 8 点你在哪里?在做什么?有没有证人?这辆车是不是案发时你见到的车辆?这些询问都是围绕案件的核心证据提出的问题。询问前三个问题的目的可以为犯罪嫌疑人提供不在场证明,对排除其作案可能性具有关键作用。询问后一个问题的目的在于排查和确认肇事车辆,分析影响案件情况的重要细节。此外,封闭式询问还可以用于当事人叙述逐渐偏离正题时,律师可以寻找适当的机会打断,并提出新的问题,将谈话拉回正轨。

(3) 提示型询问

提示型询问的主要作用是律师通过提问的方式引导当事人来确认自己的判断是否正确。提示型询问不仅能够确认案件事实,而且也能够间接得到想要获得的答案。在刑事案件庭审时,辩护律师经常会使用这种方式向被告人提问。比如,在盗窃案件庭审中,律师询问被告人是否见过作案工具撬棒,此时如果被告人回答没见过,那么辩护律师可以这种问答方式间接向法官证明:作案工具撬棒是关键性证据,如果被告人没有见过,那么实施盗窃行为的另有其人。在刑事案件庭审询问环节,辩护律师可以通过一系列问题组合,向法官传递被告人没有犯罪的信息,如果案件事实不清或者证据证明力不足,那么被告人就有可能被判决无罪,洗脱犯罪嫌疑。

2. 如何应对不同类型的当事人

法律服务作为一种社会性工作,律师不仅会涉及各种各样案件的处理,还会接触到形形色色的当事人。不同类型的当事人,展现出的情绪、思维、谈吐、修养和脾性也是千差万别的。律师不可能喜欢每一个当事人,也不可能被每一个当事人喜欢。所以,如何应对不同类型的当事人,就成了律师咨询的必修技能之一。只有掌握这一技能,才能让律师在面对不同类型的当事人时尽可能做到有的放矢,取舍自如,平和淡然。以下是几种比较典型的当事人类型,让我们一一破解。

(1) 敏感猜疑型

律师与当事人建立信任并不是一件容易的事情。这类当事人的表现尤其如此,从见到律师的第一刻起,他们就抱着不信任的心态,在沟通的过程中常常表现出质疑、挑战和否定。更有甚者,他们在见到你之前,很可能已经奔波了多家律所,拜访过了多名律师。他们常常会拿着听来的别人给的矛来攻击你给出的盾。如果你不幸"中招",他们会瞬间变得自大骄傲,寻找新的由头来挑战你,以实现自己"无人可信"的心理暗示。当然,如果你幸运,见招拆招,应对自如,他们也不会很快肯定你,只是在心里给你打个"及格",离开后可能考虑第二轮攻击,直到你让他们彻底信任为止。

面对这样的当事人,我们首先要做的就是换位思考。"诉讼有风险,启动需谨慎",其中的一环就是委托律师的风险,而如何找到一个好律师就成了当事人首先要考虑的问题。所以,当事人用自己的方式挑选自认为合适的律师,这无可厚非。毕竟,如果因为律师不尽职尽责导致案件败诉,受限于"一事不再理"的诉讼原则,当事人受损的往往不只是律师费、诉讼费等,而很可能是寻求司法救济的权利和受到损害的权益。

实际上,我们可以反向思维,和这样的当事人过招其实是一个很好的自我锻炼的过程。有质疑才会有研究,有挑战才会有动力,有否定才会有求证,每一次交锋都可以促使律师更好地剖析案情,梳理思路,整合结论。不知不觉中,律师也会同步收获成长和锻炼,要知道,这种经过淬炼才取得的信任会更加牢固,也更有价值。

(2) 顾虑较多型

案子不论大小,往往都是"牵一发而动全身"的。作为律师,我们关注的重点可能仅仅在于案情和法律,而对于当事人来说,他们要考虑的太多,包括金钱损益、人情世故、社会关系以及往昔、未来等。

以未成年人校园伤害案件为例,作为受害儿童的家长,考虑的不仅仅是责任和赔偿的问题,他们往往还要考虑:如果涉诉,家校关系是否会遭遇恶化,自己的小孩以后如何跟侵权一方的小孩和平相处,是否会受到不友好的对待以及承受一些不客观言论的压力。如果小孩被迫需要转学,后续的学校如何安排,涉诉这一因素是否会影响后期择校,等等。但同时,他们也会顾虑,如果不通过诉讼解决,在各方无法达成一致的情况下,他们的权益则得不到伸张和救济,并担忧产生二次伤害,更不利于问题的解决。

面对这样的当事人,律师的情绪基底应该是共情。在此基础上,除提供专业的法律意见外,律师要和当事人一起面对所有可能的顾虑。此时,律师可以和当事人一起列出一个顾虑事项清单,按照难易急缓程度进行排序,在权衡利弊后拿出解决方案,各个突破。如果无法拿出完美的解决方案,律师就要鼓励当事人拿出担当的勇气,毕竟万事万物从来都没有十全十美过,我们能做的就是两利相权取其重,两害相权取其轻,要有一种果断取舍的魄力和智慧。在律师的陪伴和鼓励下,当事人往往会变得坦然很多。这些看似与专业无关的举动,很容易拉近律师和当事人的距离,会让他们觉得,有这样一位律师在,踏实。

(3) 语无伦次型

当事人思维和律师思维存在很大的差异。有些当事人为了能让律师第一时间全面了解案情,从而给出自己想要的答案,会滔滔不绝,一句连着一句讲个不停,但对于律师来讲其长篇大论里可能只有一两个有价值的信息。对于这类当事人,如果其讲述有清晰的时间、地点、人物、事件线条,还是可以耐心听一下的。但如果是线条混乱、毫无逻辑关系可言的发散式讲述,律师就应该变被动为主动,尽快打断并帮助其理清思路。

如何变被动为主动?这就需要律师熟练掌握各类案件的法庭审问要点,将法官可能问到的问题提前做好准备,通过发问式沟通引导当事人有条理、有主次、有逻辑地陈述案情。以用人单位违法解除劳动关系纠纷为例,法庭审问一般有如下几个要点:其一,建立、解除劳动关系的时间;其二,岗位及薪资构成;其三,用人单位解除劳动关系的原因和依据;其四,是否认可用人单位解除劳动关系的原因和依据,如果不认可,理由和依据是什么;其五,用人单位是否有相应的规章制度,规章制度是否经过民主程序并公示;其六,如用人单位被认定为违法解除劳动关系,劳动者是否同意恢复劳动关系等。律师可以围绕这些要点,引导当事人陈述案情,将案件情况清晰化。要知道,只有在当事人对案件事实和法律规定有清楚的认知后,律师与其沟通才能更加顺畅。

(4)脾气火暴型

所谓"无事不登三宝殿",一般不太会有人因喜事发生而找律师的,因此有人开玩笑说希望这辈子都用不到律师。律师有时候就像一个垃圾桶,装满了当事人的纷争、愤怒和戾气。而在这种负面情绪下,当事人很容易变得不冷静、暴躁。

编者接待过一个拿着一审败诉判决的当事人,他咨询的主要目的是确认是否有上诉的必要。但从走进编者办公室开始,他就不能控制自己的情绪,把一审的法官、律师、对方当事人骂个遍,言辞相当激烈。面对这样的场景,编者是无法和他沟通案情的。编者一开始先是静静地听着,同时也礼貌性地附和着,后是把他带离办公室,到室外陪着他抽烟,继续听他骂。也许是骂累了,也许是无词可骂了,也许是看编者默默陪着感觉不好意思了,他终于安静了下来。自始至终编者都没有跟他作任何案情上的交流,只是告诉他今天先到这里,什么时候他可以聊案情了,再来找我。最终,他带着一脸歉意离开了。

近些年来,关于律师遭遇人身伤害等恶性案例屡有发生,引发本行业以及社会对于律师这一职业的思考。作为个体的律师,一定要具有自我保护意识。对待一些性情不稳、脾气火暴的当事人,不要急于开展工作,要认真观察,以判断该当事人是否在自己能力可控的安全范围内。如果在可控范围内,就要尽量做好安抚工作,注意言辞和表达,帮助当事人平稳情绪。如果超出了自己可控的范围,则应尽快结束咨询,或将咨询地点转移到公共空间,以防范不确定的风险发生。

(5) 年迈或有生理疾病

律师职业很多时候是一个有温度的职业。在严肃的事实和冰冷的法条之外,作为律师,还应该有一颗火热的心。当我们遇到身体不好的当事人时,我们还是要倡导"走出去,送服务"的理念,在提供法律服务层面,尽可能做到人人平等。

在拜访此类当事人之前,应提前做好以下准备工作:第一,事先电话预约,确认见面的时间地点、一次可沟通的时间长度以及在场陪同人员等事项,切记应一切以当事人的身体条件为第一出发点;第二,尽可能带齐全套空白委托手续及聘用律师协议,如果能达成委托,则尽可能现场办理完毕,减少打扰当事人的次数;第三,准备好需要提问的问题提纲,在提纲的指引下一次性把需要了解的情况尽可能地了解清楚,避免后续反复沟通;第四,以清单的形式一次性告知当事人需要提前准备的案件材料,便于当事人提前收集好并在见面时集中出示;第五,相关设施设备的准备,如便携式打印机、复印件、印泥、录音录像设备等,以备现场的不时之需;第六,在交谈过程中要时刻询问和观察当事人的身体状况,如当事人出现不适,则不宜久拖,应尽快结束本次沟通,未完成事宜可留待后续的沟通中逐步完成;第七,做好个人防护等。

3. 案件咨询的标准流程

(1) 准备性讲解

在开始正式法律咨询前,律师需要给当事人作一些简单的讲解,比如律所的介绍、律师本人的介绍,告知当事人填写咨询表单,向当事人强调要确保陈述及所提供资料的真实性,不得作虚假陈述,不得提供伪造的案件材料等事项。如在咨询的过程中需要录音录像的,也应提前告知当事人并征得当事人的同意。

(2) 发现目标

当事人的咨询内容往往五花八门,小到家长里短、鸡毛蒜皮,大到国家政策、身家性命。但作为律师,我们的能力是非常有限的。所以,在当事人的陈述过程中,律师需要及时作出其所咨询问题是否属于法律问题的判断。对于非法律问题或者超出律师执业权限的事项,我们要做好解释和引导工作,告知当事人可能的咨询路径。比如,政府政策类问题,可引导当事人咨询相应的行政机关；涉嫌刑事犯罪的，可引导当事人到公安机关报案等，以便提高咨询效率，做到有的放矢。

(3) 告知方案及法律后果

经判断确属法律问题且是律师执业权限内可办理的，我们就要积极应对，要尽可能给出相对全面的解决方案，并将各方案可能面临的法律后果和风险如实告知当事人。有些律师可能有一些顾虑，比如在提供咨询服务的过程中，如果分析得过于详细，当事人会不会就自行处理，不需要律师了；抑或如果告知当事人过于悲观的结论，当事人会不会就放弃维权，也不需要律师了。这些顾虑无外乎出于一种原因，就是可能无法形成案件，从而无法收取律师费。

诚然，律师有这样的顾虑也是情有可原的，毕竟律师也面临着较大的生存压力。只能说，在存在类似顾虑的情况下，律师要把握好咨询的技巧和分寸，而这是需要时日加以锻炼的，没有现成的教科书式的模式可以套用。但是，无论如何，都不应以促成案件委托为唯一出发点，这是必须要把握的一个原则。

(4) 告知收费标准

告知当事人收费标准是非常重要的，便于当事人结合自身的经济条件及其他因素作出合理判断。律师费报价的依据可参考所在律所的收费标准，也可以参考律师协会制定的收费标准，甚至可以按照律师自己的考量来确定。毕竟最终费用的多少是律师与当事人合意的结果，属于意思自治的范畴，暂无强制性标准。

(5) 当事人决定方案

在完成案情分析、解决方案、风险告知、收费标准等主要环节后，是否建立委托关系的最终决定权就在当事人手上了。律师切忌急功近利，擅自代当事人作决定，或者使用不当言辞诱导、胁迫当事人作有违其本意的决定。如果一切顺利，当事人在向律师咨询后就会当场办理委托手续；如果当事人依然有其他想法，无法当场作决定的，律师也不要介意，要给他们继续考虑的时间并尊重他们的决定。

第三节　律师谈判的技巧

一、法律业务中谈判的特点与原则

谈判是两方或两方以上的当事人为达成合意而交涉的过程。"谈"即交换意见、互相磋商,"判"即反复权衡、分析利弊。谈判不同于一问一答的咨询,更不同于第三方居中的裁判,具有非强制性、自主意识性、利益导向性、交互性、反复性、突发性等特点,无论是当事人自身还是律师代理人,都需要铭记以下原则:

1. 谈判是一方乃至多方的相互妥协,而不是必须服从的命令

就过程而言,谈判的各方当事人都期望凭借自己的优势去影响他方当事人,争取他方满足我方的要求。为此,各方收集信息、明晰需求、确定底线、提出方案、罗列条件、互相试探、调整预期、不断协商、争取共赢、保护利益。同时,各方当事人都有权决定是否转变态度、是否接受报价、是否作出妥协,而不是服从于某一方或第三方。

就结果而言,谈判不一定成功,不一定能达成合意,也不存在必须遵照执行的裁判文书。如果谈判成功,达成的合意可以是针对整体的,也可以仅仅针对某些方面,并且签订的协议是各方自愿履行的,不具有法律上的强制执行力。事实上,谈判的成功往往伴随着妥协,如果各方都固执己见,不愿退让,则往往难以达成共赢的方案,谈判必将以破裂告终。

2. 谈判要以委托方当事人的利益为核心,必须避免律师个人炫技

律师或许积累了丰富的谈判经验,或许掌握着成熟的谈判模式,或许具备灵活的谈判技巧,但这并不意味着律师可以代替当事人作出自己认为对其最有利的决定,因为律师判断的最佳方案未必是当事人最期望的结果。

谈判并不是律师个人的秀场,而是以当事人的现实利益为中心,律师只是凭借专业的视角和扎实的功底帮助其剖析风险、权衡得失、预测后果,并在此基础上制订方案交由当事人选择。律师的使命在于扮演"最佳辅助",在对外的谈判开始前,力求先与当事人达成内部合意;在谈判中时刻与当事人打好配合,同时

又不喧宾夺主。

必须谨记,对内要先达成合意,对外要始终保持一致。当事人是谈判的主体,律师是谈判的代理人;当事人的意见是谈判的重点,律师只是起建议、修正的作用;当事人享有对一切事项的决定权,律师从法律的角度为其保驾护航。因此,除非事先获得当事人明确、具体的授权,否则律师不得代表当事人处分其程序性或实体性的权利。

3. 谈判要从当事人所处的地位出发,根植于其合法合理的需求

在律师与当事人达成内部共识之前,必须把握好"合法"的关卡,帮助当事人厘清案情和法律依据,引导当事人将预期调整至合理状态。以广义的合同纠纷为例,当事人为守约一方,坚持以合同中"年利率30%"的约定要求对方承担相应违约责任。当出现类似的违反法律、背离政策、超出司法实践等情况时,律师必然需要主动解释,让当事人充分理解案件涉及的法律和政策,从而调整其需求,降低其预期。

虽然说律师在代理当事人进行谈判时应当以当事人的需求为出发点,以当事人的利益为落脚点,但是其需求的上限和利益的边界必须合乎法律与政策,谈判的方案与模式也必须基于其在本次谈判中的地位。

4. 谈判要做好细致且周全的准备

一场谈判会持续多久?需要经历多少次交涉?我方当事人的态度是否会转变?对方当事人的态度是否会转变?双方对案件真相是否有所隐瞒?局势是否会出现扭转?谈判的利益交叉点是否会改变?足以影响结果的新情况是否会出现?在真正面临、处理这些问题之前,任何人都无法预见。

之所以强调要尽可能充分地做好谈判准备,正是因为无法完全掌控上述问题。谈判往往是在双方交涉、各自调整、再次交涉、再次调整的反复磋商之中螺旋式递进的,往往伴随着律师与当事人之间、当事人与当事人之间、我方与对方之间频繁的信息交换。在此曲折过程中,为了尽可能降低意外事件的消极影响,确保能够随时转换谈判模式、改变谈判技巧、调整谈判预期,律师必须在一开始就做足准备,只有知己知彼、稳扎稳打,方能在谈判中游刃有余。

二、谈判模式

正如每一次改革、每一场战役都有着一个指导思想,谈判模式就是谈判的指导思想。律师在确定谈判模式时,需要综合考量当事人在谈判中的地位、当事人的态度、谈判的目的、律师的能力、交涉主体的个性风格等因素。值得注意的是,每一次谈判、谈判的每一个环节都可能用到其中的一种或多种模式,律师必须事先与当事人确定本场谈判是求速度还是求利益,本次谈判环节是稍作试探还是深入交流。简而言之,谈判的关键在于因地制宜、因情施策、因势利导。

(1) 步步为营的谈判模式重在强势进攻,追求战果最大化。占据主导地位的一方采取此种模式时,说明其具有强大的胜负欲或者与对方处于关系完全破裂的状态,将谈判视为"你多我少、你死我活"的争夺,目标执着地指向蚕食对方的利益并且有信心能够说服对方来满足我方的条件,迫使对方不断让步。此种模式的优点在于,一旦成功压制对方,则能实现利益最大化。但是,其缺点在于,一旦对方态度突然强硬,则双方彻底决裂。

(2) 坚守底线的谈判模式重在平衡盈亏、全身而退,追求保本微利。当我方处于期望安全脱手的劣势地位但又不急于立刻抽离时,不论对方是抬高报价还是压低报价、是假装争吵还是故意搁置、是软硬兼施还是循循善诱,只需在尘埃落定前做好保密工作,坚守内心的底线,绝不先提出条件即可。一旦被对方探知我方的真实意图,那么对方可能通过第三方施加压力等途径削弱我方的心理防御,导致最终结果大大低于我方预期。

(3) 协商合作的谈判模式重在开诚布公、实现共赢,追求互惠互利。步步为营式和坚守底线的谈判模式都将双方的利益对立了起来,一方获利则必然导致对方亏损,而协商合作的谈判模式则期望各方成为利益共同体,秉持"一加一大于二"的理念,促使各方在互利互惠的基础上达成协议。为此,谈判时报价应当合适、态度应当友善、对话应当理性,开诚布公地表达各方的真实需求,耐心解释我方所罗列条件的原因,并从中寻找达成合意的基础。不论处于何种谈判地位,都推荐首先尝试此种谈判模式,积极探求其中蕴藏的合作机会。一旦在大方向上达成一致意见,那么不但可以化解争议,而且各方的收益往往优于前两种谈判模式。

三、谈判技巧

如果说谈判模式是规划每场谈判、每个环节的指导思想，那么谈判技巧就是填充其中的行动指南，为达成战略目标而服务。

1. 制订多套方案

谈判需要筹码，而明确谈判目标并综合各项权重后制订的谈判方案即包括谈判筹码，甚至可以针对报价、还价等各环节制订方案。强势一方掌握更多筹码，则可以稳定谈判局面、积极促成合作；弱势一方掌握更多筹码，则有机会抬升谈判地位、进行平等交涉。如果仅仅制订单一方案，则往往不足以应对突发情况。不论处于何种谈判地位，都要尽可能从不同角度详细地考虑双方问题并制订相应方案，才能避免彻底陷入被动。

2. 隐藏真实性格

为了诱使对方透露更多信息或者产生错误认识，谈判常在虚实结合、真假参半的语言环境中展开。坚持步步为营谈判模式的一方，可能表现出温和亲善的态度，使对方误以为自己善解人意，从而深入探查对方真实情况；采取坚守底线谈判模式的一方，可能略显强势，使对方误以为其还有其他合作对象，从而适当抬高报价；采取协商合作谈判模式的一方，更应当展露彬彬有礼、优雅谦恭的气度，积极表达善意。为了有效促成谈判，律师应当学会隐藏真实个性，根据对方情况与谈判目的来转变语言风格、语气神态、动作表情，进而塑造当下谈判场合所需的形象。

3. 掌握谈判动向

所谓见招拆招，就是采用的谈判模式、技巧、方案随着对方的变化而变化，利用时间差与信息差与对方博弈。这就要求律师不仅要在谈判前做好翔实的调查，还要在谈判现场以及现场之外都保持细致的观察。同样地，对方必然也会使用谈判技巧。这就要求我们总结对方谈判习惯，分析对方谈判案例，了解对方擅长领域，洞察对方惯用策略，挖掘对方过往弱点等，以此把握对方在谈判中可能采取的技巧和方案。要时刻对对方保持敬畏，才能保持警惕，从而在频繁收集信息、对比信息的过程中抓住焦点，避免被对方牵着鼻子走。

4. 寻找共同利益

归根结底,谈判的原因在于存在利益冲突,谈判的目的在于解决争议,如果能够化解矛盾、促成合作、实现共赢,那么何乐而不为呢?不论一开始采用何种谈判模式、对方的态度有多么恶劣,也不论一开始的谈判方案是什么,只要能够找到共同的利益和共赢的机会,就应当将格局打开,将眼光放长远,尝试通过协商达成互利互惠的共赢方案。

5. 积极换位思考

正面交锋并不是解决问题的最佳途径甚至可能导致谈判僵局,要想突破对方防线,一般需要撬动对方利益。站在对方的角度分析本场谈判的成因、可能产生的结果、是否具有替代方案、能否达成合作等问题,往往有利于为我方提供新思路、新想法,进而从不同的侧重点切入谈判。想要出奇制胜或者反败为胜,就要换位思考对方可能采取的策略,从而抓住对方的错漏;想要促成合作,就更要换位思考对方的利益需求,主动提出符合公平正义、具有合作诚意的方案。

6. 强调客观标准

正如前文所提到的,谈判必须基于合法合理的需求,这是谈判的客观标准之一。任何一场谈判都不基于当事人的个人意愿,也不基于律师的同类经验,而是基于当下的市场行情、法律法规、国家政策、公序良俗等客观标准。因此,当事人或律师掺杂过多个人情感因素并不利于促成谈判,要避免感情用事,也切勿企图通过胡搅蛮缠来博利。基于客观标准与实际情况理性地开展个案分析,才更有利于化解分歧、确定共同的谈判方向。

四、谈判步骤

1. 倾听我方当事人倾诉

律师接受当事人委托参与谈判,是代表当事人而谈,是为了当事人而谈,因此,首先必须明确当事人的谈判目标、谈判需求、心理预期。而真诚地倾听当事人倾诉并且积极地给予回应,能够有效帮助律师建立起与当事人之间的信任,增加当事人对律师的好感度,从而使得当事人愿意和盘托出全面的案件事实和内心的真实想法。倾听是获取信息的第一步,也是建立同盟关系的第一步,更是培养律师与当事人配合度和默契度的第一步。

2. 做好谈判的准备

大多数的谈判都是旷日持久的拉锯战,律师必须提醒自己和当事人"兵马未动,粮草先行",即在整合我方意见、案件事实、法律法规、证据材料的基础上形成多套谈判方案,并将初步方案告知对方当事人。具体来说,在谈判准备期间,必须厘清当事人的性质、谈判地位、当前关系、社会信用、利益冲突、谈判标的、市场情况、社会背景、行业政策、法律依据、谈判权限、谈判时限等基础信息,由此确定谈判模式、问题清单、谈判条件,最终形成谈判方案。

3. 倾听对方的意见

无论是对于我方还是对方当事人,倾听都是一种表达善意的方式,有利于促成和谐的、互动的谈判氛围,避免因傲慢或呆板而导致错失合作共赢的机会。暂时摒弃偏见,仔细倾听对方的表述,探查其是否存在弦外之音或是否在深挖陷阱。要想做到料敌先机、把握战机,就一定要掌握对手动态,着重注意对方表述中的关键信息。倾听我方时要真诚,倾听对方时要耐心,并适时作出评估,沉着冷静应对。

4. 总结各方的需求

对于我方当事人,由于律师代表当事人的利益而谈,因此必然要听取当事人的意见,但绝不能死板地屈从于当事人的意见。当事人往往仅从自身利益、角度出发,往往只局限于眼前的利益,甚至会提出不合理、不合法的要求。此时,律师要归纳具有可操作性、可实现性、前瞻性的信息,总结出符合当事人战略目标的真实合法需求。对于对方当事人提出的需求,律师需要逐一加以甄别,剔除不切实际的部分,提炼存在争议的部分,寻找可能合作的部分。

5. 反复讨价和还价

讨价还价是各方缩小分歧并解决问题的过程,也是再次刺探对方现实情况和谈判态度的过程。对于步步为营的谈判模式,可以采用假装争辩、略施威胁、故作妥协等方式降低对方戒备;对于坚守底线的谈判模式,则可以按兵不动为主,其他都可虚与委蛇,但在关键条件上仍要表现出期待并积极促成的态度;对于协商合作的谈判模式,则应当展现诚意,奔着解决问题而去,可以主动提供更多信息或提出多种方案,期待对方投桃报李。

6. 及时整合信息

综合分析贯穿于谈判始终,体现于谈判的各个环节、各个阶段。在频繁交换信息、收集信息之后,必须要做好审核和总结工作,只有在将各方信息综合比对之后,才能抽丝剥茧获得相对可靠的信息,串联出案件的脉络,从而还原相对真实的情况。基于综合分析,才能更客观、更全面地指导当事人认识谈判的性质与内核,也更有助于律师自己时刻复盘各个阶段的工作与进展。

7. 调整预期与报价

大部分合格的律师不会将谈判视为零和博弈,不论前期使用何种谈判模式、谈判技巧,都会期望解决问题或促成合作。随着掌握的信息越来越多,各方的情势也越来越清晰,谈判方案可能需要作出相应的调整,而这必然需要当事人调整预期和报价。因此,律师需要随时与当事人沟通各个阶段所能达成的合意、暂时无法化解的分歧、各方坚持的依据和理由,做好当事人的解释与疏导工作,以确定后续的工作方案。

8. 达成当事人利益最大化

利益是各方让步出来的,合作是各方妥协出来的。并不是所有的谈判都有皆大欢喜的结果,但是为了实现谈判的效益最大化,应当铭记不轻易放弃追求合作共赢的机会。为了达成当事人利益最大化,律师应从维护我方当事人利益的角度出发,并应当做到不到终局不作最后让步。同时,在最终落实为协议、签字盖章确认之前,随时都可能横生枝节,因此律师需要做好心理准备以及提前做好应对方案。

五、成功谈判的其他因素

1. 营造优势地位

在谈判初期或者突发意外情况导致谈判各方地位不明时,律师如果能营造出我方当事人占据优势地位的谈判氛围,就意味着我方获得谈判主导权,赢得有利开局。此时,无论我方的谈判目的是什么,都掌握了让对方先出价、先透底的机会。此时,我方需要坚定自己的立场,避免随意更改和反悔;要保持沉着冷静,避免过分强势,以防止错失合作共赢的机会;要点到即止,避免过分热情,以防止对方产生有求于他的错误认识。如果我方是处于弱势地位的一方,则可以尝试采用不卑不亢、张弛有度的态度与对方周旋。

2. 调动对方情绪

情绪有时是非常有力的武器。这不仅提醒我方要在谈判开始前隐藏真实性格、塑造冷静与理性的形象,也提醒我们可以尝试让对方感情用事。当我方处于弱势地位时,可以大方地在涉及非实质性利益的条款上让步,甚至主动割让一部分实质性利益,向对方表示诚意,让对方放下厚重的防备,从而保护我方更多的实质性利益,实现以退为进;可以故意激起争吵,捏造其他意向客户,诱导对方在冲动的状态下立刻达成谈判合意;可以在对方焦虑、犹豫之时,通过聚会、倾听、体育运动、趣味娱乐等方式帮助其排解抑郁心情,将针锋相对的商务谈判变为愉快的社交,从而达成合作甚至建立长期友好关系。

3. 坚定谈判立场

有些律师代表当事人参与谈判时,考虑到并不会和委托人建立长期合作关系,不想得罪谈判另一方,因此哪怕是在获得充分授权的情况下也不愿意直接拒绝对方,导致谈判无从谈起、出现僵局,最终不仅没有完成当事人的委托,也不会给对方留下好印象。律师必须牢记自己代表着当事人的利益与立场,甚至可以说是当事人在这场"战役"中最重要的伙伴,因此绝对不能违反谈判的根本原则和职业操守。

4. 虚实巧妙结合

所谓"实",即我方谈判的目标、坚守的立场、明确的底线等涉及当事人实质利益的条件;所谓"虚",即环境场合、表达语气、发言态度、交流话术、开场话题等外在的影响谈判的因素。大多数谈判并不像影视作品中那样针锋相对,也不是普罗大众想象的那样正襟危坐,最怕的反而是由于过分剑拔弩张而"无从谈起"。律师大可以从生活娱乐、兴趣爱好、新闻时事等中性话题切入,进而转为争议较小或不涉及实质性利益的谈判条件,再循序渐进地过渡至重要问题。如果气氛过于紧张,则可以安排茶歇、就餐等环节,以避免爆发冲突。

5. 适时打破僵局

谈判免不了争辩,而争辩则可能导致僵局。要化解僵局,律师需要本着尽可能求同存异的态度,找到最贴近各方预期的平衡点。当对方故意激起矛盾时,律师可以采用"从我个人角度来看"的说法,应承对方的刁难,保全我方当事人的谈判地位;当对方不愿意和律师接茬搭话时,可以调换团队中的其他律师重新开场;当对方鼓吹自己的业绩与成就,企图营造优势气场时,律师可以提出让对方举出实际案例、拿出真实数据,从而重获话语权。方式方法不一而足,核心在于激活谈判氛围。

6. 避免禁忌用语

谈判既然是语言的交锋,那么就需要提醒自己避免祸从口出。各方当事人愿意交流,就证明仍有合作共赢的可能,至少要有尝试化解当下冲突的诚意,才会促成谈判。因此,律师代表当事人谈判,切忌咄咄逼人、尖酸刻薄;谈判是为了解决问题,切忌信息模糊、乘伪行诈;谈判需要宽松的氛围,切忌一板一眼、惺惺作态。侃侃而谈或许能体现律师的能力,但同时也容易暴露过多信息,适时沉默有时更具力量。

六、谈判的文书建议

1. 保密备用方案

有时,之所以仍然有谈的余地,正是因为各方都想利用信息差来达成于己有利的目的。而一旦底牌暴露,则极有可能受到对方钳制。在谈判情势严峻、我方陷入劣势、各方僵持不下等情况下,备用方案无异于雪中送炭,是创造转机的重要手段。因此,充分熟悉备用方案、保密各个备用方案、明确最理想的备用方案,是在谈判初期非常重要的准备,应将重要信息限缩在律师与关键当事人之间。

2. 适时披露信息

律师在执业过程中必须遵守法律法规以及职业道德规范,禁止歪曲事实或伪造证据。因此,律师若希望为当事人创造机会或优势,一般可以选择适时隐瞒、制造信息差的方式。但是,隐瞒信息并不是隐藏所有关键信息,而是分阶段地保护重要信息,根据不同阶段、不同对象、不同策略来公布当前阶段的谈判方案,甚至有选择性地公布对方所需信息。当对方企图提前套取信息时,律师可以采用转移话题、保留真意、模糊答案、反向提问等方式暂时回避。

3. 列明交涉重点

谈判方案有不同的制订方式,可以根据谈判不同阶段而制订,也可以根据律师风格而制订,不一而足,但始终需要注意的是应在方案中明确谈判重点。若我方是发起谈判的主动方,则需要罗列希望对方变更或解除的条件、问题清单;若我方是承接谈判的被动方,则需要罗列我方所能接受或拒绝接受的条件以及相应的原因,也可以提出新的条件。

案例赏析

苏某计划在 A 市买房,并在不经意间看到 A 市某小区的宣传广告,非常有吸引力。广告中开发商承诺买商品房送配套地下室,正好符合苏某的购房需求。房价为 3000 元每平方米,比 A 市楼市均价还低。因此,苏某立即打电话给该小区开发商以确认该信息的真实性,并预约了看房时间。

次日,苏某来到该小区售房中心。销售人员带苏某简单了解了楼盘信息,如周边环境、地下室设计图、房间格局等。销售人员看出了苏某急迫购房的心理,诱导说:"活动期间有 9 折优惠,配套地下室的房屋存量不多。"苏某听后,未详细了解房屋质量问题就当即和开发商签订了价款为 30 万元的商品房买卖合同,标的为某小区第 5 幢 105 号商品房及配套地下室。

合同订立后,苏某依约支付了房屋价款 30 万元,并办理了房屋所有权登记手续。开发商于 2020 年 5 月向苏某发出入住通知书。在入住几天后,苏某发现该商品房存在严重质量问题,无法正常居住使用。苏某以房屋质量不合格为由拒绝收房,并拒绝承担居住期间产生的水电费、物业费、燃气费等日常费用。

经多次协商无果后,苏某决定通过法律手段维护自己的合法权益。开发商再三思考,认为自己确实违约在先,诉讼的结果肯定不利于己方。因此,开发商决定找苏某谈判。

谈判时,双方争议的焦点是违约责任的承担问题。商品房买卖合同已经成立并生效,开发商应当承担商品房质量不合格的违约责任。在违约责任的承担上,苏某提出开发商退还该房屋全部款项的要求。而开发商的建议是帮苏某更换一套面积更大、采光更好的房屋,但是价格为 50 万元,并且没有配套地下室。

综合考虑各方面情况后,苏某愿意以 40 万元的价格购买第二套房,否则将马上向法院起诉开发商,要求其承担违约责任。开发商考虑到其商业信誉,以及在先违约事实,愿意进一步考虑苏某提出的条件,即以 45 万元出卖第二套房,并同意免除苏某十年的物业管理费。

经过多次磋商,双方终于达成一致,并重新签订了商品房买卖合同。

第四节 思考与实训

【案情简介】

2021 年 3 月,李某(自然人)个人投资设立 A 装修公司,该公司为一人有限责任公司,李某担任法定代表人。

2021 年 8 月,A 装修公司与 B 科技公司签订《承揽合同》,约定由 A 装修公司为 B 科技公司下设工厂厂房铺设电缆与水管,并负责后续五年维修保养工作。与此同时,张某作为 A 装修公司项目负责人,接受派遣至 B 科技公司下设工厂进行长期水电管道维保工作。

张某与 A 装修公司签订了《劳动合同》,但是 A 装修公司并未给张某缴纳工伤保险。A 装修公司与 B 科技公司签订了《劳务派遣合同》,但是合同中并未约定若张某在提供劳务过程中发生意外应当如何划分责任分配比例。

2021 年 12 月,B 科技公司厂房顶层水箱外接水管因遭受寒潮冰冻突然爆裂,B 科技公司后勤保障部门负责人王某立刻通知张某进行维修。在作业过程中,张某不幸从高处坠落,当场死亡。

当时在工厂中工作的多位员工称,顶层架设有多部单梁桥式行车(起重机),需要保持通电作业的工作状态,张某在开始维修工作前并未切断电源,现场惊现了闪电火花。

2022 年 1 月,人力资源和社会保障行政部门经审核,将张某所遇事故认定为工伤。

张某的妻子赵某认为，A装修公司并未给张某缴纳工伤保险，因此应当由A装修公司承担工伤保险责任，并由A装修公司法定代表人李某、B科技公司承担连带赔偿责任。

B科技公司后勤保障部门负责人王某认为，两公司签订的《承揽合同》中明确约定："自电缆与水管安装完毕、签字验收之日起，由A装修公司派遣专业人员负责维修保养工作，期限共计五年。因维修保养工作所产生的一切经济与法律责任均由A装修公司承担，与B科技公司无关，A装修公司不得以任何理由向B科技公司主张相关权利。"因此，B科技公司认为张某当时从事的正是维修保养工作，应当适用本免责条款，由A装修公司承担全部赔偿责任。

【实训要求】

参加人员8人为一组，分别扮演：A装修公司项目负责人张某、A装修公司法定代表人李某、B科技公司后勤保障部门负责人王某、张某的妻子赵某、3名律师。

在开始模拟前，请务必厘清本案涉及的法律关系，并查明相关法律法规。

【咨询模拟】

1. 分别模拟：律师1接待赵某咨询、律师2接待李某咨询、律师3接待王某咨询。

2. 咨询提示（不同主体的提问角度不同）：

（1）哪些主体需要承担赔偿责任？是否承担连带赔偿责任？

（2）工伤赔偿责任具体包括哪些款项？

（3）A装修公司在本案中必须承担工伤赔偿责任吗？

（4）A装修公司股东在本案中必须对公司债务承担连带责任吗？

（5）B科技公司在本案中必须承担工伤赔偿责任吗？

（6）若需要承担连带赔偿责任，则几方赔偿责任主体内部之间可以追偿吗？

【谈判模拟】

请律师1代表赵某、律师2代表李某、律师3代表王某，进行三方谈判，各小组依次进行，由其他小组与授课老师共同观摩、评价。

第六章

用法官思维思考诉讼案件

本章概要

　　经过一到三年左右的实践,诉讼律师一般已经掌握各类常见民商事诉讼的基本办案思路。本章将从法律推理的基本逻辑出发,以法官思维为视角,为学生提供更为宏观的办案指引。

学习目标

　　通过本章学习,学生应主要掌握民商事诉讼中法官的基本办案思路,具备一定的民商事案件办案能力。

第一节　法律推理方法

一、何谓法律推理

　　法律推理,就是对法律命题的一般逻辑推理。
　　提起"逻辑"一词,相信很多人都会想起美国最高院大法官小奥利弗·温德尔·霍姆斯在《普通法》一书中的名言:"法律的生命不是逻辑,而是经验。"这句话给很多初识法律的人造成一种误解,误以为在判例法国家适用法律最重要的是以生活经验为准,而忽略了逻辑的重要性。事实上,霍姆斯大法官在书中完整的表述是:"法律的生命不是逻辑,而是经验。一个时代为人们感受到的需求、主流道德和政治理论、对公共政策的直觉——无论是公开宣布的还是下意识的,甚至是法官与其同胞们共有的偏见,在决定赖以治理人们的规则方面的作用都比三段论推理大得多。法律蕴含着一个国家数个世纪发展的故事,我们不能像对待仅仅包含定理和推论的数学教科书一样对待它。要理解法律是什么,我们必须了解它以前是什么,以及它未来会成为什么样子。……"①霍姆斯大法官提出这一论断时,美国正值法律界形式主义思潮占据重要地位时期。但他认为,法律是随着社会变迁而不断前进、发展的,形式主义会忽略个案在时空、社会环境上的特殊性,过于坚持形式主义会导致实际上的不公,因此他呼吁法官在面对实践中疑难的新案件时,要抛弃严格的逻辑形式,实行"法官造法"。王利明教授曾就此提出:"尽管霍姆斯说,法律的生命不在于逻辑,而在于经验,但这并非意味着要否定逻辑,而只是强调要以经验作为单纯逻辑分析的补充。"②可见,即便是在判例法体系中,逻辑仍然是法律推理的核心。

而在大陆法系国家,因为有成文法的存在,每一次法官的裁判都离不开在法律规范和生活事实之间的反复揣摩,以搭建起一座桥梁,实现法律条文和案件事实之间的逻辑互通。也就是说,法官在审理案件的过程中,要将生活事实提炼成法律事实,在成千上万的法条中寻找到合适的法律规范,并选择特定的法律规范适用于确认的法律事实,最终得出裁判结果。这就是成文法体系中逻辑推理的过程。

在学理上,法律推理分为形式推理与实质推理两类。形式推理是指根据确认的案件事实,直接援引相关法律条款,并严格按照确定的法律条款的形式结构

---

① 〔美〕小奥利弗·温德尔·霍姆斯:《普通法(第1版)》,冉昊、姚中秋译,中国政法大学出版社2016年版,第1页。

② 转引自叶三方:《法律的生命在于经验 也在于逻辑》,载《人民法院报》2014年9月26日第6版。

所进行的推理,具体包括演绎推理、归纳推理、类比推理三种。实质推理,是指当作为推理的前提包含两个或两个以上相互矛盾的命题时所进行的选择和权衡过程。著名的洞穴奇案就是典型的实质推理,需要法官在个人生命与群体利益这两个价值之间进行权衡。很多情况下,实质推理都会涉及正义观、公序良俗乃至哲学话题,本书在此不作深入讨论,下文仅对三种形式推理作简要分析。

二、演绎推理

演绎推理,是从一般性的前提出发,通过推导得出具体陈述或个别结论的过程。演绎推理是一种从一般到特殊的推理。所谓"一般",就是无须证明的公理或从公理中推导出的定理。所谓"特殊",是指待证的事实或推论。演绎推理是严格的逻辑推理,不仅在数学研究中非常常见,也是大陆法系中法律推理的基本形式。演绎推理又有多种形式,包括三段论、假言推理、选言推理、关系推理等,其中三段论是法学推理中最常见的形式,故本书主要以三段论推理为代表,对演绎推理进行分析。

三段论包含三个部分:大前提——已知的一般性原理或原则;小前提——所研究的特殊情况;结论——根据一般原理对特殊情况作出判断。在法学三段论推理中,大前提是抽象的法律规定,小前提是具体的法律事实。如果小前提是大前提范围内的,那么小前提的性质一定与大前提的性质一样,从而可以得出可靠而正确的判断。这就是三段论推理的思维过程。

例如,《民法典》第 17 条规定:"十八周岁以上的自然人为成年人。不满十八周岁的自然人为未成年人。"其中,"不满十八周岁的自然人为未成年人"是大前提,如果"张三现为十七周岁"这一事实是小前提,那么采用三段论推理,就可以得出结论:张三是未成年人。

在法律推理中,三段论推理往往还会被循环使用。例如,甲于 1 月 1 日向乙通过挂号信的形式发出了一份要约,内容是甲向乙出售一斤苹果、价格为 10 元人民币,乙如果愿意购买,就尽快回信,甲将于收到回信后一天内发货。挂号信预计于 1 月 3 日送达。1 月 2 日,由于某些原因,苹果的市场价格发生了剧烈的波动,上涨为每斤 100 元人民币。为了挽回损失,甲立即向乙发出加急快递,通知乙前述1月1日以挂号信形式发出的要约作废。1月3日上午,甲发出的挂号信投递至乙的信箱。1月3日下午,甲发出的加急快递投递至乙的信箱。1月3日晚,乙回到家中,同时打开了甲发出的挂号信和加急快递,乙认为甲发出的内容为"出售一斤苹果、价格为10元人民币"的要约已经生效,故向甲发出挂号信,表示愿意以10元人民币购买苹果一斤,请甲尽快发货。1月5日,甲签收了乙的挂号信。甲乙之间一斤苹果的买卖合同是否成立?

在采用三段论推理分析上述案例时,首先要检索相关的法律规定,再逐步分析大前提是否完整包含小前提,最终得出结论。

何为合同的成立要件?《民法典》第483条规定:"承诺生效时合同成立,但是法律另有规定或者当事人另有约定的除外。"这一法条的前半句的完整表述是"如果承诺生效,那么合同就成立了",所以分析合同是否成立,首先要分析承诺是否生效。

何为承诺生效的要件?《民法典》第479条规定:"承诺是受要约人同意要约的意思表示。"第480条规定:"承诺应当以通知的方式作出;但是,根据交易习惯或者要约表明可以通过行为作出承诺的除外。"第481条规定:"承诺应当在要约确定的期限内到达要约人。要约没有确定承诺期限的,承诺应当依照下列规定到达:(一)要约以对话方式作出的,应当即时作出承诺;(二)要约以非对话方式作出的,承诺应当在合理期限内到达。"在这些规定中,反复出现"要约"的概念,那么什么是要约?要约是否生效?

何为要约?要约何时生效?《民法典》第472条规定:"要约是希望与他人订立合同的意思表示,该意思表示应当符合下列条件:(一)内容具体确定;(二)表明经受要约人承诺,要约人即受该意思表示约束。"第137条规定:"以对话方式作出的意思表示,相对人知道其内容时生效。以非对话方式作出的意思表示,到达相对人时生效。以非对话方式作出的采用数据电文形式的意思表示,相对人指定特定系统接收数据电文,该数据电文进入该特定系统时生效;未指定特定系统的,相对人知道或者应当知道该数据电文进入其系统时生效。当事人对采用数据电文形式的意思表示的生效时间另有约定的,按照其约定。"在本案中,甲于1月2日发出加急快递表示要约作废,那么该要约能否撤回并作废?

要约能否撤回?《民法典》第475条规定:"要约可以撤回。要约的撤回适用本法第一百四十一条的规定。"第141条规定:"行为人可以撤回意思表示。撤回意思表示的通知应当在意思表示到达相对人前或者与意思表示同时到达相对人。"

至此,与本案事实相关的法条已经全部找出,接下来就可以进行三段论推理。

第一步,甲于1月1日发出的挂号信是否属于要约?大前提——意思表示的内容具体、确定,且表明只要受要约人承诺,要约人即受该意思表示约束。小前提——挂号信的内容明确甲欲向乙出售苹果一斤、价格10元人民币,且在乙回信后一天内发货。显然,小前提完全属于大前提的范围内,由此得出结论:甲发出的挂号信属于要约。

第二步,甲的要约是否生效?大前提——以非对话方式作出的意思表示,到达相对人时生效。小前提——甲以挂号信形式发出要约,且1月3日上午到达乙的信箱。挂号信系非对话方式作出的意思表示,1月3日上午到达乙的信箱,即到达相对人。由此可得出结论:甲的要约已生效。

第三步,甲能否撤回其要约?大前提——撤回意思表示的通知应当在意思表示到达相对人前或者与意思表示同时到达相对人。小前提——甲发出要约的挂号信于1月3日上午到达乙的信箱,撤回要约的加急快递于1月3日下午到达乙的信箱。显然,甲撤回意思表示的通知晚于意思表示到达相对人,即小前提与大前提不符,因此得出结论:甲不能撤回其要约。

第四步,乙的承诺是否生效?大前提——承诺是受要约人同意要约的意思表示,承诺应当以通知的方式作出;要约没有确定承诺期限的,且要约以非对话方式作出的,承诺应当在合理期限内到达。小前提——甲的挂号信要求乙尽快回信,并没有明确期限,乙明确表示同意以10元人民币购买一斤苹果,并在收到挂号信的当日立即以同样的方式回信,且挂号信在2天后到达甲。显然,小前提完全符合大前提,故可得出结论:乙的承诺生效。

第五步,合同是否成立?大前提——承诺生效时合同成立,但是法律另有规定或者当事人另有约定的除外。小前提——乙的承诺已生效,双方并无其他约定。由此可得出结论:甲乙之间关于买卖一斤苹果的合同成立。

以上就是关于甲乙之间一斤苹果的买卖合同是否成立的三段论推理过程。也许有人会问,是什么原因造成市场价格发生了剧烈的波动?是自然灾害还是政府调控?是否可以构成情势变更或不可抗力?甲能否要求解约或者变更合同价格?各位读者不妨针对这一疑问,尝试进行另一番三段论推理。

三、归纳推理

归纳推理,是从个别、特殊的事物出发,总结、概括一般性规律的推断过程。归纳推理也有多种具体方法,包括完全归纳推理、不完全归纳推理等。

在性质上,归纳推理是一种或然性推理,即在前提都真的情况下结论未必真。如果所列举的事例具有足够代表性,则累计经验中的事例或案例数量越大,推理所得出的结论正确的概率就越高。正因为归纳推理的结论正确与否具有不确定性,所以在法律推理中应当谨慎采用归纳推理。

2007年9月,南京市鼓楼区人民法院关于彭宇案的一审判决引发轩然大波。该案法官在判决书中写道:"如果被告是见义勇为做好事,更符合实际的做法应是抓住撞倒原告的人,而不仅仅是好心相扶;如果被告是做好事,根据社会情理,在原告的家人到达后,其完全可以在言明事实经过并让原告的家人将原告送往医院,然后自行离开,但被告未作此等选择,其行为显然与情理相悖。"正是这一段说理,被媒体解读为"不是你撞的,为什么要去扶?"该案最终在二审前以双方庭外和解结案,被告彭宇也在多年后承认,当年确实和老太太发生了相撞。①

最高法民一庭负责人在2014年回答记者提问时曾表示:"从一审的证据看,彭宇确实与原告发生了碰撞,一审判决在证据评价和事实认定上并无错误,在审理结果上也并无不当,但为何会引起争论?一个重要的原因就是一审判决没有正确理解和运用生活经验推理。""运用日常生活经验进行推理、作出判断,一是一定要结合既有证据全面综合考量,二是在裁判过程中要注意与社会的善良风

---

① 参见舒锐:《十年前彭宇案的真相是什么?》,载《平顶山晚报》2017年6月16日第A02版。

俗结合起来。"①

在司法实践中,生活经验固然重要,但不应成为推理的全部,司法离不开既有的证据,无论何时都不宜先入为主。

四、类比推理

类比推理,即"类推""类比",是根据两个对象在某些属性上相同或相似,通过比较而推断出它们在其他属性上也相同或相似的推理过程。类推是一种从特殊到特殊的推理。

在英美法系的判例法制度下,其司法的核心是"遵循先例",而类比推理就是支撑判例制度的基石,是英美法系法律推理的中心。② 但英美法系并非只有先例,事实上随着大陆法系与英美法系的逐步融合,英美法系国家也出现了大量的成文法。在成文法有具体规定的情况下,英美法系国家仍旧使用演绎推理,只有在遇到新的事物、没有既定的规则可以参照执行时,才会使用类比推理解决疑难案件。法律一经制定和颁行,便已落后于时代,因此才需要类比推理等规则以填补法律的漏洞。

在我国司法实践中,类比推理更多地体现于案例指导制度。自 2011 年起,最高法陆续发布了多批指导性案例,在"抽象到具体"的法律适用过程中,增加了一个"具体到具体"的参照。③ 构建案例指导制度的目的是要在现有的制定法的法律体制下,借鉴判例法制度中对我们有用的和有益的东西,以弥补制定法的不足,从而形成统一司法尺度,准确适用法律,做到"同案同判"。

【思考问题】

不同推理方法有何优劣?如何在司法实践中综合运用好各种推理方法?

---

① 参见靳昊:《"胜得茫然、输得糊涂",裁判文书如何以理服人》,人民法院网,2018 年 7 月 15 日,https://www.chinacourt.org/article/detail/2018/07/id/3393348.shtml,2021 年 2 月 18 日访问。

② 参见左卫燕:《英美法中的类比推理》,西南政法大学 2006 年硕士学位论文,第 3 页。

③ 参见《人民法院报》评论员:《充分发挥案例指导制度的作用》,载《人民法院报》2011 年 12 月 21 日第 1 版。

第二节 要件审判九步法

一、邹碧华法官与《要件审判九步法》

邹碧华法官生前系上海市高级人民法院副院长,投身司法事业26年。2014年12月,他突发心脏病经抢救无效因公殉职,终年47岁。习近平主席对邹碧华同志先进事迹作出重要批示:"他崇法尚德,践行党的宗旨、捍卫公平正义,特别是在司法改革中,敢啃硬骨头,甘当'燃灯者',生动诠释了一名共产党员对党和人民事业的忠诚。"①2018年12月18日,党中央、国务院授予邹碧华法官"改革先锋"称号。

作为一名学者型法官,邹碧华将其审判经验和思想精华浓缩于《要件审判九步法》一书中,该书对于法律工作者培养正确的法律思维方法和提升法律适用能力具有很大的启发意义,对于律师办案、法官审案都具有很强的实际操作指引作用。

作为法官,邹碧华也一直思考应当如何对待律师。他有一个"法律职业共同体"的梦,认为律师对法官的尊重程度,体现了一个国家的法治发达程度;法官对律师的尊重程度,体现了一个国家的司法公正程度。2010年1月,邹碧华任上海市长宁区法院院长,为促进法官和律师在执业活动中良性互动,主持出台并实施《法官尊重律师十条意见》,提出庭审中法官不得随意打断律师发言、为律师预留车位、提供休息区、提供复印设施等意见。2014年12月9日11时45分,邹碧华法官在其朋友圈写下最后一条感言:"希望让律师的执业环境越来越好。"新冠病毒感染疫情期间律师广泛使用的上海律师诉讼服务平台,便是邹碧华法官担任上海市高院副院长期间积极推动建设的,这一平台真正提升了律师执业的便

---

① 参见《习近平对邹碧华同志先进事迹作出重要批示》,中央政府门户网站,2015年3月2日,https://www.gov.cn/govweb/xinwen/2015-03/02/content_2824060.htm,2021年2月18日访问。

利度和幸福感,并能通过律师传递到每一个当事人,维护当事人的诉讼权利。

二、要件审判九步法的逻辑框架[①]

要件审判九步法,是在要件分析方法的基础上形成的一套操作方法。它是以权利请求为出发点、以实体法律规范构成要件分析为基本手段的审判方法。围绕当事人的权利请求基础,将审判活动划分为环环相扣的九个步骤,分别是:固定权利请求、确定权利请求基础规范、确定抗辩权基础规范、基础规范构成要件分析、诉讼主体的检索、争点整理、要件事实证明、事实认定、要件归入并作出裁判。该方法着眼于提高法官的逻辑思维能力和法律适用能力,对法官审理案件和制作裁判文书具有很好的指导意义。

要件审判九步法以确定当事人主张的法律关系为核心,从固定诉讼请求、法律关系到寻找并确定请求权基础和抗辩权基础,再到固定当事人争议焦点、分配证明责任,直至根据实体法律规范的构成要件进行逻辑分析并最终作出裁判,审理思路完整、清晰。其特点是以请求权和抗辩权基础作为法律适用的基本出发点,以要件事实作为审判的基本元素,以简明具体的操作步骤作为抽象审判思路的基本载体,在程序法和实体法之间建立连接点,在纠纷事实与法律规范构成要件之间建立连接点,在法官诉讼指挥权与当事人处分权之间建立连接点。

第三节 律师接案时的注意事项

在法律职业共同体之内的法官、检察官和律师之间,可以用彼此都非常熟悉的法律语言进行高效率的沟通。但面对形形色色的当事人时,律师往往需要跳出法律的语境,从当事人对生活事实口语化的叙述中提炼出与案情有关的信息,并协助当事人将生活事实梳理成法律事实,再从中寻找出可以被支持的诉讼请求或抗辩理由。

[①] 参见邹碧华:《要件审判九步法》,法律出版社2010年版,第26—28页。

一、用心倾听，在故事中找到请求权基础

律师面对的当事人处于不同领域，在年龄、收入、教育水平和收入水平上会有非常大的差异，这些差异往往会造成当事人在表达能力上的差异。做 IPO 的非诉讼律师可能很难理解做法律援助的诉讼律师与当事人的沟通有多困难。那些表达能力差的当事人，往往很难用一两句话说清楚自己的想法，而且由于法律知识的匮乏，他们说出来的内容和内心的真实意思可能并不一致。对此，律师必须付出足够的耐心，听当事人把话说完，进而引导其将案情讲清楚。

对于审理案件的法官而言，第一步必须搞清楚当事人究竟想达到什么样的目的，实现什么样的权利。① 对律师而言，亦是如此。从法官的角度，这一步是明确请求权基础；从律师的角度，这一步是帮助当事人从生活事实中厘清请求权基础，明确诉的类型。

诉的类型，根据当事人诉讼请求的目的和内容不同，可分为确认之诉、给付之诉、形成之诉。确认之诉，是指当事人要求法院认定某种法律关系存在或不存在。给付之诉，是指一方当事人要求另一方当事人履行一定的民事实体义务的诉，包括作为和不作为。形成之诉，是指通过判决使法律关系发生变动的诉，通常与形成权关系密切。

从案件的最终效果上来看，由于确认之诉没有具体的给付内容，所以不具有执行性，即无法由法院强制执行。形成之诉也不具有执行力，因为经过法院判决，双方的法律关系即发生变动，不需要进行强制执行。例如，甲认为其在乙胁迫下签订的借款协议无效，因此起诉乙，要求撤销借款协议。甲提起的诉就是形成之诉，若法院支持甲的诉讼请求，则借款协议即被撤销，不再需要强制执行。而给付之诉具有执行性，且通常包括确认之诉或形成之诉的内容。例如，甲起诉乙，要求乙返还借款本金及利息，那么甲提起的给付之诉中即包含请求确认甲对乙存在借款（债权）的确认之诉的内容。可以说，就执行效果而言，确认之诉与形成之诉都是给付之诉的铺垫。

厘清了诉的三种类型和实际产生的最终效果后，律师在为当事人梳理诉讼

---

① 参见邹碧华：《要件审判九步法》，法律出版社 2010 年版，第 55 页。

请求时,应当尽可能选择给付之诉,避免造成当事人不必要的诉累。如上述甲受乙胁迫签订借款协议的案例中,如果甲受胁迫签订借款协议后并未实际履行该协议,那么对于甲而言,提出撤销该协议的形成之诉就可以达到目的;但如果甲已经履行该协议,如已向乙支付了一定的利息,那么甲在提出撤销该协议的同时还要请求乙返还已经支付的利息。

民法的权利体系中,包括本权利、请求权、形成权、抗辩权四个大类,其中又分为多个小类。本权利,是民法上的基本权利,包括人格权、财产权、身份权等,如果对本权利产生争议,可以通过确认之诉来解决。例如,甲起诉乙侵犯了其专利权,而乙起诉甲要求确认涉案专利权系乙的权利,那么乙提起的就是确认之诉。请求权,是请求他人作为或不作为的权利。请求权的类型颇多,不同学者也有不同的分类方法,请求权主要包括物权请求权、合同请求权、准合同请求权、侵权责任请求权、身份法上的请求权、不作为请求权等几个大类。依据请求权提起的诉讼,即为给付之诉。形成权,是依据权利人单方意思表示即可设定、变更或消灭法律关系的权利。部分形成权不需要诉讼即可行使,如法定代理人对限制民事行为能力人超越其行为能力所订立的合同加以承认的追认权;部分形成权必须通过诉讼来行使,如前文举例的甲受乙胁迫所签订的借款协议,甲的撤销权必须通过诉讼来行使。抗辩权,是妨碍他人行使其权利的对抗权,尤其是指拒绝请求权人行使请求权的权利。

请求权基础,就是在给付之诉中据以支持当事人主张的法律规范。根据王泽鉴教授的理论,请求权关系的基本模式为"谁得向谁,依据何种法律规范,有所主张"。通俗地说,请求权基础就是原告提出某种诉讼主张的法律依据。

当事人向律师讲述的可能是非常复杂的案情,律师首先要做的事情就是从中找到请求权基础。例如,2022年6月,某超市夏季换季大促销,当事人购买了一个充电热水袋,价格为15元。因为天气渐热,所以当事人买回家后连包装都未拆开就直接放进了储物间。入冬后,当事人将该充电热水袋拿出来给年幼的孩子使用,使用过程中热水袋突然爆炸,致使孩子身体大面积烫伤,且留下了严重的后遗症。事后发现爆炸是由于热水袋存在质量问题,因此当事人要求赔偿其各项损失等共计1000万元人民币。当然,这是简化了的案情,在与当事人的初次交流中,当事人可能花大量的篇幅描述孩子现在的状况、全家人求医问药的艰辛、家长对孩子的愧疚等。在这样的案例中,当事人要求赔偿,律师首先应当考虑的是,向谁主张赔偿,主张赔偿的依据是什么,可以主张的赔偿项目和金额是多少等问题。在本案中,由于充电热水袋存在质量问题,属于侵权责任中的产品责任,因此当事人可以向生产厂商或超市主张赔偿,依据是《民法典》第1202条①、第1203条②。此外,当事人与超市构成买卖合同关系,因此也可以向超市主张因违约产生的损害赔偿请求权,依据是《民法典》第577条③。此时,侵权之诉与违约之诉就发生了请求权竞合,对于当事人而言,只能择一行使。

不同的请求权具有不同的内容,在权利内容、构成要件、举证责任、诉讼时效等方面都会有所不同。④ 这就需要律师为当事人分析利弊,选择最佳的请求权基础。

二、权衡利弊,选择最佳诉讼方案

很多时候,尽管请求权是竞合的,表面上看来选择任一请求权基础都可以实现原告的诉讼请求,但是综合考虑举证难度、诉讼时效、判决支持的项目与金额等多种因素后,则会发现不同路径各有优劣。

例如,在前述热水袋爆炸案件中,如果当事人已经遗失了购物时的小票,则很难证明存在质量问题的热水袋与该超市之间存在任何联系,因此只能依据产品责任方面的规定,向生产厂商主张侵权责任之诉。又或者,当事人购买的热水袋已经正常使用了三年甚至五年,那么依据合同向超市提起违约之诉已经超过

---

① 《民法典》第1202条:"因产品存在缺陷造成他人损害,生产者应当承担侵权责任。"

② 《民法典》第1203条:"因产品存在缺陷造成他人损害,被侵权人可以向产品的生产者请求赔偿,也可以向产品的销售者请求赔偿。产品缺陷由生产者造成的,销售者赔偿后,有权向生产者追偿。因销售者的过错使产品存在缺陷的,生产者赔偿后,有权向销售者追偿。"

③ 《民法典》第577条:"当事人一方不履行合同义务或者履行合同义务不符合约定的,应当承担继续履行、采取补救措施或者赔偿损失等违约责任。"

④ 参见邹碧华:《要件审判九步法》,法律出版社2010年版,第63页。

了诉讼时效,只能转向侵权之诉。

再举一个例子,在劳动争议案件中,如果单位违法解除劳动合同,则员工可以选择要求恢复劳动关系,也可以选择要求单位支付赔偿金,但是二者只能择一,不可兼得。如果员工选择恢复劳动关系,那么尽管员工仲裁、诉讼期间没有提供劳动,单位也应当支付其基本工资。实践中,选择恢复劳动关系的,大部分员工之后都难以忍受单位的各种苛刻要求和复杂的人际关系,极有可能主动辞职。假设甲在乙公司已经连续工作八年,近12个月平均工资为1.5万元,那么乙公司违法解除劳动合同的赔偿金是 $1.5*8*2=24$ 万元。仲裁的审限为60天,假设乙公司的违法解除劳动合同是无可辩驳的,那么理性的乙公司大概率会接受仲裁结果,不会向法院提起诉讼,这样甲在约2个月的仲裁期限内不必提供劳动,却可以拿到基本工资共3万元。在这种情况下,甲选择要求乙公司支付赔偿金会是更好的方案。但是,如果甲在乙公司的工龄刚满4个月,而且其基本工资仅仅是最低工资标准2480元,那么乙公司违法解除劳动合同的赔偿金是 $2480*0.5*2=2480$ 元。在这种情况下,甲在恢复劳动关系后立即辞职则可以拿到2个月工资4960元,而如果乙公司不服劳动仲裁去法院提起诉讼,则可能面临额外的6个月审限,因此甲主张恢复劳动关系无疑是更优选择。

在涉及工伤待遇的违法解除劳动合同案件中,是选择赔偿金还是主张恢复劳动关系,还要考虑工伤待遇的因素。如果甲在发生工伤事故后乙公司立即违法解除劳动合同,此时不仅要考虑法律程序的耗时和甲的工龄、基本工资等因素,还要考虑工伤的治疗周期、可能构成的伤残级别、甲的年龄以及就业补助金、医疗补助金可能逐年递增等因素。例如,甲为上海市某公司员工,经预估可能构成十级工伤,治疗周期两年,2020年发生工伤事故后甲立即被单位开除,那么如果甲选择违法解除劳动合同赔偿金,就业补助金、医疗补助金的计算基数要按照离职当年的上一年度本市职工平均工资(9580元)计算,两笔费用的总金额是 $9580*3*2=57480$ 元。如果甲选择恢复劳动关系,甲即便在工伤康复后自己主动辞职,其就业补助金、医疗补助金的金额也会随着本市职工平均工资的上涨而大幅上涨,获得的补偿金极有可能远高于57480元。再结合停工留薪期的工资待遇,显然甲选择恢复劳动关系是更优方案。但如果甲受伤且被辞退时距离退休年龄不足1年,待治疗终结时已经超过退休年龄,甲将无法享受就业补助金、医疗补助金,恢复劳动关系对甲而言可能就不是最佳选择。如果甲选择违法解除劳动合同赔偿金,则同时还能拿到20%的就业补助金、医疗补助金。

除了上述因素外,律师还应当为当事人考虑诉讼费的风险,为当事人排除一些明显不会得到仲裁机构、法院支持的诉讼请求,包括明显荒谬、不合理或错误的诉讼请求。

例如,在前述热水袋爆炸的侵权之诉中,当事人认为爆炸给自己年幼的孩子留下影响终身的后遗症并造成极大的精神损害,因此提出精神损害赔偿金500万元。尽管该精神损害赔偿金是有明确的请求权基础的,但当事人提出500万元的金额在我国现行的法律体系下属于明显不合理的请求,难以得到法院的支持。同时,500万元的标的额会使当事人面临高昂的诉讼费。因此,律师应当劝导当事人理性维权,避免不必要的损失。

三、追问相关问题,挖掘更多诉讼请求

当事人对于法律并不熟悉,往往只会告诉律师他个人认为最重要的生活事实,如果律师缺乏能动性,只根据当事人自己的说辞来整理诉讼请求,往往会遗漏其他可以得到支持的诉讼请求,导致当事人日后需要重复起诉,增加讼累。因此,律师应当尽可能地发散思维,追问当事人一些相关的问题。

例如,在前述热水袋爆炸案中,如果受伤的当事人是一个青壮年,他可能主张医疗费、误工费、精神损害赔偿金等,那么律师应当追问他是否做过伤残鉴定,因为经鉴定构成伤残的,还可以主张残疾赔偿金、营养费、护理费等。如果当事人因此死亡的,家属可能只会想到医疗费、丧葬费、死亡赔偿金、精神损害赔偿金等,律师可以再追问一下,当事人是否有未成年子女及60周岁以上的父母,如果有,还可以主张被抚(赡)养人生活费等。

这种情况在劳动争议中尤为普遍。一个在生产线上工作的劳动者,曾经发生过工伤,离职时单位不愿意支付其就业补助金,因而寻求律师的帮助。作为劳动者,可能只会考虑工伤待遇的问题,但是作为律师应当追问:是否签订了劳动合同(可能存在双倍工资差额),是否约定了试用期以及试用期长度(可能存在违

法约定试用期的赔偿金），每天工作几个小时（可能存在加班费），离职原因是什么（可能存在补偿金或赔偿金），单位是否发放高温费，等等。

孟某于2019年出借19万元给黄某，约定2019年年底前还本付息。后黄某逾期未归还，且为躲债前往外地，至今未归。后孟某打听到，黄某在2019年时沉迷赌博，向数十人借款逾百万元，其配偶陈某不堪其扰，双方已于2020年离婚，且黄某"净身出户"，将其唯一的共有房产份额全部无偿转让给陈某，现黄某名下无任何可供执行的财产。假设你是孟某的律师，请为其设计诉讼方案，确保孟某的债权可以实现。

第四节 庭审前的准备工作

一、起诉前的准备

对于民商事案件，在完成首次接待工作后，作为原告律师，应尽快整理当事人提供的证据材料，起草起诉状和证据目录；作为被告律师，应尽快分析原告的起诉状和证据，并结合被告提供的证据材料，寻找抗辩理由和依据。下文以律师代理原告为例进行分析。

首先，应当明确案由。在接待客户过程中，律师往往会为当事人分析请求权基础甚至制订最佳的诉讼方案，那么在起草诉状之前应当明确案由。案由在大类上一般是显而易见的，如是物权纠纷还是合同纠纷等。但是，具体案由往往要通过查询司法解释等方可确定。例如，随着《民法典》的颁布与实施，最高法于2020年12月29日印发《最高人民法院关于修改〈民事案件案由规定〉的决定》，以使现行的案由体系与《民法典》保持一致。

其次，应尽可能找到与案件相关的所有法律基础规范，包括司法解释。尽管起诉状中不必列明相关的法律基础规范，但是作为代理律师，应当做到心中有数,一方面是因为诉讼请求中的每一个字都要有准确的法律依据,另一方面是为了在庭审中能够从容应对法官的各种提问。尤其是在《民法典》实施后,很多法律基础规范看似与被废止的法律差不多,但在实际的适用条件上有时存在很大的区别。例如,一起离婚时财产分割的案件,女方做了五年家庭主妇,离婚时在财产分割上要求男方给予5万元的家务补偿费。已废止的《婚姻法》第40条规定:"夫妻书面约定婚姻关系存续期间所得的财产归各自所有,一方因抚育子女、照料老人、协助另一方工作等付出较多义务的,离婚时有权向另一方请求补偿,另一方应当予以补偿。"据此,只有夫妻在婚姻关系存续期间内书面约定了分别财产制的,才能在离婚时请求家务补偿费。而《民法典》第1088条规定:"夫妻一方因抚育子女、照料老年人、协助另一方工作等负担较多义务的,离婚时有权向另一方请求补偿,另一方应当给予补偿。具体办法由双方协议;协议不成的,由人民法院判决。"对比已废止的《婚姻法》,《民法典》将家务补偿费的条件放宽,不再将前提条件限制为夫妻书面约定分别财产制,大大增加了家务补偿费的适用范围。

最后,起诉状的撰写。具体来说,起诉状应当做到如下几个方面:

1. 当事人准确不遗漏

"准确"和"不遗漏"是两个维度的要求。"准确",一方面是要求当事人的身份信息准确,另一方面是诉讼地位准确。"不遗漏",要求将所有适格的原、被告都列为本案件当事人。需要注意的是,有些当事人提供的地址信息来自身份证复印件,但当事人迁移户籍后,其身份证上的户籍地址并不会随之立即变更,因此在起诉时律师应当通过公安部门调取最新的当事人地址信息。在诉讼地位准确问题上,容易发生的错误是将被告和第三人混淆。例如,在一起债权人撤销权纠纷中,甲此前起诉乙民间借贷并胜诉,法院判决支持乙归还甲借款本金20万元等。在执行过程中,甲发现乙本人名下没有可供执行的财产,但乙在债务发生后与其配偶丙离婚,并约定夫妻共同所有的房产全部给丙,且丙未向乙支付房屋折价款,因此甲认为乙、丙的离婚协议侵害了其作为债权人的利益,遂起诉要求撤销乙、丙离婚协议中关于房产分割的约定。那么,甲起诉时如何确定乙、丙的诉讼地位？此时，乙应当是被告，丙应当是第三人。[①] 又如，在原、被告人数较多的诸如法定继承等案件中，非常容易遗漏相关的当事人。对于此类案件，律师除了要听取当事人的陈述外，还应当亲自调取证据，穷尽所有的适格原、被告。

2. 诉讼请求清晰、有依据

对于诉讼请求，律师要做到每一个请求事项都明确具体。涉及财产的，应当有清晰的计算方式。例如，民间借贷纠纷在起诉时会涉及本金与利息两个项目，起诉状应当将其分开列为两项诉讼请求，其中利息的表述应为"请求法院判令被告支付原告借款利息暂计人民币 X 元"（以人民币 X 元为本金，按照年利率 X 计算，自 X 年 X 月 X 日起暂计至 X 年 X 月 X 日）。为方便法院计算诉讼费，起诉状还应写明几项诉讼请求的总金额。需要强调的是，诉讼费由谁负担是法院依据案件审理结果决定的，原告在起诉时只是预交诉讼费，因此诉讼费并不是一项诉讼请求，不应出现在请求事项中。

3. 事实与理由简明扼要

事实与理由是对诉讼请求的支撑，主要分为三个部分：（1）原、被告之间的关系，如各方是亲戚、朋友或合作伙伴关系。（2）涉诉事件的发生经过，包括时间、地点、起因、经过、结果等要素。其中，时间可用于确定诉讼时效，地点可用于确定管辖权，起因、经过、结果等与诉讼请求成立与否休戚相关。例如，在民间借贷案件中，双方因何原因发生借贷关系就非常重要。如果是原告要求被告向原告借款，则可能涉及"套路贷"等涉黑涉恶案件。但如果被告出于生产经营或家庭生活等原因主动向原告借款，则属于合法的借贷关系。又如，在民间借贷案件中，原告以何种方式出借本金非常重要：如果是银行转账，则结合借条原件基本可以确认本金已出借；如果是现金方式出借本金，除非有其他证据能够互相印证并形成完整的证据链，否则即便有借条原件，原告也很难得到支持。（3）释明原告提出上述诉讼请求的法律规范。

4. 分类整理证据并撰写证据目录

证据应当根据其证明的内容进行分组，如证明双方基础法律关系的证据、证

[①] 参见人民法院出版社编著：《最高人民法院民事案件案由适用要点与请求权规范指引（上）》，人民法院出版社2019年版，第180页。

明涉诉事件发生经过的证据、证明对方未履行相关法律义务的证据等。证据目录也应当根据证据的分组情况来撰写并编号。在形式上,证据目录可以采用表格形式,也可以不采用表格形式,只要做到证据编号及名称清晰、证明内容准确即可。在原告首次提交证据时,由于还未分配法院案号,可以以"某某诉某某XXX纠纷一案"来标注案件,后续提交的证据都应标注案号,方便法官审阅涉诉材料。

二、开庭前的准备

对于民商事案件,在正式开庭前,律师应当做好如下准备工作:

1. 针对对方已经提交的材料,准备初步质证意见和答辩

代理被告的,律师在接受委托时往往已经能看到原告的证据材料。代理原告的,部分被告也会在庭前举证,律师在接受委托时也能看收到对方的相关证据材料。接受委托后,律师应当第一时间查阅全部案件材料,对于证据的真实性、合法性、关联性问题,应当先听取当事人的意见,然后结合自己的专业知识和经验拟定初步的质证意见。

对于原告起诉状中的事实与理由、被告庭前提交的书面答辩状,律师也应当第一时间听取当事人的意见,尤其是对于案件事实的阐述,当事人是亲历者,其说辞理应是最准确的。听取当事人的意见后,律师应结合在案证据,提炼出法律事实,并预判本案中的争议焦点,针对争议焦点形成初步的书面意见。

2. 如有必要,可以追加诉讼请求或提起反诉

在结合对方提交的材料梳理案件事实的过程中,律师可能发现遗漏的诉讼请求或者存在可以提出反诉的情况。对此,律师应当及时征求当事人的意见,以便追加诉讼请求或提起反诉。

3. 确认当事人是否到庭,提醒相关注意事项

尽管律师在庭审前已经对当事人进行了细致的询问,应当已经全面掌握了相关事实,但有时难免会有遗漏之处。庭审中,法官在法庭调查环节会询问大量的案件细节,当事人到庭的,可以由当事人本人回答事实问题;如果当事人未到庭,律师此前未能掌握相关事实的,只能庭审后核实并提交书面意见。但是,如

果大量的事实问题都需要庭审后核实,则可能影响庭审的效率,同时也会给法官留下负面的印象。

此外,部分案件中法官会要求原告本人也必须到庭,以便查明事实。例如,在民间借贷案件庭审中,法官需要向原告本人询问诸如为何出借资金、借条在哪里签订、借条如何形成、本金如何出借等细节问题,这些问题不得由律师代为回答。

因此,在庭审前,律师除了确认当事人本人是否到庭外,还要提醒当事人回忆相关的事实经过,尤其是一些细节问题。另外,律师还要提醒当事人携带身份证原件,适当提前安检。另外,律师还要提醒当事人携带自行保管的证据原件。如当事人无法出庭,律师需提前与当事人沟通证据原件的交接事宜。

关于提醒相关事项的时间节点问题,一般建议在庭审前2周左右提醒一次,以便当事人提前安排工作、预留开庭时间;在庭审前1—2天再提醒一次,确保当事人准时出庭、带齐材料。

第五节 庭审中及庭审后的注意事项

一、准确把握双方争议焦点

在大部分案件的审理中,法官会准确地归纳出双方的争议焦点,但不排除少部分法官并没有归纳争议焦点的习惯,而是任由双方在辩论环节自由发挥。此时,律师应当准确地归纳争议焦点,有针对性地发表辩论意见,做到有的放矢。

争议焦点,就是双方当事人存在争议的具体事项,通常包括法律和事实两个方面。庭审中,双方都未必会全盘否认所有的事项,其中对方自认的事项属于双方共同认可的事项,无须再进行争辩,而争议焦点必然是一方不认可的事项。在庭前准备过程中,律师已经按照三段论推理的思路整理出请求权基础或抗辩权基础,因此在庭审中律师要审查对方出示的证据是否符合其请求权基础或抗辩权基础的各项构成要件,不符合的部分极有可能就是本案的争议焦点。也就是说,争议焦点的基本元素应当是相关法律规范的构成要件。①

二、诚实信用,律师的行为准则

诚实信用原则被称为民法领域的"帝王条款"。作为律师,也应当将诚实信用作为自己的行为准则。

在庭审活动中,经常会出现一些突发情况,对此律师要谨言慎行。一种是当事人未出庭,而对于法官询问的案件事实情况,律师在庭前并未向当事人核实清楚的。另一种是在质证环节中,对方出示的证据形式上存在瑕疵,但客观上是真实的。

例如,在一起劳动争议案件审理中,原告(用人单位)一方只有代理律师出庭,而被告(劳动者)本人到庭。在仲裁阶段,劳动者认为单位违法解除劳动关系,要求用人单位支付违法解除的赔偿金,仲裁庭支持了其请求。在诉讼阶段,用人单位主张其系合法解除劳动关系,解除的理由是劳动者旷工三次以上,符合劳动合同中约定解除劳动关系的条件。证据方面,用人单位出示了劳动者的考勤记录,显示其确实有三次以上考勤地点异常。对此,劳动者解释其平时的办公地点在 A 地,但该单位在 B 地亦有办公室,考勤地点异常的原因是被上级派往 B 地办公室完成工作任务。此时,法官定会询问用人单位在 B 地是否有办公室。作为用人单位代理律师,庭前可能未能核实这一情况,如果当庭否认,则劳动者极有可能已经无法当庭提供该单位在 B 地有办公室的证据,大概率不会立即被法官发现客观的事实真相。但如果劳动者庭审后提交证据证明用人单位在 B 地确有办公室呢?则法官必然留下用人单位不诚信的主观印象,进而可能影响其对本案其他事实的自由心证。因此,代理律师最佳的回应应当是庭审后向当事人核实,并提交书面的情况说明。

又如,在民间借贷案件中,假设原告手中只有最为关键的证据——借条的复印件,而被告持有原件。那么,明知原件在被告处的被告律师应当如何质证?能直接否认该证据的真实性吗?如果直接否认真实性,从质证的规则来看似乎并没有错,但是明显违反了诚实信用原则。同时,即使被告能够因此胜诉,将来也

---

① 参见邹碧华:《要件审判九步法》,法律出版社 2010 年版,第 124 页。

存在原告找到其他证据从而翻案的可能性。此时,被告律师可以回答:该书证系复印件,不符合证据的形式要求,法庭不应采纳该证据作为判案依据。

三、庭审后及时补充证据及相关信息

庭审中,律师经常会由于对方的举证或辩论而发现我方需要补正的证据或信息。有些证据或信息是法官主动要求我方在庭审后几天内提交的,有些则是法官未主动要求,但如果提交将有利于我方的。

对于法官在庭审中主动要求我方提交的证据或信息,律师应当准确记录该要求的具体内容及时限,并在庭审后及时提交。对于法官未主动要求我方提交的证据或信息,无论是否超过举证期限,律师都应当积极地提交。因为对于大部分法官而言,查明真相是第一要务,如果证据对于查明案件真相是必要的,那么法官往往会适当宽限举证期限。

四、梳理庭审过程,提交书面代理词

庭审结束后,律师应当及时梳理庭审过程,一方面要向当事人汇报案件情况,另一方面要梳理在辩论环节是否遗漏应强调的事项。

对于大部分稍显复杂的案件而言,庭审中短暂的辩论环节不足以使法官形成心证,而书记员制作的庭审笔录又很有可能过于精炼,从而简化了代理律师的说理部分。因此,律师庭审后提交书面代理词就显得尤为必要。

书面代理词一般应当在庭审后三至五个工作日内提交,尤其是开庭时审限将至的案件,律师更应尽快提交,避免法官在写完判决书后才收到书面代理词。

就内容而言,书面代理词可以适当总结庭审中的争议焦点,并针对双方举证内容分析其是否符合基础规范的构成要件,从而得出有利于我方的结论。

另外,法不外乎人情。对于涉及身份关系的案件而言,除了理性的说理外,书面代理词中亦可适当包含感性的人情世故,有助于法官对于客观事实有更全面的了解,以作出尽量平衡双方利益的判决。

案例分析实训

本章第三节"案例分析实训"的案例中,经过民间借贷诉讼后,孟某胜诉,但黄某名下无可供执行的财产,故终结本次执行。孟某另行提起撤销权之诉,起诉陈某,要求撤销黄某在离婚时将房产份额无偿转让给陈某的行为。庭审中,陈某举证证明,陈某与黄某离婚时,黄某的房产份额市值约30万元,根据离婚协议,黄某并非"净身出户",其房产份额作价20万元,其中10万元陈某以现金形式给付黄某,另陈某在离婚前曾替黄某归还10万元给其他案外人,在离婚时进行抵扣。假设陈某对黄某赌博、借贷的行为知情,请根据庭审中陈某的举证情况,撰写一份庭审后提交的代理词。

第七章

以检察官思维思考刑事案件

> **本章概要**
>
> 随着以审判为中心的诉讼制度改革的大力推进,检察官作为国家公诉人在刑事诉讼活动中具有更加举足轻重的作用。检察机关既作为国家公权力的行使者参与庭审,同时也作为法律实施的监督者监督司法活动的公平公正运行。检察官思维具体包含程序规范、人权保障、公平公正等诸多内涵,既是经验思维,也是对话思维,更是一种批判性思维,对检察官办理刑事案件具有深远影响。虽然律师和检察官都是法律职业共同体成员,但是作为刑事诉讼的控辩双方,在面对同一个案件时双方思考案件的出发点、逻辑推演以及思维模式却存在差异与趋同。律师在办理刑事案件的各个阶段都要学会灵活运用检察官的思维方式去思考刑事案件,做到知己知彼,百战不殆。

> **学习目标**
>
> 通过本章学习,同学们应了解检察官处理刑事案件的思维方式,掌握其与律师在分析、处理刑事案件中的异同,从中认识到律师处理刑事案件过程中需要具备的思维方式,并从律师角度出发,除以其自身思维方式思考刑事案件外,还应熟悉、借鉴检察官的思维方式。

第七章 以检察官思维思考刑事案件

第一节 检察官思维概述

一、什么是检察官思维

（一）法治思维的概念

在了解检察官处理刑事案件的思维方式之前，我们首先需要了解作为法律人共同思维模式的法治思维。

所谓思维，是从社会实践中产生的人类特有的一种精神活动，是人们在表象、概念的基础上进行分析、判断、推理等认识活动的过程。法治思维又叫"法律思维"，是指执法者在法治理念的基础上，运用法律规范、法律原则、法律精神和法律逻辑对所遇到或所要处理的问题进行分析、判断、推理和形成结论的思维认识活动。[1] 法治思维作为我国法治建设的顶层设计，是我国实现依法治国的具体步骤和方法，也为我国法治发展指明道路和方向。古希腊著名哲学家亚里士多德认为，法治应当包含两重含义："已成立的法律获得普遍的服从，而大家所服从的法律又应该本身是制定得良好的法律。"由此可见，法治相较于人治，重视法和制度的作用甚于重视用人（选贤任能）的作用；重视规则的作用甚于重视道德教化的作用；重视普遍性、原则性甚于重视个别性和特殊性；重视稳定性、可预期性甚于重视变动性和灵活性。也许我们现在无法对法治的概念形成统一的理解和认识，但是尊崇法律、遵循规则程序、限制国家公权力、保障公民自由人权、维护社会公平正义等价值与元素已构成法治的基本特点和内涵。[2]

法治思维作为一种思维方式，有别于追求效益最大化的经济思维，有别于以追求善恶美丑为核心的道德思维，也有别于以追求国家安宁、政权稳定为中心的政治思维。法治思维是一种以法治理念、法治精神为指导的思维模式，是以法治

---

[1] 参见温辉：《法治与法治思维——兼谈检察官的法治思维》，载《中国检察官》2014年第13期。

[2] 参见孙应征、罗永鑫：《检察官应具备的法治思维》，载《人民检察》2013年第16期。

价值为最终实现目标的思维模式,是运用与法律相关的规则认识、分析、判断进而解决问题的思维模式。① 无论是从法的形式性、合法性还是法的适用性上,法治思维都首先要遵从普遍性、一致性和确定性等法治精髓和要素,其次是在方法论上运用法律规则进行判断分析,最后是力求实现公平、正义等法治价值。

(二)检察官思维的基本内涵

检察官职业是伴随着法律制度的精密化、法律运用中的内部分工和法律职业角色的分化而逐渐形成的。尽管我国检察官与律师、法官一样,都属于法律职业共同体成员,通晓法律知识、法律技能且以法律运用为主要工作内容。但是,基于我国《宪法》和《检察官法》的明确规定,在我国检察官代表国家参与诉讼,是国家法律监督者;检察官应当以推进法治建设为己任,在国家公诉、公益诉讼、法律监督等过程中运用法治思维和方式,履行宪法和法律赋予的职责。因此,检察官作为刑事案件公诉人,需要具备与律师、法官不同的法律思维。在司法实践中,演绎思维是检察官用于解决具体案件的最重要思维方式。演绎思维的推理过程也就是常见的三段论的推理方式,包括:大前提——陈述一个概括性表述;小前提——陈述一个特殊表述或者具体表述;结论——得出法律适用的最终结果。三段论的运用需要有法律规范明确以及案件事实清楚这两个必要条件。但是,从大前提和小前提出发的演绎是以大小前提都明确无疑问为要件的,而在实践中,一方面,刑事案件本身就是一个待证问题,需要有充分的证据才能查清案件的基本事实。另一方面,我国虽然是成文法国家,但是实践中仍然需要一个"找"法的过程,所以仅仅一个演绎思维难以承受法治思维之"重",②检察官还需要具备以下法治思维。

1. 程序规范思维

检察官是法律的直接执行者,是国家法律统一、正确实施的监督者,所以必须坚持有法可依,有法必依。恪守法律,不仅要遵守实体法规范,同时也要遵守程序性规范。正当程序原则是法治精神的基本要求之一,也是《刑事诉讼法》修

---

① 参见孙应征、罗永鑫:《检察官应具备的法治思维》,载《人民检察》2013年第16期。
② 参见温辉:《法治与法治思维——兼谈检察官的法治思维》,载《中国检察官》2014年第13期。

正的突出亮点。当权力与权利之间形成制约成为共识后,程序正义开始被广泛接受。一方面,检察官要坚决纠正重实体、轻程序的错误观念,做到程序与实体并重。"法无授权即禁止",这是历来对于公权力制约的最好诠释。检察官在自身执法办案过程中对每一个环节都要严格遵守程序性规范,遵守诉讼程序法中侦查权、批捕权、公诉权和法律监督权行使的各项规定,规范检察权的行使。另一方面,检察官应对违反程序的行为承担一定的法律后果,这是程序正义的必然要求。根据2012年修正的《刑事诉讼法》第115条,对于司法机关及其工作人员侵犯当事人和辩护人、诉讼代理人、利害关系人合法权益的行为,当事人、辩护人、诉讼代理人具有提出控告、申诉的权利。承担程序违法的不利后果,也是检察官需要遵守程序性规范思维的应有之意。

2. 人权保障思维

如前文所述,尊重和保障人权是我国《刑事诉讼法》的重要原则,并应被贯彻于具体的刑事诉讼制度之中。检察机关作为刑事诉讼活动的全程参与者,既通过具体的执法办案实现刑事诉讼打击犯罪、维护人权的基本任务,更要保障犯罪嫌疑人、被告人和其他诉讼参与人的人身、财产、民主权利,其中犯罪嫌疑人、被告人的权利保障是刑事诉讼人权保障的重心所在。在刑事诉讼中,控辩双方之间的力量对比悬殊,国家权力的动用不仅具有主动性、普遍性,而且具有强制性。作为被追诉一方的犯罪嫌疑人、被告人,始终处于被动、防御的诉讼地位。因此,检察机关应当更加注重被追诉人的权利保障,即落实有效辩护、不强迫其自证其罪、在其被拘留逮捕时告知家属等法律赋予被追诉方的各项权利,扩大被追诉人的救济途径,保证国家刑罚权的正当、谦抑、适度行使。

3. 公平正义思维

作为公平正义的最后一道防线,司法公正的重要性不言而喻。公平要求检察官不徇私情,严格执法;正义要求检察官站在维护国家司法体制,维护人民群众利益的角度恪尽职守,秉公执法。检察官在办案过程中应当站在法律的立场,而不是任何一方当事人的立场,既要维护国家利益和公共利益,又要保护被告人、被害人等的合法权益,增强客观公正办案的自觉性;必须以事实为依据,以法律为准绳,以追求事实真相和司法公正为目标,做到法律事实与客观事实相统一。检察官在追求公平正义的同时也要将执法办案效果与政治效果、社会效果相统一,贯彻宽严相济刑事政策的工作机制和办案方式,将化解社会矛盾融入执法、办案全过程。

4. 接受民主监督思维

公众的参与、协商与合作是现代民主法治的内容。法治思维的核心在于限制权力滥用,以维持公权力与私权利的平衡。检察权作为一种公权力,必须接受来自内部和外部的监督。具体来说,听取犯罪嫌疑人辩解和辩护人、被害人及诉讼代理人的意见,正确认识律师在刑事诉讼中的地位和作用,重视听取律师辩护意见等是推进诉讼民主的有效方法;完善检察信息公开,依法向社会公布检察机关执法过程、执法结果、执法依据,让人民群众和社会各界了解检察工作,增强检察机关工作的公开性、透明性,充分阐明案件情况和处理过程、结果,主动接受人民监督。

二、检察官思维的特征与构成要素

(一) 检察官思维的特征

法治思维最主要的特点就在于其是由法治价值主导的,这些法治价值是人们在认识世界和改造世界过程中逐渐形成的。检察官以适用法律为首要职责,工作性质具有专业性和职业化的特征,这使其法治思维具有以下典型特征:

1. 以合法性为认识问题的出发点

合法性是运用法治思维思考和处理问题的基石。从世界主要国家的法治建设经验来看,任何公权力的行使和私权利的保障都必须严格按照法定的目的、内容、权限、程序和手段进行。一项公权力的行使或者一个问题的解决,即便是政治上有利益、经济上有收益、道德上向善、社会效果良好的,但只要不具备合法性基础,就应该被排除在解决方案的选项之外。

2. 将以人为本作为认知问题的立足点

如前文所述,保障人权是检察官法治思维的重要内涵,检察官在严惩犯罪的同时也要兼顾犯罪嫌疑人、被告人、辩护人以及其他诉讼参与人的权利保障。中国特色社会主义法治建设的根本,是为了人的自由和全面发展,即实现、维护和发展最广大的人民群众的根本利益。"以人为本"从法律角度出发就是人权保障。法治思维要求检察官将人权保障贯彻于办理案件的整个过程，以权利义务作为基本的分析模式，从权利与义务相结合的角度观察、分析、解决问题。具体而言，就是对权利义务的不断追问：检察机关是否有权力作出这种行为？这种行为是否维护了国家利益和社会公共利益？是否侵犯了犯罪嫌疑人、被告人、刑事被害人的合法权益？是否将当事人的合法利益最大化？

3. 以正确看待法律的作用作为分析问题的着重点

法律不是万能的，它仅仅是调整社会关系、维护社会秩序的一种手段，并与行政手段、经济手段、习俗手段、道德手段、艺术手段、舆论手段及宗教手段等一起组成社会调控手段体系。正如亚里士多德所言，"法律是一种凝固的智慧"，这种滞后性限制了法律调控功能的发挥。同时，法治不仅要求人们普遍遵守法律，还要求制定的法律本身是良好的法律，即"恶法非法"。但限于人类认知能力的局限性、知识水平的有限性以及社会发展的阶段性，良法美制需要不断地健全和完善。即使在美国、德国等法治比较发达的国家，法律也不能解决层出不穷的社会问题。因此，决不能随意夸大法律的作用，不可将法律限定为唯一的考虑标准，一味地强调法律的作用，较少强调或忽视其他准则或规范的作用。

4. 把运用法律规则作为解决问题的切入点

无规矩不成方圆，规则是社会有序运行的保证，法律就是一种以国家强制力保证实施的规则。作为一种理性思维，法治思维要求思维主体必须树立规则意识。比如，领导干部要自觉养成依法办事的习惯，切实提高运用法治思维和法治方式解决问题、化解矛盾的能力；社会组织要在符合社会整体利益的前提下，通过法定方式和合法渠道维护公民权利；公民个人要依法理性表达诉求，维护自己的合法权益，而不是依靠"哭闹""上访"以及"缠访缠诉"等方式实现自己的目的。对于检察官来说，必须依据现行法律、法规和司法解释处理法律问题，维护社会稳定，守护公平正义。

（二）检察官思维的构成要素

1. 检察官思维是经验思维

经验思维对法律职业具有一种特殊意义。美国大法官霍姆斯说过："法律的生命不是逻辑,而是经验。"法律作为一门应用科学,所运用的知识多属于"程序性知识",而程序性知识需要在实践中掌握,因此经验思维对司法实践弥足珍贵。但是,检察官经验思维中的经验又不同于日常的经验,它包含一套完整的概念体系。非法证据排除、证据、证明力、证明责任、证明标准等,都是检察官在办理刑事案件时需要结合法律术语进行加工、整合,并使用法律语言作为经验思维的逻辑工具。

检察官要有独立的价值理念。刑事案件有别于民事案件,其证明标准是排除一切合理怀疑,而民事案件的证明标准是高度盖然性。因此,在办理刑事案件时,检察官要有自己独立的价值理念,如坚持无罪推定原则。根据刑事诉讼法的精神及价值导向,无罪推定原则是检察机关办理刑事案件所需要遵循的基本原则之一。虽然检察机关在行政上受上级监督,但是具体到检察官办理刑事案件,其内心需要时刻秉持无罪推定原则,在法院未宣判犯罪嫌疑人有罪之前,应结合案件现有证据,审查基本事实后确定其是否构成犯罪。

当然,检察官思维是以逻辑推理为基础的,检察官需要引用证据、法律条文以支持或否定一个观点或结论。相比于一般仅需简单的经验判断的生活思维,检察官思维需要将法律上的事实即有证据证明的事实作为判断的出发点。通过已有证据得出符合经验、逻辑的结论是检察官思维的最终目标。

2. 检察官思维是对话思维

法律应该是一场社会各界积极参与的理性对话。这种对话是在各种不同观点及利益之间的交锋与辩论中不断获得改变及发展的,是一种心平气和的说理过程,而不是通过暴力、压制、谩骂或者其他方式相互攻击来完成的。通过法官、检察官、律师代表不同利益和观点的对话,共同探索并决定具体案件的结果。正因为需要控辩双方针尖对麦芒式的交锋,刑事诉讼法规定了直接言词原则。所谓直接言词原则,是指法官必须在法庭上亲自听取当事人、证人及其他诉讼参与人的口头陈述,案件事实和证据必须由控辩双方当庭口头提出并以口头辩论和质证的方式进行调查。直接言词原则是以审判为中心的诉讼制度的必然要求,也是司法公正的重要保障。

直接言词原则要求检察官和律师在刑事诉讼活动中必须直接参与对话,促进了庭审实质化,使庭审活动在各方当事人的参与下变得更加直观、全面、完整。根据直接言词原则的要求,证人、鉴定人、被害人、侦查人员等都需要在法庭上提供言词证据,而不只是法官对他们的证言进行书面审理,这样法官才能够通过当面质询及时发现那些虚假的证言,从而排除其作为定案的依据,也能够使那些本来有些令人怀疑的真实证言经过详细询问和说明变得令人坚信不疑。例如,在一起贩卖毒品案件中,被告人当庭辩解自己没有贩卖过毒品,而是因为正好出现在案发现场被公安机关误抓。在侦查人员出庭对整个案件线索的掌握、现场布控、抓获经过进行说明之后,其辩解也就不攻自破。与仅在法庭上宣读证据材料,有疑问只能让律师与公诉人间接询问相比,这种直接言词能使整个庭审更加丰满、全面,更加接近案件真相,既能够避免庭审流于形式,又能够真正起到防止冤假错案发生的作用。[①]

3. 检察官思维是批判性思维

批判性思维是一种以正确推理和有效证据为基础,审查、评价与理解事件,解决问题以及作出决策的主动、系统的认知策略。批判性思维包含以下内容:怀疑的素质与意识;问题意识;批判的精神;平等交流的精神;理性分析、探索的精神;宽容的精神;评价的精神与能力;创新精神。[②] 检察官作为国家公诉人,尤其需要批判性思维。首先,科学并非全然客观的。科学家并非仅仅把自然这本书大声朗读出来而已。更确切地说,他们是按照自己的心理类别来解释自然。这就是科学的主观性。其次,人的思维中有一种错觉思维。所谓错觉思维,在心理学上是指当我们期待发现某种重要的联系时,我们很容易将各种随机事件联系起来,并以此来支持自己的信念。假如我们相信事件之间存在相关性,我们更可能注意并回忆出某些支持性的证据。最后,记忆具有改写或添写的特点。我们的记忆并不是像录音机或摄像机那样,能够完全客观真实地反映所发生的事件。相反,我们往往更关注与自己有关的事情,而且会去探索其对自己的意义。

---

① 参见桑涛:《决战法庭:检察官、律师庭审制胜36计》,中国法制出版社2017年版,第15页。

② 参见温辉:《法治与法治思维——兼谈检察官的法治思维》,载《中国检察官》2014年第13期。

有时，人们不是根据作为记忆留下来的信息判断"那一事件有着这样的意义"，而是不知不觉中根据"那件事件应该有着这样的意义"的解释改写或添写记忆。在澳大利亚曾经发生过这样的事件：一个心理学者在电视中出演节目后即被逮捕，理由是有人指控他犯有强奸罪。被害人主张这个心理学者是犯人，而且对此非常确信。但是，侦查人员很快就发现这个心理学者受到冤枉。因为发生强奸案的时候，这个心理学者正在出演同一电视节目，而被害人是在看这个节目时遭到强奸的，她混淆了心理学者和犯人的样貌特征。

因此，检察官应具有批判性思维，并成为这样的批判性思维者：不轻信已有的结论，不断地追问结论预设前提的合理性，不放弃对前提预设准确性的测试。总之，要对结论"保持健康的怀疑态度"。①

【思考问题】

1. 什么是检察官思维？

2. 在一起盗窃案中，公安机关提供的证据无法全面、完整地证明犯罪嫌疑人在案发当时参与过盗窃行为，此时你作为检察官应当如何运用法治思维？

第二节　检察官思维的养成及对处理刑事案件的影响

一、检察官思维的养成

（一）检察官应自觉养成法治思维

1. 坚持合法性思维

法治思维要求检察官无论是思考问题还是作出决定，都要以"是否合法"作为思维的出发点，包括目的、权限、程序、内容、手段和结果都要合法。"目的合法"要求检察官行使权力的时候，在批捕、起诉、监督等各个环节都要考虑其目的

---

① 参见温辉：《法治与法治思维——兼谈检察官的法治思维》，载《中国检察官》2014年第13期。

应符合法律、法规的宗旨。"权限合法"要求检察官履行职责必须符合法律、法规的授权,遵循公权力"法无授权即禁止"和私权利"法无禁止即可为"的运行规则。"程序合法"要求检察官充分考虑权力行使的步骤、方式、时限是否符合法律法规的规定,尤其是在作出对犯罪嫌疑人、被告人不利的决定前,应说明作出决定的依据和理由,并告知对方与此相关的权利、义务,给予其申辩的机会。"内容合法"要求检察官行使权力的内容应符合法律规定,不违背公序良俗。"手段合法"要求检察官运用法律规定的方式和手段行使职权,坚决杜绝通过刑讯逼供等非法手段获取证据。"结果合法"是指检察官执法办案的结果既要符合法律规定,也不违背国家利益、社会公共利益和第三人合法权益。

2. 运用规则性思维

尊重规则,即守法,是法治的最低要求。法律是国家和社会生活中最重要的规则,由国家按照一定的程序制定,由国家强制力保证实施,具有普遍的约束力。哈罗德·伯尔曼教授1971年在波士顿大学演讲时指出,没有信仰的法律将退化成为僵死的教条,而没有法律的信仰也易于变为狂信,并进而呐喊"法律必须被信仰,否则它将形同虚设"。只有在全社会高度弘扬法治精神,让法律抵达人心,法治方能"形神兼具",成为最好的治国理政方式。2010年年底,我国已经形成以宪法为统帅,以宪法相关法、民法商法等多个法律部门的法律为主干,由法律、行政法规、地方性法规等多个层次的法律规范构成的中国特色社会主义法律体系,基本上解决了无法可依的局面。但现实情况是,有法不依、执法不严、违法不究的现象依然存在,检察机关维护国家法律统一正确实施的职责任重而道远。作为国家法律尊严的捍卫者,检察官尊重规则、信仰法律比普通公民遵纪守法更为重要,因为其一言一行、一举一动都标识着法律监督官的形象和公权力行使的结果。检察官没有守法意识、缺乏规则思维,就会失信于民,久而久之就会酿成信任危机,导致检察公信力的下降,损害检察机关的根基。因而,检察官必须始终坚持规则性思维,全面养成法治思维习惯和思维品格。

3. 坚守平等性思维

平等是法治的核心价值之一。无论是美国1776年《独立宣言》还是法国1791年《宪法》,都强调人人生而平等。我国《宪法》第33条第2款也明文规定:

"中华人民共和国公民在法律面前一律平等。"这里的"平等",不是指立法和法律内容上的平等,而是指法律适用上的平等。《刑法》第 4 条也规定了平等适用刑法原则:"对任何人犯罪,在适用法律上一律平等。不允许任何人有超越法律的特权。"这是法律面前人人平等原则在刑法中的具体体现。以检察官在刑事诉讼过程中执法办案为例,坚持平等性思维应做到四点:(1)平等地保护法益。任何法益,只要是受刑法保护的,不管法益主体是谁,都应当平等地得到刑法的保护,而不能只保护部分主体的法益。即不论身份贵贱,也不论职位高低,都平等地适用法律。(2)平等地认定犯罪。既不允许有罪定无罪或者无罪定有罪,也不允许因行为人地位高低、权力大小、金钱多少而影响犯罪的认定。(3)平等地裁量刑罚。检察机关在提出量刑建议时,不应受到行为人地位高低、权力大小、文化水平高低、技术能力强弱等因素的影响。(4)平等地执行刑罚。检察机关在监督减刑、假释过程中,只以犯罪人表现和法律规定为依据,而不考虑非法律因素的影响。

4. 掌握程序性思维

程序与实体是法律上的一对重要范畴。程序之于法治的意义,正如美国最高法院大法官道格拉斯所说:"正是程序决定了法治与随心所欲或反复无常的人治之间的大部分差异。"法治非常重视并强调程序的意义及价值,由此派生出作为法治思维重要组成部分的程序性思维。程序性思维要求程序优先、程序公正和程序终局。检察机关实施的法律监督是一种程序性监督,其职责主要是督促被监督机关自行纠正违法或错误行为。程序对检察机关的意义更为重大,而检察机关也越来越重视程序的作用和价值。就刑事诉讼来说,检察官应严格执行刑事诉讼法有关程序的规定,防止和制止规避管辖、滥用强制措施和侦查措施、无故拖延办案期限、任意侵犯犯罪嫌疑人诉讼权利等各种违法行为的发生。此外,检察机关要着力推进案件管理机制改革,发挥好案件管理机构在办案期限预警、办案程序监控、案件质量评查、涉案财物监管等工作中的职责,确保检察机关的每个执法行为都符合程序规定。

(二)通过营造良好的外部环境促进检察官法治思维的养成

1. 加强法治教育和培训,强化检察官的法治思维

要增强检察官运用法治思维和法治方式化解矛盾、维护稳定的能力,就要加

强对检察官的法治教育和培训,使其不断深化社会主义法治理念。社会主义法治理念是我们党从社会主义现代化建设事业的现实和全局出发,借鉴世界法治经验,对近现代特别是改革开放以来中国经济、社会和法治发展的历史经验的总结;它既是当代中国特色社会主义建设规划的一部分,同时也是执政党对中国法治经验的理论追求和升华,具体包括依法治国、执法为民、公平正义、服务大局、党的领导等五个方面,体现了党的领导、人民当家作主和依法治国的有机统一。关于教育、培训的方式方法,既可以采取岗位练兵、业务竞赛、技能比武、演讲比赛、学习讨论、专家授课、案例教学等常规方式,也可以采取实战演练、轮岗交流等新型方式。

2. 营造良好的法治环境,培育检察官的法治思维

检察官法治思维的养成,除检察官自身努力外,还需要良好的外部法治环境去影响和促进。营造良好的外部法治环境,可以促进检察官法治思维的养成;检察官法治思维的养成,反过来也会改善法治环境。这样,二者形成良性循环,共同推动我国社会主义法治化的进程。这里的外部法治环境,主要是指领导干部法治思维对检察官的引领作用。在我国,一言堂做法、家长制派头、官本位思想、官僚主义作风等人治思维和治理方式的阴影仍然挥之不去,权大于法、以言压法、以权代法的现象仍然存在。这些问题的存在,不仅亵渎了法律的权威,影响了法治的进程,还摧残了人们对法治的信仰,阻碍了法治思维的形成。"调查显示,不少领导干部对建设法治国家的信心不足,因而对于法律往往是'讲起来重要,做起来次要,遇到问题干脆不要'。"[①]要改变这种状况,推进依法治国,建设社会主义法治国家绝非易事,必须找到突破口和切入点。党的十八大强调:"党领导人民制定宪法和法律,党必须在宪法和法律范围内活动。任何组织或者个人都不得有超越宪法和法律的特权,绝不允许以言代法、以权压法、徇私枉法。"这是我们党对法治的明确态度,党带头推进法治,对于推进全面依法治国、建立良好法治环境具有直接现实意义。那么,领导干部法治思维的确立,必将对检察

---

① 董节英:《法治思维从哪里来》,载《学习时报》2012年12月10日第5版。

官法治思维的形成和运用起到引导和促进作用。①

二、检察官思维对处理刑事案件的影响

检察官思维的养成对其处理刑事案件具有深远影响。无论是审查起诉阶段还是审判阶段，检察官的程序正当、人权保障、公平正义等法治思维都应当贯彻始终。下面以刑事案件中的几个重要环节和内容为例，简单介绍检察官思维对处理刑事案件的具体影响。

（一）羁押必要性审查

在强制措施适用问题上，《刑事诉讼法》在三个方面对检察官执法思维具有挑战性：一是对逮捕的条件作了规定，使"逮捕必要性"进一步细化和更具操作性，使检察官审查逮捕的自由裁量权受到严格的限制；二是对指定监视居住的规定，使整个逮捕替代性措施更具有选择性，但从目前的实践来看，由于担心监视居住成本太高，绝大多数不批准逮捕的案件仍然采取了取保候审的措施；三是规定了羁押必要性审查，使审前羁押的状态因出现法定事由而具有可变更性。以上法律规定，都要求检察官在审查逮捕时转变传统的办案思维。②

在批准逮捕环节，检察机关不仅要对案件事实及证据进行审查，还要严格贯彻宽严相济的刑事政策，对犯罪嫌疑人的羁押必要性进行审查。对于那些主动投案自首，认罪悔过态度良好，积极退赔退赃，取得被害人谅解的初犯、偶犯、过失犯嫌疑人以及因邻里、亲友纷争引发的轻微刑事案件，可以通过依法变更羁押式的强制措施，促使犯罪嫌疑人改过自新、积极配合后续诉讼活动的顺利进行，进而起到化解社会矛盾、修复受损的社会关系、减少社会对立面的积极作用。羁押必要性审查制度的提出，意味着检察官需要将人权保障思维运用到司法实践中，结合犯罪嫌疑人的具体犯罪情节审查个案中对被追诉方采取的强制措施，必要时通过正当程序变更对犯罪嫌疑人采取的强制措施。虽然《刑事诉讼法》没有对羁押必要性审查的标准进行明确规定，但是编者认为，羁押必要性审查的标准

---

① 参见王晶瑄、高伟：《从理念到实践：检察官法治思维养成的路径考》，载《第九届国家高级检察官论坛论文集》（2013年）。

② 同上。

应当以逮捕的条件为前提。逮捕的核心条件是社会危害性。换言之,无论是在刑事诉讼的何种阶段,羁押必要性审查都要以逮捕条件为基本标准,同时综合考察犯罪嫌疑人、被告人是否具有社会危害性。

(二)排除合理怀疑

我国的刑事证明标准是排除合理怀疑,这也是检察官办理具体刑事案件的起诉标准。首先,排除合理怀疑最重要的是检察官坚持无罪推定原则,即在获得排除合理怀疑的有罪证据之前,不得推定被告人有罪。其次,检察官要秉持疑罪从无的办案理念,将"存疑有利于被告人"这样的法治观念运用到实践中,对于矛盾不能排除的证据,应采纳有利于被告人的证据。最后,检察官还要全面、客观地审查证据。既要收集和审查有罪、罪重的证据,又要审查无罪、罪轻的证据,更要注重听取被告人的辩解以及辩护人的辩护意见。

具体到刑事审判,从诉讼构造的角度来说,控方(也就是公诉人)承担主要的证明责任,其职责在于通过示证、质证、辩论等活动,帮助法官排除被告人无罪的合理怀疑,并最终形成对被告人有罪的内心确信;而辩护人在诉讼中不承担证明有罪的责任,也不承担证明无罪的责任,但其有权利通过指出控方证明中的问题、矛盾,针对指控进行辩护、反驳,出示对己方当事人有利的证据等帮助裁判者发现指控中的合理怀疑。因此,在刑事诉讼中公诉人作为控方首先需要在无罪推定的前提下通过有罪证据说服自己,让自己确信被告人实施了犯罪行为,并且事实清楚,证据充分,在此基础上,公诉人才有充足的底气向法官发表自己的观点,对被告人进行有罪指控。

(三)非法证据排除

在审查批捕和审查起诉阶段对证据进行合法性审查尤为重要,但在实践中,诉讼监督的重点主要放在追捕、追诉遗漏的犯罪嫌疑人和犯罪事实上。为此,检察官必须将监督重点调整到对非法证据的审查上来,对于使用暴力取得的言词证据等,应当予以排除;对于因执法办案不规范造成的瑕疵证据,应当及时补强。

《刑事诉讼法》第187条第2款规定:"在开庭以前,审判人员可以召集公诉人、当事人和辩护人、诉讼代理人,对回避、出庭证人的名单、非法证据排除等与审判相关的问题,了解情况,听取意见。"这就要求公诉人充分利用此程序,对于辩方提出的非法证据进行排除,争取将非法证据的争议解决在庭审前。

在庭审阶段的非法证据排除程序中公诉人的角色发生了变化。辩护律师可以在庭审阶段提出非法证据排除的申请,而一旦法庭决定启动"排非程序",在此过程中被告人就会成为"程序上的原告",侦查人员就会成为"程序上的被告",而公诉人则成为"程序上的被告代理人",承担证明证据合法性的义务。与"程序辩护"相对应的是"程序公诉",这是一种"诉中之诉",与"定罪公诉"和"量刑公诉"共同构成完整的公诉。其中,证明证据合法性的"程序公诉"是后两个诉的前提,关键证据的排除将直接影响定罪和量刑。为此,检察官应该更加细致、充分地做好庭前准备,尤其是对于非法证据的审查必须严格,并做好经受辩护律师"伏兵辩护"、当庭证明证据合法性的心理准备。①

【思考问题】

1. 检察官思维需要具备哪些要素?

2. 在庭前会议上,辩护律师主张排除非法证据,作为检察官应当如何与辩护律师及法官进行沟通?

第三节 律师在办理刑事案件中需要掌握的技能

在了解检察官处理刑事案件的思维方式之后,我们再来谈谈律师在办理刑事案件中需要掌握的基本技能。

一、侦查阶段

(一)了解案件罪名及基本案情

清楚犯罪嫌疑人涉嫌的罪名以及掌握案件相关情况是律师开展刑事辩护工作的基础。一般而言,律师主要通过犯罪嫌疑人及其家属了解其涉及案件基本

---

① 参见蓝向东:《刑事诉讼中的检察官思维》,载《第九届国家高级检察官论坛论文集》(2013年)。

情况。同时,律师应当与案件承办机关联系,以确认罪名,并且还要了解犯罪嫌疑人是否涉及、触犯其他罪名。

现行《刑法》规定了480多个罪名,数百条条文,有些条文包括多款条文、涉及多个罪名。要求律师掌握所有罪名的内容以及相关程序和实体上的规定,实在过于严苛。但是,作为刑辩律师,必须全面掌握正在办理的案件的法律规定,这是刑辩律师的基本素养。因此,在确认犯罪嫌疑人涉嫌的罪名后,律师应当围绕该罪名收集、研究所有的程序、实体上的法律法规,具体包括:《刑法》"总则"关于犯罪的定义及其处罚的规定,与该罪名有关的司法解释、政策,公安机关的立案标准,以及能够维护当事人诉讼权利、减轻或从轻处罚的相关规定。同时,律师也可以通过"人民法院案例库"等了解法院的量刑标准和同类型案件的裁判结果。我国虽然不是判例法系国家,但是对相关判例的横向、纵向研究无疑能对律师办案起到关键作用。

(二) 会见犯罪嫌疑人

1. 明确会见目的

律师接受委托后第一次会见当事人的目标有三个:(1) 和当事人建立信任关系;(2) 通过会见初步了解案件基本情况,对案件走向进行预测和评估,形成初步辩护策略和思路;(3) 提供法律咨询和帮助,维护当事人合法权益的同时,让当事人能够更好地自我保护。

这是因为辩护权属于当事人,其法定代理人或近亲属只是代为委托律师,委托关系需要得到当事人的认可和同意。实践中经常会碰到这样的情况,律师接受了家属的委托,但是在会见犯罪嫌疑人时,犯罪嫌疑人出于某些原因不愿委托该律师为其辩护。因此,在第一次会见嫌疑人时律师取得当事人信任是非常关键的一步。犯罪嫌疑人只有在信任律师的前提下,才会如实将犯罪情况、其主观意图以及被提审情况等告诉律师。虽然通过委托人对案件情况的介绍,律师能够对案件情况有所了解,但当事人才是最了解案件情况的人,律师应当通过会见更为全面地了解案件基本情况,形成初步辩护策略和思路,以便有针对性地展开辩护工作。律师为当事人提供法律咨询和法律帮助的目的是让当事人知法、懂法,知道利用法律武器维护自身合法权益,避免因为不知法、不懂法导致自身合法权益遭受侵害,增强当事人自我保护能力。

2. 讲好开场白

律师第一次会见当事人,开场白很重要,要通过好的开场白消除当事人的紧张感和怀疑感,与当事人之间建立初步信任关系。一般来说,律师应先进行自我介绍,告诉当事人是谁委托、怎么委托自己的,委托人有什么话要告诉当事人,今天会见目的是什么,律师是干什么的,等等。在初次与当事人交流中,律师最好采用拉家常的方式进行,要态度和蔼、语气亲和,并根据当事人个人素质以及理解能力的不同选择其能够理解和接受的方式和语言。

3. 有针对性地了解案件情况

除了听取当事人对案件情况的陈述外,律师还应当向当事人了解同案其他犯罪嫌疑人是否到案等基本情况、宣布和被采取强制措施的时间、被告知所涉嫌的罪名、被讯问的情况以及如何进行供述和辩解的、在讯问过程中是否遭受过刑讯逼供等非法取证的情形等。律师在了解案件情况过程中,除了听取当事人陈述外,还应当就当事人对于案件情况的陈述有针对性地向当事人提问。这是因为很多当事人缺乏法律知识,其陈述可能出现遗漏甚至忽略重要问题,所以律师应当根据自己的专业经验以及全面了解案情的需要,有针对性地向当事人提问。有些辩护律师不够专业,会见当事人只了解到当事人陈述的案件基本情况,未能依据自身经验和判断对案件的关键问题和核心细节有针对性地提问,导致会见的效果大打折扣。

4. 注重自我保护

在律师解释相关法律规定以及当事人可能面临的法律后果后,当事人会据此进行选择和判断,有的当事人会改变先前供述甚至进行虚假陈述。对此,如果律师不注意说话方式,就很容易让自己面临法律风险,可能被认为是帮助当事人串供。虽然按照法律规定,律师会见当事人不受监听,但办案机关违法监听律师会见的情况并不罕见,而且律师对当事人也不应当过度信任。因此,律师在向当事人提供法律咨询的时候要注意把握尺度,在尽心履职的同时也要有自我保护意识,避免言语不当导致自身面临法律风险。

尤其是在当事人询问该如何应对侦查人员讯问时,律师不应当为其出主意、递点子,只能进行法律上的解答并告知其应实事求是。当事人明确提出先前对侦查人员的供述不属实的,律师应当认真听取当事人关于不实供述的具体情况,并提醒当事人在侦查人员再次讯问时应当实事求是。当事人询问自己可能面临的刑罚的,律师除依照法律规定进行解答外,应当避免告知可能出现的严重后果导致其心态失衡。对当事人明显不符合法律规定的幻想,律师应当委婉告知,避免出现希望越大失望越大的情形。总之,在提供法律咨询时,律师用语要规范,态度要明确。

5. 告知权利义务及人文关怀

在告知当事人其享有的诉讼权利时,律师不能照本宣科,只讲法律上的规定,而应结合自己办案实践和本案情况明确告知。例如,对一些办案人员可能侵犯当事人合法权益的情形,律师应当进行重点提示,增强当事人自我保护意识。又如,律师要提醒当事人,不论在何种情况下都要认真核对讯问笔录,对讯问笔录中与自己回答不一致的部分要坚决要求修正;不要轻易听信侦查人员的许诺甚至威胁而作虚假陈述,这可能让自己陷入极其不利的境地;在侦查人员采用刑讯逼供等方式进行讯问时,要记住讯问的时间、地点以及讯问人,并及时向管教和驻所检察官反映;法律规定应当进行同步录音、录像的,在未开启同步录音、录像设备之前,可以拒绝回答侦查人员的讯问并要求侦查人员开启之后再进行讯问;在侦查终结前,接受检察官就讯问合法性进行核查询问时,如果存在非法讯问的情形,一定要明确告诉检察官;等等。

此外,律师要了解当事人在羁押场所的基本情况以及所需要的生活用品等,并及时告知委托人;传递与案件无关但当事人想了解的一些情况,如当事人家庭情况,目前对外的债务,是否需要保暖的衣服等。律师的服务不应仅局限在法律方面,人文关怀和心理辅导有时能够极大地提高委托人、当事人对律师的信任程度以及对律师工作的满意程度。因此,律师要适时对当事人进行心理疏导和安慰,稳定当事人的情绪。

(三)申请变更强制措施

由于刑事案件的特殊性,犯罪嫌疑人处于被羁押的特定状态下,无论是家属还是其本人,在与刑辩律师沟通案件时,一般都会提出希望律师帮助申请变更强制措施,即将犯罪嫌疑人的强制措施从被羁押申请变更为取保候审或者监视居住。

1. 取保候审

取保候审是指,对已经被司法机关采取拘留、监视居住、逮捕等强制措施的犯罪嫌疑人,符合条件的,可以向公安机关、检察机关、人民法院提出变更强制措施的请求。我国《刑事诉讼法》第67条规定:"人民法院、人民检察院和公安机关对有下列情形之一的犯罪嫌疑人、被告人,可以取保候审:(一)可能判处管制、拘役或者独立适用附加刑的;(二)可能判处有期徒刑以上刑罚,采取取保候审不致发生社会危险性的;(三)患有严重疾病、生活不能自理,怀孕或者正在哺乳自己婴儿的妇女,采取取保候审不致发生社会危险性的;(四)羁押期限届满,案件尚未办结,需要采取取保候审的。取保候审由公安机关执行。"

由此可见,申请取保候审需要满足法定条件,并非所有案件的犯罪嫌疑人都可以要求变更强制措施为取保候审。但是,若犯罪嫌疑人确实符合取保候审的条件,则律师应当告知犯罪嫌疑人及其家属取保候审的相关规定,同时制作谈话笔录。之后,律师可以自己的名义代犯罪嫌疑人申请取保候审。在申请取保候审时,律师需要提供取保候审申请书、保证人与犯罪嫌疑人的亲属关系证明文件以及保证人提供保证或交纳保证金的相关材料。

2. 羁押必要性审查

《刑事诉讼法》第88条第2款、第95条分别规定,人民检察院批准逮捕时应当听取辩护律师的意见;犯罪嫌疑人被逮捕后,检察院仍应当对羁押的必要性进行审查。基于此,犯罪嫌疑人及其辩护律师有权就逮捕的必要性进行申辩。

《刑事诉讼法》第81条规定,对有证据证明有犯罪事实,可能判处徒刑以上刑罚的犯罪嫌疑人、被告人,采取取保候审尚不足以防止发生下列社会危险性的,应当予以逮捕:(1)可能实施新的犯罪的;(2)有危害国家安全、公共安全或者社会秩序的现实危险的;(3)可能毁灭、伪造证据,干扰证人作证或者串供的;(4)可能对被害人、举报人、控告人实施打击报复的;(5)企图自杀或者逃跑的。批准或者决定逮捕,应当将犯罪嫌疑人、被告人涉嫌犯罪的性质、情节,认罪认罚等情况作为是否可能发生社会危险性的考虑因素。对有证据证明有犯罪事实、可能判处十年有期徒刑以上刑罚的,或者有证据证明有犯罪事实、可能判处徒刑以上刑罚、曾经故意犯罪或者身份不明的,应当予以逮捕。被取保候审、监视居住的犯罪嫌疑人、被告人违反取保候审、监视居住规定,情节严重的,可以予以逮捕。

律师在为犯罪嫌疑人、被告人申辩没有羁押必要性时,需要全面论述犯罪嫌疑人、被告人不存在上述任何一种社会危害性,同时还应论述犯罪嫌疑人、被告人符合取保候审、监视居住的条件。

二、审查起诉阶段

(一)查阅案件材料

在案件审查起诉阶段,律师接受当事人委托、准备好委托材料后,应当及时与承办检察官进行联系,要求查阅卷宗。

1. 查阅范围

案件经侦查终结后,已经形成一系列的证据,此时律师应当全面、仔细地查阅卷宗,可以从实体和程序两方面对案件卷宗进行查阅,做好摘抄、复制等工作,为后续的诉讼做好准备。

(1)律师应查阅的实体证据包括:犯罪嫌疑人身份信息,前科劣迹,到案经过,物证,书证,电子数据和视听资料,证人证言和被害人陈述,犯罪嫌疑人供述和辩解,勘验、检查、辨认、侦查实验笔录,扣押收缴及退还清单,等等。

(2)律师应查阅的程序性证据包括:报案记录,立案审批表,破案告知书,逮捕决定书,刑事拘留、逮捕通知书,鉴定通知书,等等。

2. 阅卷目的及方法

律师查阅卷宗应当带着对案件事实认定是否真实全面、对案件定性是否符合法律规定的质疑进行,最根本的目的是了解侦查机关指控犯罪嫌疑人所依据的事实和证据,发现问题,为后续调查取证、辩护等打好基础。

通过制作阅卷笔录,律师可以在短时间内有效地筛选案件信息,提炼案件的关键证据,找到辩护点。特别是卷宗材料较多的案件,必须制作阅卷笔录。制作阅卷笔录的方法根据律师的个人工作习惯以及具体案件情况而定,主要包括摘录、制图、列表等,律师应尽量通过可视化、易理解的方法详细地记录案件的重要信息,包括案发时间、地点、涉及人员、案件经过以及事发原因等内容。

(二) 提交辩护意见

在审查起诉阶段,律师在查阅了起诉意见书和案件卷宗,会见了犯罪嫌疑人,特别是在调查取证后,相较于侦查阶段,律师对整个案件已经有了较为深入的了解。此时,律师可以更好地根据对犯罪嫌疑人的有利事实和证据确定辩护重点,向公诉机关提交辩护意见书。

在审查起诉阶段,律师辩护意见的侧重点在于,提出对犯罪嫌疑人有利的事实情节,同时提出证明该事实情节的证据和线索,提供寻找证据的途径,或者通过法理论证犯罪嫌疑人被指控的行为是较轻罪名甚至不构成犯罪,而不是将侧重点放在对控方证据的否定上。在审查起诉阶段,律师辩护意见的特征在于,不直接追求无罪或罪轻的司法裁判,而是促使公诉机关以轻于起诉意见书的罪名对犯罪情节和性质不作严重指控,其目的在于削弱指控的严重性。对于审查起诉阶段的辩护意见书,律师应当围绕已经掌握的证据和事实,首先考虑能否为犯罪嫌疑人作无罪辩护,其次考虑是否应当作罪轻辩护,最后考虑减轻、从轻、免除处罚的情节。此外,在起草辩护意见书时,律师还要思考案件目前证据是否充足,适用法律是否正确,罪名是否成立,并在确定了辩护方向后,在有条理、有逻辑、有法理和证据支持的情形下撰写辩护意见书。

三、审判阶段

在刑事案件审判阶段,参与庭审是律师最主要的工作内容。辩护律师应当根据传票载明的时间按时出席庭审,为被告人辩护。法庭审理最重要的两个部分是法庭调查和法庭辩论。

1. 法庭调查

审判人员宣布开庭后,需要核对诉讼参与人身份、案由,宣布法庭组成人员名单,告知诉讼参与人的诉讼权利、申请回避事项,同时告知诉讼参与人有权申请通知新的证人出庭、调取新的物证、申请重新鉴定等权利。

法庭调查中包含发问环节和举证质证环节。律师在庭审中对控方的举证,包括书证、物证、证人证言等,都要发表质证意见。律师需要对证据的真实性、合法性、关联性进行质证,提出证据不符合这三性的疑点,削弱控方证据的证明力。

2. 法庭辩论

在法庭辩论阶段,在法官的主持下,控辩双方就本案的犯罪事实、证据是否充分以及法律适用等方面进行辩论,目的是让控辩双方能有机会充分阐述自己的观点,表达理由和依据,从程序上保证被告人和诉讼参与人的合法权利,促使法庭作出公正裁决。在司法实践中,法庭一般都会组织两轮辩论,律师在第一轮辩论中可以从控方的犯罪事实、证据体系、法律适用等几个方面进行辩论。在第一轮辩论中,律师应在做好充分准备的情况下,根据庭审的实际情况全面表达自己的辩护观点。而在第二轮辩论中,控辩双方的观点基本已经清晰,法官会总结各方的论点,让控辩双方就争议焦点展开辩论。因此,律师在第二轮辩论中,首先切忌重复第一轮的观点。其次,将论点层层递进,延伸到更深的层次,以引起法官的注意。最后,要紧紧围绕法庭总结的争议焦点,不可偏题。

在办理刑事案件时律师极易存在一个误区,那就是只有在法庭辩论阶段才需要辩论。实际上,法庭辩论活动是贯穿整个刑事案件审判阶段的。同时,一个刑事案件的争议焦点主要是在法庭的举证、质证阶段展开的,所以在法庭调查阶段的质证环节,更需要律师据理力争。如何审视一个案件,如何确定罪与非罪,法官要兼听则明。如果没有法庭对抗,案件是否存在争议就比较难以判断,案件事实也往往难以真正查清,最可怕的是可能导致法官偏听偏信。而在法庭辩论中,双方提出的对立的焦点问题,往往正好是罪与非罪、此罪与彼罪、重罪与轻罪的核心所在,这也是法庭辩论的意义所在。在案件争议焦点明确后,控辩双方往往会提出解决的方案。比如,公诉人坚持指控的观点,辩护人则提出自己的辩护意见,认为应当判无罪或者轻罪。对于事实是否清楚,双方也会提出各自的观点,法官则需要看其主张有没有达到证据确实充分的标准。通过双方各自意见的发表,法官对是否采纳双方的意见,如何采纳,以及谁的观点更充分、更透彻就有了一定的判断。

对律师而言,法庭辩论是对律师知识储备、语言组织、应变能力的综合考验。法庭上的局面瞬息万变,也经常会出现一些我们意想不到的情况。比如,本来认罪的被告人突然不认罪了,传唤的证人突然改变预期的证言,等等。这些都是可能在庭审中发生的,所以对于辩护律师而言,只有在庭审前做好充足准备,才能在遇到突发情况时百战不殆。

而在审判阶段,特别是在法庭调查、法庭辩论时,律师需要做到"立""备""听""思""变""对"六个方面。

所谓"立",是指在法庭辩论中首先要立足于自我,守住阵地。有些律师之所以在法庭上被对方牵着鼻子走,就是因为没有坚持自己的主见和观点。律师在庭审辩论中一定要把握自己的核心问题,如证据不足,律师就要抓住这一点不放,不能因为对方说了其他问题就去抓住它而忽视了我方的主要辩护观点。

所谓"备",是指律师要做好庭前预测,做好充分准备,这是在法庭辩论中取胜的关键。古人云:凡事预则立,不预则废。法庭辩论应当是有备而去,而不是仓促应战,所以在开庭之前一定要做好充分准备。具体来说,在开庭之前,律师要熟悉案件情况,收集证据,并且要了解和掌握与案件有关的法律规定、专业知识。例如,对故意杀人案件律师需要了解法医学知识,对股票、经济类犯罪案件律师需要了解金融相关知识,在处理计算机网络犯罪案件时律师需要了解计算机网络相关知识。同时,拟定答辩提纲也是律师在刑事案件审判阶段需要重点准备的工作内容,要根据阅卷、调查所掌握的情况确定答辩提纲。此外,在法庭调查阶段律师要注意根据质证情况修正答辩提纲;在法庭辩论阶段,律师要根据庭审动态、被告人口供变化等及时调整、修改答辩提纲,从而有针对性地进行辩护以实现辩护目的。

所谓"听",是指律师要注意倾听公诉人的意见。在法庭辩论中,如果没有仔细倾听,律师就没有办法有针对性地辩护;如果不清楚对方说了什么,律师就没有办法有针对性地归纳并提出我方的答辩意见。比如,围绕证据问题,公诉人可能提出很多不同的问题,但是这些问题归纳起来可能就是关于证据关联性以及合法性的问题。又如,案件定性问题,归纳起来可能就是被告人到底是犯此罪还是彼罪,是否有从轻减轻处罚的情节等。

所谓"思",就是思考,律师不但要听取对方的观点,还要在对方发言时想出对策。对此,律师可以在法庭辩论中进行记录,如在 A4 纸中间画条线,左边是听到的对方的观点,右边是针对这些观点归纳出的答辩意见。在听和记录的过程中,律师还要注意前后观点是否有重复、矛盾的地方,各个观点分别属于哪一类问题,是事实类的问题还是证据类的问题,是程序上的问题还是实体上的问题,是适用法律上的问题还是量刑情节的问题等,在倾听的同时就要注意分类,做到倾听和思考相结合。

所谓"变",就是要提高应变能力。除了庭前预测,律师还需要应对庭审中可能出现的突发情况。例如,律师在开庭前做了大量准备工作,但是在法庭上被告人没有根据庭前准备的问题进行答辩。对此,最根本的解决办法就是立足于案件基本事实,灵活处理法庭上发生的变化。当然,这种沉着冷静是以律师对案件事实和证据的全面掌握为基础的,也就是对于对方提出的观点和问题律师已有基本的判断和观点,方能针锋相对地予以回应。

所谓"对",就是应对。根据公诉人的不同风格,律师要相应地调整、运用答辩语言和方式进行有力应对,才能有效地实现答辩效果。即在保持自己风格的同时,律师要根据对方在法庭上的风格,有针对性地运用答辩和辩论技巧。

律师要做到以上六个方面,除了要精通与案件直接相关的法律法规和司法解释的规定以外,还要对与案件间接相关的法律知识,如民商法、行政法等有相当的研究和理解。除了精通法律知识以外,律师还要具备自然科学、社会学、经济学、哲学等知识,并且要了解政策的变化和调整,这样才能在法庭辩论上掌握主动权。

【思考问题】

1. 甲被公安机关以涉嫌诈骗为由刑事拘留,甲的妻子委托你作为其辩护律师,你在第一次会见甲的时候需要询问他哪些问题?

2. 律师在审查起诉阶段阅卷的范围是什么?

第四节 律师和检察官思维的差异与趋同

在同一起刑事案件中,检察官和律师虽然面对的是同样的案件事实,运用的法律思维却往往存在很大差异。不论是律师还是检察官,发现对方的思维规律都有助于在办案中正确运用法律思维推进案件的进展;有助于律师和检察官相互尊重,建立一种理性的控辩关系;更有助于弥补自身思维中存在的缺陷,完善自身思维方式,推动刑事案件司法的公正性。

法官、检察官和律师都是法律工作者,但各自肩负的具体工作职责的不同决定了其思维的差异。在刑事诉讼中,检察官与律师是对手,双方的职业特点和角度完全是对立和反向的。检察官的工作模式是由案到人,而律师的工作模式则相反,一般先接触的是人,包括当事人、家属,之后才逐步了解案件情况。相应地,律师和检察官的思维方式也存在一定的差异,但是这种差异并不是非此即彼。在同一法律体系的框架下,律师和检察官的思维存在一定的差异,但是又有一定的趋同性。

一、律师和检察官思维差异的表现形式

(一)检察官与律师思维方向的差异

检察官作为控方,会习惯性地考虑当事人有罪或者是罪重情节。同时,检察官又肩负着"客观性义务",既不能让有罪的人逃脱法网,但也不能让无罪的人蒙受冤屈。因此,检察官适用法律的过程必然是从事实出发,寻找最能准确适用的法律。这就意味着,检察官在承办刑事案件时必须从犯罪的主体、主观方面、客体、客观方面等犯罪构成要件来推断犯罪嫌疑人的行为应适用的具体法律条文。只有在现有的法律条文都不能涵盖相关行为时,才会考虑根据罪刑法定原则作出不起诉决定。

而律师则往往从抗辩的角度习惯性地考虑当事人无罪或罪轻的情节。律师作为当事人合法权益的维护者,必须毫无选择地从有利于当事人的角度出发,积极分析和重新建构案件事实,寻找可适用的法律、案件事实和证据,为当事人找出无罪或罪轻的证据。由此可见,律师的法律思维方向是从结论到前提。由于职业特点和使命,律师必须遵循最有利于当事人的原则,从结论出发寻找可适用于案件的法律。

（二）检察官与律师思维性质的差异

第一，以当事人为坐标，检察官的思维是主动进攻性的，律师的思维是被动防守性的。在刑事诉讼中，检察官行使国家公权力，这是一种进攻性的权力，基于确凿的事实、完整的证据链检察官可以拘留、逮捕犯罪嫌疑人、被告人，也可以不批准逮捕或者批准犯罪嫌疑人、被告人取保候审。对于起诉与否，检察官更是有着决定权，是主动的一方。而律师则不同，律师的诉讼权利是通过当事人的委托而获得的。作为代表犯罪嫌疑人、被告人的一方，律师拥有的只是一种防御性的权利。根据《刑事诉讼法》的相关规定，律师作为犯罪嫌疑人、被告人的辩护人，有代其提出申诉、复议、控告、上诉等权利，这些权利基本上都是救济性的权利。因此，从当事人角度出发，检察官的思维和决定具有一定主动性，而辩护律师的思维和权利则具有一定的被动性、防守性。

第二，就控辩双方相向性的关系而言，在法庭上，检察官的思维是被动防守性的，而律师的思维是主动进攻性的。到审判阶段，检察官的思维是定式的、受到限制的，是被动防守的。在法庭审理阶段，起诉书已经确定被告人的具体犯罪事实、量刑建议、违法犯罪的主观恶性等内容，检察官的观点必须以起诉书的观点为标准。在法庭上检察官代表的是国家公诉机关而不是个人，其本人无权对起诉书的内容作任何删减和改变。相比之下，律师的思维是变主动进攻的。律师在诉讼过程中，根据法庭上的情况随时可以修正、调整观点。如前文所述，在法庭上，一个优秀的律师在面对庭审中的突发情况时需要具备较强的应变能力，在发生意料之外的情况时，应通过合理的询问以及答辩反驳检察官的观点。

第三，检察官的思维是线性思维，律师的思维是扇形思维。检察官的思维是线性思维，仅需要遵照案件证据和事实，对照法律作出判断和决策。而律师则是扇形思维，需要确立辩护策略，并应综合考虑当事人想法、家属意见、司法机关态度、媒体舆论倾向等方面的问题。

第四，检察官办案思维容易先入为主。检察官对案件的思维是基于侦查机关侦查终结后的材料形成的，是一种简单的、单一的、先入为主的思维。检察官审查案件往往以完善案件材料、查补漏洞为目的，而不是推翻之前的认定；而律师的思维恰恰相反，是一种反向的、多向的思维，律师往往以推翻现有的对案件的认定为目标。

二、检察官和律师思维的趋同

检察官、律师虽然各司其职,互有区别,互相监督,但同时又是相互配合,相辅相成的。虽然检察官、律师各自承担的职责不同,但是同样作为法律工作者,其最终目的是相同的,两者都是为了维护司法的公正,维护国家和人民的利益。在刑事诉讼中,律师也要更多地呈现思维的多向性、逆向性,通过换位思考的方式办理刑事案件。

1. 树立全面审查证据的观念

律师在办理刑事案件时不仅要审查无罪、罪轻的证据,也要审查有罪、罪重的证据,要改变只注重审查无罪、罪轻证据,忽视审查有罪、罪重证据的单向性思维习惯,要把对两种性质不同证据的审查放在同等重要的地位,要学会换位思考和反向思维。

2. 提高分析、判断和运用证据的能力

在分析有罪证据时,既要分析现有的指控证据能否形成完整的有罪证据链,也要分析每个证据的证明力度,分析证据中是否存在瑕疵和薄弱环节,是否存在无罪证据,更要分析无罪证据与证据链的薄弱环节对有罪证据的形成会造成何种冲击。在分析罪重证据时,既要分析罪重证据是证明法定从重还是证明酌定从重的证据,也要分析罪轻证据对罪重证据的冲击和影响。此外,律师要尽量避免受侦查机关起诉意见书、检察机关起诉书的影响,防止先入为主;要在全面分析案情和证据的基础上,努力形成客观公正的辩护意见。

【思考问题】

检察官思维和律师思维有哪些共同点?

第八章

律师交往能力的提升

> **本章概要**

在整个执业过程中,无论是在接案前期与各类案件当事人及其家属的洽谈,在案件进行中与承办案件的相关工作人员沟通,还是在非诉讼业务中与多方利益主体进行谈判等,律师都离不开与人交往这个核心能力。因此,作为一名律师,应当具备较强的与人交往的能力。

本章将通过律师实务工作中与人交往的各个环节,解析如何更有效地培养作为一名律师应当具备的与人交往的能力。首先,从与人交往的第一印象,即律师职业形象出发,说明律师自身职业形象的重要性。其次,针对律师实务工作中所要面对的不同对象,分析律师需要掌握和使用的语言技巧。最后,通过具体的案例讲解律师培养与人交往的能力的方式和方法。本章旨在帮助新律师更好地提升在执业过程中的与人交往的能力,使其执业进程更加畅顺、高效。

> **学习目标**

通过本章的学习,学生能够知悉律师自身职业形象的重要性,掌握一定的语言技巧能力,特别是培养与当事人交往的能力的方式和方法。

第一节　注重律师的职业形象

一、什么是律师的职业形象

所谓职业形象,概括来说,主要是指一个人在其工作的职场中呈现在他人面前的印象。一个人的言谈举止及穿着打扮等,往往能在一定程度上反映出其职业技能和工作态度。每一种不同的职业都会有与之相对应的职业形象,同时职业形象也能反映出一个人的职业气质。那么律师这个职业,自然也有着其特殊的职业形象。

律师职业本身就象征着独立、公正、自由,是一份充满挑战与机遇的事业。但凡谈及"律师"二字,人们总是会想到西装革履、能言善辩的律师职业形象。当然,这确实是大部分律师所具备的外在形象,并且许多电视剧及综艺节目中塑造的也是这样的律师职业形象。不过,这仅仅是律师的一个外在职业形象。一般来说,律师外在的职业形象大体包含外在仪表、着装服饰、言谈举止等,内在的职业形象大体包含职业道德、内在修养以及专业能力等。在我国,《律师执业行为规范》第5条规定了律师的执业底线:"律师应当忠于宪法、法律,恪守律师职业道德和执业纪律。"第6条规定了律师的执业准则:"律师应当诚实守信、勤勉尽责,依据事实和法律,维护当事人合法权益,维护法律正确实施,维护社会的公平与正义。"第7条规定了律师的执业要求:"律师应当注重职业修养,自觉维护律师行业声誉。"这三条规定,分别从三个不同的维度很好地诠释了律师应当具备的内在职业形象。

律师的外在职业形象固然重要,可以尽快取得当事人的信任,但同时也不能忽视内在职业形象的重要性。律师应该外在与内在相结合,全面呈现其应当具备的职业形象。

二、律师应该具有怎样的职业形象

随着法治社会进程的不断发展与完善,全社会对法律服务的需求也日益增加。律师已成为目前必不可少的一种职业,并且越来越受到人们的尊重。作为法律职业者,律师所呈现出的职业形象自然也会对整个社会环境产生一定的影响。下文从外在和内在两个方面来探讨律师应当具有的职业形象。

(一) 律师的外在职业形象

1. 外表

外表,不是仅指一个人天生的长相,而是包括形象、穿着等在内的所有可视化的行为。律师的外表究竟应当是什么样子,其实并没有一个所谓的标准答案,因为每位律师都有属于自己的特色以及鲜明的个性。《律师执业行为规范》第五章第三节规定了律师庭审仪表和语态,其中第70条规定:"律师担任辩护人、代理人参加法庭审理,应当按照规定穿着律师出庭服装,佩戴律师出庭徽章,注重律师职业形象。"《上海市律师协会律师执业行为规范(试行)》第122条规定:"律师出庭服装应当保持洁净、平整、不破损。"第123条规定:"在出庭时,男律师不留披肩长发,女律师不施浓妆,面容清洁,头发齐整,不佩戴过分醒目的首饰。"以上三个条文对律师在庭审过程中的外表形象作了最基本的规定。当然,律师不仅在庭审时应当注重自己的外表,在日常执业过程中也应当对自己外在形象严格要求,其中最基本的应当做到衣着整洁、大方得体,在工作场合不宜穿戴令人"大跌眼镜"的服饰和装扮。比如,在着装上不宜有较多的颜色,一般不超过三种颜色的搭配;不适宜穿着皮裙、皮裤等过于紧跟潮流的服饰;头发不宜染夸张的颜色,或者发型给人凌乱随意的观感。这些外表上的细节,一方面反映律师的形象,另一方面当事人也不免从这些细节对律师作主观上的定位,进而对其专业能力作一些主观判断。

2. 礼仪

就礼仪而言,一般表现在一个人的行为和谈吐上。行为是指举手投足间的任何动作,由很多小的细节组成。比如手势,就是一个很典型的外在表现行为,是一种无声的语言,是我们身体语言的一种表达方式,恰到好处的手势能够起到吸引人注意的显著效果。在我国,法庭上律师是被要求坐在固定的位置上不能够随意起身与走动的,因此在发言时配以恰当的手势,能在一定程度上起到强调律师的观点以及礼仪得体的效果。

具体而言，律师的职业礼仪一般体现在其言谈举止的细节中，比如握手、介绍、交换名片、添加微信等细节问题，都需要谨慎对待。

握手。商务交流中握手这一动作是较为常见的，无论是常规的接待客户还是律师因接受委托而进行商务谈判等，都经常会用到握手这一动作。对于握手的礼仪，需要注意掌握的是尊者为先的原则，即由尊者先伸出手后进行握手。异性之间应当遵从由女士先伸出手后握手的原则。如果是作为主人，那么在客人来的时候应当主动伸手握手，以表示对客人的欢迎；接待结束，则由客人主动伸手，表达对主人的感谢。同时，在握手时，我们应当注意不要伸出左手，也不要戴着手套，以表示对对方的尊重。

介绍。在商务活动中不免会碰到需要介绍的场合，关于介绍的礼仪，则需要遵循尊者为后的原则，即将更为尊贵者放在后面进行介绍。例如，优先将职位低者介绍给职位高者认识，优先将年纪轻者介绍给年纪长者认识，优先将男性介绍给女性认识，等等。

交换名片。作为律师早前常用的介绍自己的工具，名片在传递上也有需要讲究的礼仪细节。名片的设计、质感是给人的第一印象，律师给出去的名片应当注意不要有涂改的痕迹，最好也不要有过多的抬头。递名片时记得使用双手，将字体的方向调整为对方可以阅读的方向。同样，在接受别人递来的名片时，我们也应当使用双手捧接，并且在拿到名片之后仔细地阅读和妥善保管。随着微信成为现代社交联系的主要工具，过去交换名片、互留电话的社交场面已经很少见了，取而代之的是添加微信。

微信礼仪。面对面加微信应注意以下几点，可以为自己加分："长辈"（尊者）出示二维码，我们主动去扫，同时配合语言"我扫您"，即"晚辈（下属、主人、男士、乙方等）"去扫"长辈（上司、客人、女士、甲方等）"的微信二维码。加微信好友时应作自我介绍，发送"公司＋职位＋名字"，便于对方了解自己。加好友通过后可进一步介绍自己，如"感想＋我的电话号码＋未来展望"，"今天的交流非常有收获。这是我的电话号码＊＊＊＊＊＊＊，有事您随时招呼"；也可把个人介绍做成电子名片，发送给对方。另外，添加别人微信后应及时做好标注，如姓名、单位、职务等，以免遗忘。

此外，《上海市律师协会律师执业行为规范（试行）》的第六章第三节规定了律师的体态语态规范。其中，第124条规定："律师的庭审发言用词应当文明、得体，表达意见应当选用规范语言，尽可能使用普通话。不得随意使用黑话、脏话或社会流行的切口话。"第125条规定："律师庭审发言时应当举止庄重大方，可以辅以必要的手势，避免过于强烈的形体动作。"通过具体的条文来规范律师的体态语态，明确律师的礼仪规范。行为的细节体现在点滴之中，而这些点滴则会展现出一名律师的基本素质，有时也会决定事情的成败。

礼仪是门博大精深的学问，同时也是一门琐碎的学问，本节对于礼仪的介绍也只是蜻蜓点水，浅尝辄止。作为律师，需要在执业实践、生活的点滴中注意礼仪方面的细节。

3. 气质

很多时候人们用"气质"这个词语来形容女性，但其实无论男女皆有其独特的气质。一个人的气质综合体现了其多年的人生阅历，律师的外在气质也在一定程度上体现了其综合能力。男律师的气质一般有儒雅型、刚毅型，女律师的气质一般有知性型、温和型等。律师的气质也间接地影响到当事人对其信任度。关于律师气质的修炼，一个重要的方式就是多读书。赵恒的《劝学诗》写道："富家不用买良田，书中自有千钟粟。安居不用架高堂，书中自有黄金屋。出门莫恨无人随，书中有马多如簇。娶妻莫恨无良媒，书中自有颜如玉。男儿欲遂平生志，六经勤向窗前读。"从古至今，都有很多关于读书的励志故事，多读书不仅能丰富我们的知识，也能富足我们的内心与胸怀，气质将自然而然地随之提升。

另一个提升气质的方式就是保持善良的内心。"善良"二字，说起来相当简单，但是在经历复杂的社会现实后，仍然能够保持善良的内心并非易事。特别是律师，工作中往往会较多接触人性的阴暗面，要在比常人经历更复杂的社会现实的情况下仍然保持善良的内心，这是作为律师应当长期修炼的。善良的人表现出来的气质往往是积极向上的，也更加容易得到他人的信任。也只有保持善良的内心，律师才能够持续不断地认真履行代理责任并且投身社会公益，发挥出更大的效能。

4. 气场

气场也是律师的外在职业形象之一。"气场"这个词在与人交往中经常被提及,但"气场"究竟代表什么,对很多人而言是一种感觉,很难给它下一个定义。简单而言,"气场"代表一个人散发的能量。作为提供法律服务的律师,特别是一些初级律师,对自己的案源存在疑虑;很多人对于要在什么样的圈子里才能够接触到高端的客户、优质的当事人等会有疑虑,或者说不知如何去认识这样的目标人群。事实上,答案也是与气场息息相关的。修炼自身的气场就是提升自身的价值,想要认识优秀的人首先就得成为一个优秀的人。气场也决定着你的人脉资源,并且人脉资源是不限行业的。有一个形象的比喻,人脉资源就如同一个漏斗,最上面的表面积最大,而越往下面积越小,如果想要建立更广泛的人际关系,就必须站在漏斗的顶部才能拥有更广大的范围。至于如何站在漏斗顶部,无非是修炼好自身专业领域内的功夫,塑造专业的气场光环。

(二) 律师的内在职业形象

律师除了整洁的外表、得体的礼仪、高雅的气质以及强大的专业气场外,其内在职业形象固然也是必不可少的。一名律师的内在职业形象主要由其职业道德构建而成,内在职业形象的好坏与律师本身的职业道德高低息息相关。同时,具有良好职业道德的律师甚至可以对社会产生广泛而深远的影响。

首先,律师应当忠于宪法和法律,这是律师执业的底线。同时,律师也是宪法和法律坚定的捍卫者。作为一名律师,应当时常反思,在依法治国的进程中,自己应当成为一个怎样的律师,才能够更好地履行自己肩上的法律职责,才能够为实现公平正义做出自己的贡献。作为一名律师,更应当具有坚定的法律信仰,而这种信仰也能使律师的内在职业形象更加完善和高大。

对于法律的信仰还来自律师的职业使命感。律师这个职业即使是在当下,也仍然是一份听上去无比高大上但做起来却需要辛苦付出的工作。不少律师在执业中会有感到迷茫的时候——到底是否应当坚定内心的职业信仰,同时律师办案有时可能遭受外界的掣肘。但值得庆幸的是,一批又一批年轻而富有正义感和责任心的法科毕业生不断加入律师队伍,我国的律师队伍正在不断地壮大。这种职业使命感也铸就了律师内在的职业形象。

其次,律师的内在职业形象还通过一个重要的品质体现出来,即诚信。管子曰:"诚信者,天下之结也。"诚信是律师这份职业的生命线,律师只有具备诚信的品质,才有可能做好这份工作。我们从小就受到诚信教育,但要在任何生活细节中都践行诚信也是具有难度的。人的本能都是,在遇到事情的时候首先选择自保和推脱。例如,约好与客户见面,由于自己出门晚而迟到,律师可能本能地解释说路上遇到堵车。但作为律师,即使是这么一句简单的搪塞,也可能导致此后彻底失去这个客户。具备诚信的品质,就会对待任何事情都小心谨慎,不会轻易妄为,更不会作出虚假承诺。

再次,律师应当严谨、专业,认真钻研业务。专业性必然也是律师内在的职业形象,这种形象不仅体现在表象上,而且需要通过专业的法学素养体现出来。律师这个职业的特殊性在于对专业知识的要求非常之高,律师承接的每一个案件都涉及当事人最重要的利益,如果不具备过硬的专业知识,是无法做到全面的尽职代理的。所以,认真钻研业务是提升律师内在职业形象的必要途径。

最后,律师应当遵守社会公德,注重自己的声誉。因为律师这份职业是具有一定的社会影响力的,同时律师主要通过自己的专业知识来帮助他人维护权益并且获取一定的报酬,其行为又是具有商业性的,但我们不能因为这种商业属性而将其曲解为一份趋利避义的工作。目前,在一些一线城市的大所确有不少名声远扬的大律师是以一些大项目的非诉讼或者资本业务为主,但作为律师也不应当忽略自己的社会责任,应当在各个场合都注重自己的职业影响力。

三、律师的网络职业形象

随着网络技术的不断快速发展,网络平台的使用早已经成为人们生活的一部分。越来越多的人开始使用网络平台推销自己的产品或经营自己的生意,更有不少直播主播一炮走红,粉丝量激增,直播在线观看量上百万乃至千万的比比皆是。在全民网购、全民直播的大背景下,不少律师也跻身网络平台,利用网络营销的方式推荐自己的法律服务业务。因此,律师的网络形象也成为一种新型的职业形象。

(一)律师网络营销

律师网络营销实质上是指律师通过互联网媒介,宣传自己能够提供的法律服务及法律产品,并且寻找自己需要的目标客户,最终达到建立委托关系的目的。简单而言,因为有了互联网渠道,律师能够更加容易地让更多有法律需求的人获取其信息。试想一个场景,某公司与 A 律所的 B 律师商谈常年法律顾问合约,但是某公司对法律服务费有些犹豫,认为 B 律师的收费稍微超出公司的预算。同时,某公司在选择法律顾问过程中,可能要在不同的律所、律师之间进行对比。还有一件重要的事情就是,某公司会通过网络检索 A 律所的 B 律师是不是如其所言,在企业法律顾问服务方面是否具有相应的经验。而这就需要 B 律师有过网络营销,并且在网络上拥有良好的职业形象。

(二)律师网络职业形象的塑造

由于大量有需求的客户都是通过网络这个媒介来了解律师的相关信息,而网络上的信息都是一些电子数据而不是本人,因此塑造良好的律师网络职业形象就显得尤为重要。塑造良好的网络职业形象,律师可以从以下几方面着手:

(1) 律师本人的职业形象照。照片是给人的第一印象,通过专业摄影师拍摄职业形象照可以为网络职业形象加分不少。与普通的生活照、自拍照或者证件照相比较,专业形象照更加大气,能够使人从直观感觉上相信这名律师是专业的。

(2) 律师所在律所的照片。通过照片的形式展示律师的工作环境可以给人更多的真实感。如果律所的环境比较优越,律所本身也有一定的知名度,再结合律所的介绍,则能够使律师网络职业形象更加完备。

(3) 专业性文章的撰写。律师可以结合社会热点以及自己的专业创作一些专业性文章,文章最好能够既具有专业性,也易读懂、易理解。同时,好的专业性文章也能够体现一名律师内在的知识及涵养,由此塑造出来的网络职业形象也就更加坚固,更容易得到客户的信服。

(三)律师网络职业形象注意事项

由于职业本身的特殊性,律师不仅不能够像很多网红那样无所不用其极地博眼球,而且要尤为注意并保持自己塑造出来的网络职业形象。律师的网络职业形象应当是正直、公正并且能够给人以安全感和信任感的,这也是作为律师在网络平台上时刻应该注意和坚持的。而那些有损律师网络形象的行为,则会遭人吐弃甚至受到相应的处罚。

【理论思考】

1. 你认为律师最重要的职业形象特质是什么？

2. 现在有不少律师通过网络平台走红，有的粉丝数量高达百万。不少广告商和品牌方从中看到商机，便与律师合作，甚至有律师开始直接"带货"。对于这种现象，你怎么看？

【法理分析】

1. 学习本节内容，与律师职业形象的特殊性相结合来考虑上述问题。

2. 结合《律师执业行为规范》中的相关内容来考量律师职业形象。

第二节 律师与当事人交往的技巧

在律师的执业生涯中，一般来说交往最多的往往是案件当事人，并且律师与当事人的交往会贯穿于案件的全过程。《律师执业行为规范》第 34 条规定："律师应当与委托人就委托事项范围、内容、权限、费用、期限等进行协商，经协商达成一致后，由律师事务所与委托人签署委托协议。"而协商的过程，自然都是需要与当事人进行交往和沟通的。在一个案件中，最基本的三个步骤就是接案—办案—结案。在接案过程中，绝大部分律师需要自己去接待当事人，并为当事人分析案件情况，衡量合理的律师费。在办案过程中，当事人会时刻关心自己案件的进度和走向。最后结案时，律师也需要告知当事人案件的结果。所以，与当事人交往的技巧是律师实务中必不可少的一项技能。

一、建立良好的交往环境

想要与当事人建立良好的沟通，首先需要选择一个良好的交往环境。这里的交往环境主要分为硬件环境与软性环境，并且这两方面需要相互结合才能够达到一个良好的交往环境，使得沟通更加顺利地进行。

（一）硬件环境

硬件环境，主要指的是沟通的物理环境，包括室内的摆设、设计等，这些都会在一定程度上影响沟通的效果。在与当事人沟通的硬件环境中,有两大要点是比较重要的,一是要令人舒适,另一个是要具有私密性。当事人与律师沟通一般都是因为遇到某些纠纷或者是令人困扰的事情,而舒适的环境自然有助于当事人放下心中的焦虑,使其能够在舒适的沟通环境中足够放松。而要具备舒适性,沟通的环境至少必须是整洁、安静的。试想在脏乱不堪的会议桌边或者嘈杂的接待室里,哪个当事人能够放松地倾吐自己遇到的困扰?当然,要达到舒适性还可以增添一些适当的装饰品,使整个环境严肃而不失典雅,使氛围更加融洽。同时,沟通的硬件环境应当有足够的私密性,这样才能够让当事人有足够的安全感。要具备私密性,空间要大小合适,接待的空间与相应的人数匹配即可,不要在非常空阔的环境中,因为那样反而会让人觉得没有安全感。如果有窗户等可以从外面窥视接待室内部的,则应加装窗帘等进行物理隔离,以营造足够的私密性。

(二) 软性环境

具体指的是沟通氛围的营造。所谓的沟通氛围,其实主要是指沟通时参与人的情绪及其形成的气氛。在人与人沟通中,相互之间的情绪、气氛与沟通这件事情本身是有着同等重要的价值的。试想两位不同的教师教学,即使是相同的上课时间和课程大纲,整个课堂的氛围是轻松愉悦还是紧迫冷漠,带来的学习结果和学习体验也肯定是完全不同的。再举一个工作环境的例子,同样的一个人,在充满怀疑、质疑的工作环境与在融洽、鼓励的工作环境中,将会表现出完全不一样的工作成果和工作态度。沟通的软性环境及氛围的营造很难用言语来描述,但其重要性是值得一名律师好好研究和改善的。

将合适的硬件环境与适当的软性环境结合起来,才能构成沟通的初步条件。而只有在达到良好的沟通环境后,沟通才能够更加顺畅地进行下去。

二、懂得倾听

"倾听"这个词,在很多沟通类书籍中都会提及。很多人认为,倾听没有什么难度,毕竟在没有语言障碍的情况下,大部分当事人表述的话语都是可以听懂的。但这里所说的"倾听",与普通的"听"是有很大的区别的。听,只是一个基本的生理过程,是声波通过介质传入耳膜的过程。但是,倾听不只是听,而是在听到之后经过思考,总结出听到的内容,内化成自己的想法。

当事人其实是非常需要被倾听的一个群体。一项关于律师倾听能力与执业成就的调查显示,一名具备优秀倾听能力的律师,执业成就往往也相对较高。在律师与当事人沟通过程中,若将倾听进行阶段性细分,那么其步骤分别是:听到信息—专注思考—了解细节—回应反馈。

关于听到信息。律师接触的当事人来自各行各业,其教育背景、文化程度、语言表达能力等都参差不齐,因此律师想要做到"听到信息"这件事也并不是想象中的轻松。当事人说话的速度、说话声音的大小以及清晰程度都会导致律师对于信息获取的偏差。律师无法预见每一名当事人的语言能力,故对于自己听到信息这种技能的训练和调整就尤为重要。正如前文所提及的,听到信息只是一个生理过程,是人的内耳受到冲撞,这种冲撞来自一种声波的频率,于是人们听到声音。而在与当事人的沟通交往中,律师往往会听到大量的信息。例如,一名女性当事人在咨询有关离婚事宜的时候,可能将其恋爱和婚姻故事完全表述给律师,并详细阐述她现在的心情和遭遇,也有可能希望取得律师的理解和同情。这样,律师势必就会听到大量与其婚姻有关的信息,然而这些信息绝大部分可能与案件并无直接关系。可见,听到信息只是律师与当事人沟通的第一步。

关于专注思考。如果说听到信息是一种生理过程的话,那么专注思考则更偏向于一种心理过程,是一种内心作出选择的过程。由于从当事人口中听到的信息相当繁多,律师无法也没有必要对每一个信息都倾注极大的专注力,因此必须有一个筛选的过程。在当事人陈述整个事情经过的时候,律师应结合自己的法律专业知识,对信息作一个初步筛选,留下其认为需要的法律事实,然后进行专注思考。例如,对于前文提到的咨询离婚的女当事人,律师更加需要了解的是离婚的原因、是否有过错方、双方目前的财产情况和子女情况等与诉讼离婚相关的一些事实。基于这些事实,律师结合法律规定进行专注思考,才能够推进与当事人的沟通过程。

关于了解细节。在听到信息以及专注思考过后,律师有时会发现整个事件缺乏一些关键性的环节,并且这些环节是被当事人忽略的,原因可能是当事人并不认为这些是关键的细节。那么作为律师,在经过专注思考后应当进一步去了解相关细节。这也是体现律师专业性的一个重要方面。了解细节是建立在律师已经理解前述信息的意义并且经过专注思考的基础之上的。能够精准指出大量信息中所遗漏的关键细节并不是一件容易的事情,这也与第二步专注思考的过程息息相关。

关于回应反馈。对于当事人陈述的信息给出回应反馈,也是验证律师是否达到有效倾听的途径。回应反馈不是作为一个终结性动作存在的,而应当贯穿于案件沟通的整个过程。反馈可以是语言式的,如对于当事人的陈述,律师作出一些判断,并提出一些疑问以引导当事人陈述重要的事实。反馈也可以是非语言式的,如在与当事人沟通过程中,律师要始终保持与当事人的目光接触,并在适当的时候反馈一些恰当的表情和动作等。这样才能使沟通的过程更加自如和积极,也更能够保证信息的顺畅传递,从而形成一个良性的倾听过程。

三、与当事人沟通的语言技巧

语言其实是上天赋予人类的一种特殊的技能,也是律师必须利用好的一种神奇的工具。语言是任何其他方式都无法媲美的沟通工具,可以使人们的交往、沟通更加顺畅。反之,若不能巧妙地运用语言的功能,则会使人们的沟通发生障碍。作为一名律师,要学会与当事人沟通,自然需要掌握一定的语言技巧,这是律师在执业过程中的一项重要技能。以下将按照律师与当事人接触沟通的过程,分阶段介绍律师在不同阶段运用到的语言技巧。

(一)初步介绍,建立信任基础

一般来说,律师的当事人来源于朋友介绍或者是主动前往律所咨询的当事人。无论当事人来源如何,绝大部分当事人都是律师之前并不认识的,那么与律师第一次见面肯定是需要一定的时间建立信任基础的。第一次见面时,律师应当进行初步的自我介绍,这时的语言表述不建议有过多的自我夸奖部分,以简洁明了为宜,通过简单的语言表达来展示自己的职业形象。由于大众对律师这个职业是有一定认知度的,因此与当事人初次见面时律师表明自己的身份后可以迅速将当事人带入当前的法律咨询场景中。一般而言,在律师作简要介绍后,当事人就会主动开始陈述案件经过。

(二) 引导式提问,全面了解案情

大部分当事人在陈述案情时都会带有自己的情绪,其表述往往具有较大的主观性和倾向性。从内容上,他是在陈述案件事实,但实质上他可能更多是在通过情绪性语言表述个人对某件事情的态度。那么,律师想要高效全面地了解案情,就要懂得使用提问这项重要的工具,通过提问来引导当事人说出自己想要的信息。

要获取自己想要的案件信息,律师可以对当事人进行引导式提问。律师在了解当事人陈述的大概事实之后,便可以根据实际情况开始引导式提问环节。有两种比较常见的当事人,一是滔滔不绝式。此类当事人一般会将所有的情况、问题一股脑地讲出来,但其表述中往往夹杂着较多的个人情绪,陈述的事实也往往会存在前后矛盾的地方。二是言简意赅式。此类当事人可能短短几句话就说完了他目前遭遇到的困扰,一般也不太擅长表达自己的情感。无论是什么类型的当事人,律师都要注意引导其陈述更多的与案情相关的事实,以帮助后面的工作更好地开展。

例如,在遇到合同相关纠纷时,当事人可能表达的是签订合同的来龙去脉,具体是和谁商谈的,由谁具体执行合同内容,在履行过程中是否还涉及其他的企业或个人,等等。对于这段陈述,作为律师可以提问:"请问签订合同的主体是谁?"听到这个问题之后,当事人就会意识到自己应当回到合同的关键信息上,这也可以帮助他理清楚思路。

又如,在交流过程中,当事人可能较为啰唆且武断地认定一些情况。此时,作为律师可以提问:"请问你刚刚那段话陈述的情况,有什么相关的证据能够证明吗?"通过这样的提问,可以让当事人思考自己的表述是不是过于片面,律师可以结合相关证据,让其表述回到法律关系的范畴之内,找出关键点,从而更加有利于解决问题。另外,这样提问的好处在于,让当事人有充分的心理预期,让他明确证据与事实的关联性,理解证据的至关重要之处。

再如,有些犹豫不决的当事人,可能出现患得患失的状态,任何利益都不想失去。此时,律师可以提问:"请问对这个案件你最关心的是什么?绝不能够让步的底线在哪里?"通过问题来引导当事人理清楚其内心最重要的目标,也能更好地为律师后续工作指引方向和重点。

(三)合理运用语言,产生共情

恰当的语言表达对于案件沟通和当事人心理感受有着积极的影响。同样的意思通过不同的语言表述出来,给人的感受和达到的效果都会有很大的差异。试想一下,我们在交流中是不是曾经使用过以下这些语句:"你怎么会弄成这样?""这么做,之前难道你都没有动脑子思考一下吗?""你这样是不对的,这么做肯定行不通。"等等。这些表达都具有负面性和攻击性,听到这种话语的对方,很可能本能地就想要反抗和防卫。人天生都会有自我保护的本能,在接收到攻击性话语的时候,就会本能地打开自己的防护罩,而这会导致在沟通中筑起屏障。

律师懂得合理运用语言,能够让当事人更快地建立信任,并能更通畅地表述案情。首先,建议使用"我们"的字眼。善于使用"我们",能够传递作为倾听者的律师对目前正在探讨的案情是与作为表述者的当事人站在同一个立场的态度,是在共同关心着这个事情,并且能够表达作为律师愿意为这个案子负责的决心。"我们"这个词语比较容易让整个沟通的氛围更加具有建设性,从而能够让当事人感受到"这就是我的律师""我的律师和我同在"。其次,要注意适时予以回应与认可。在与当事人沟通中,作为倾听者的律师在恰当的时候给予有效的回应和认可,对当事人而言是积极且具有鼓励效果的,也会大大提升整个交往和沟通的效果。就回应而言,当事人在表述案情过程中如果提出一些疑问,律师应当及时给予认真解答。如果当事人并未提问,那么律师可以在对方表述案情过程中配合以表情、眼神来表示自己的专注度,必要时还可以加上点头微笑等细节动作来鼓励当事人继续陈述。最后,如果当事人在讲述中出现卡顿,则律师可以适当接话,帮助其继续讲述。例如,"我总结一下刚刚你大概的意思,我理解得恰当吗?""没事,你可以慢慢说",等等。在恰当的语言帮助下,律师可以表达出自己对当事人的共情,从而取得当事人的高度信任。

(四)避免情绪性语言和武断性结论

作为一名律师,在与当事人沟通过程中,要让自己保持积极的情绪和态度,这样才能够使整个沟通过程更加顺畅有效。但人是情感动物,人与人之间的交谈有时难免会夹杂一些负面的情绪或者比较激动的言辞。因此,在与当事人谈话之前,律师应当先对自己的情绪进行梳理,确保自己在平和的状态下开始一段谈话,并且应当理智地把关注的重点始终放在事实上而不是已发生事实的情绪中。

保持积极、避免情绪化语言的一个比较不错的方法就是,用中性词汇来进行语言表达。当遇到不同意对方观点的时候,最好不要直接、快速地表示反对,而是在听完当事人的观点表述后委婉地提出自己的建议。在提建议时我们可以巧妙地运用"假想第三人",比如说:"如果发生这件事情,我相信有的人会认为这样的做法并不是那么正确。"

这里的"避免情绪化语言"不是要求律师将自己所有的情绪都消灭掉,毕竟情绪与我们的身体无法分割,是一种感觉,无关对错。既然无法将它消灭,那么我们就要去接纳它,并且要学会如何去驾驭自己的情绪,即有意识地控制情绪,而非被情绪牵着走。那么,如何控制自己的情绪呢?其实是有很多方法的,如学会换位思考,学会区分事情本身和情绪。其实,我们要做的就是将事情与情绪分割开来,即使是在仅有双方的谈话中,也要从第三者的角度客观看待此次谈话,要始终站在中立的角度去俯视整个谈话,切忌急于向对方进行语言攻击或者提出反驳。"就事论事"这个词语说起来相当容易,但要付诸实践却并非易事。在将事实从情绪中剥离出来之后,我们就不难发现,有些夹杂着情绪的判断并不是那么准确,有些本以为非常严重的错误或者观点,在将情绪剥离后,其实也并没有想象的那么严重。

当然,律师作为专业人士,不能够为了博得当事人的认可而一味去认同当事人的各种表述和结论,这么做有时只会适得其反。在对案件事实和适用法律作出判断的时候,律师更应当结合自己的专业知识,经过仔细思考后再给出相关建议,而非人云亦云或武断地得出结论。

四、与当事人沟通的注意事项

(一)有关拒绝

当事人对于律师而言固然是相当重要的,但懂得适当拒绝当事人也是律师必须掌握的技巧。需要明确的是,律师提供的法律服务虽然具有商业性,但律师却不能够完全以利益为导向。所以,律师应当理性把控当事人提出来的要求,而非事事顺从。当事人往往会向其聘请的律师提出各种要求,而且往往觉得自己的要求都是合理合法的。而律师则要让当事人明白,律师并不是万能的,也不是任何事情找了律师就一定能够解决。很多律师会觉得当事人对其非常重要,特别是一些刚刚执业的律师,由于缺少案源和机会,往往会对当事人的任何要求都小心翼翼,不敢轻易拒绝,总觉得只要对当事人说了"不"之后,就一定会失去相关案件的机会。但是,往往凡事顺从才是失去当事人的开始,对于不能够做到或者是不能够做的事情,律师应当从一开始就予以明确,并且坚持自己的原则。

关于如何拒绝当事人的要求,也是有一定技巧的。如果当事人要求律师从事一些违背自己职业道德的行为或与办案人员进行一些私下的联络等,则律师应当直接告知当事人相关的做法是违反其基本职业道德规范的,建议当事人将关注点放在案件本身上。如果当事人对于自己的案件提出非常多不合理的想法和要求,律师则可以从客观事实出发,结合法律规定进行客观中立的分析,让当事人全面、理性地了解案件可能的走向,然后再根据其提出的要求——予以解析;对于当事人不合理的要求,律师可以委婉拒绝并说明原因。一般来说,在得到合理的解释之后,当事人都能平静地接受可能遭遇的风险。极端情况是,当事人在得到理性分析后仍然坚持自己的想法和要求,此时律师应慎重考虑是否拒绝当事人的委托。当一名律师勇敢地说"不"时,他失去的可能是一笔不菲的律师费,但获得的可能是无价的口碑。

(二)当事人也许在"骗"你

在与当事人沟通的过程中,律师需要注意防范的风险之一在于,你的当事人也许在"骗"你。这里的"骗"并不是指恶意的欺骗,因为很多时候当事人也许是对于法律存在曲解,也许是因为个人的情面,在律师面前陈述的事情不是客观的。而律师最忌讳的就是将当事人陈述的事实全盘接收进来,不去考虑事情本身是否存在的前后矛盾或者不合乎常理。对此,律师应当根据自己的经验,对于事情本身有一个自己的基本判断,对于不符合常理、逻辑的地方可以重点询问,必要的时候可以以谈话笔录的形式予以记录。

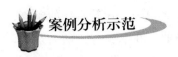
案例分析示范

【案情简介】

王律师作为一名执业已满五年的律师,一直从事民商事案件的代理工作。一天,王律师正在律所撰写一个案件的起诉状时,接到律所前台小张的电话,有两名男士在律所前台,想要找律师咨询一些自己公司遇到的纠纷。

王律师于是立刻放下手头的工作,做了些准备后,便前往客户接待室,接待这两名上门咨询的客户。进入客户接待室后,王律师先作了初步的自我介绍,随后与客户交换了名片。王律师在拿到客户名片后,便顺手将客户的名片放在了一旁,并开始介绍自己从事多年律师的执业经验,声称自己对公司类业务相当熟悉。

经过一番交谈获知,这两名男士合作开了一家设计公司,并且已经经营了近十年的时间。公司人员虽然不多,但是老板与员工相互之间的关系都非常和睦,所以公司一直没有签订过劳动合同,也没有制定过相关的人力资源管理制度。现在,公司遇到麻烦,一名员工提起劳动仲裁,公司方面也不知道该如何应对。王律师听完客户述说的相关事实后,心里虽然觉得在这个劳动仲裁的纠纷中作为公司这一方并没有什么可以胜诉的可能性,但是,为了能够取得客户的信任,王律师还是选择跟客户说这个案子还是有希望的,并且劝说客户,让客户委托自己代理公司去处理该仲裁案件。

【思考问题】

1. 如果你是王律师,在前往接待室前,你会做哪些准备?
2. 王律师与客户初次见面时的举动,以及后续接待客户的过程,是否有什么不妥之处?如果是你,你会怎么做?

【法理分析】

(1)首先,王律师应当整理一下自己的衣装,正视一下自己的形象,看看是否有不整洁、不得体之处需要调整。其次,前台已告知客户是来咨询与公司相关的纠纷,因此王律师可以大致思考一下涉及公司的法律要点。最后,准备好办公的用具,如笔、笔记本、电脑等,方便在咨询过程中进行记录。另外,王律师还需要准备好相应数量的名片,在初步介绍认识的时候给客户一个比较直接的印象。

(2)对于陌生客户的接待,王律师的做法是欠妥的。在拿到客户的名片后,应仔细阅读名片上的姓名、抬头等关键信息,以表示对客户的尊重。另外,基于前台转达的信息就直接开始介绍自己的业务领域,容易造成信息的不对等,让客户的第一印象不好。

对于后续的客户接待,在听完客户陈述的相关事实后,王律师已经分析得出本案作为公司一方几乎不可能胜诉。因此,王律师应当根据法律规定,如实地将自己的判断告知客户,让客户能够在有充分的心理准备后,自行选择是否委托其去应诉。此外,王律师还可以通过客户陈述的事实分析得出,这家公司在管理上存在一定的缺陷和漏洞,可以从常年法律顾问的角度切入,为客户从根源上查漏补缺,提供优质的法律服务。

第三节 律师与法官沟通的技巧

一、正确理解法官的角色

作为一名律师,在执业过程中必不可少的工作之一就是与法官沟通。法官也与普通人一样,在不同地区、不同类型案件中,律师会接触到形形色色、多种多样的法官。而对于法官这个角色的定位和正确认识,是律师与法官沟通的前提和基础。

(一)法官不是律师的敌人

法官作为司法工作者,在司法裁判中处于中立的位置。也就是说,他们本身与律师就不是一个对抗的关系。所以,律师在办理案件的过程中完全不必觉得自己是与法官对立的角色或者要与法官抗衡。事实上,法官更加欣赏和尊重认真对待案件并且专业的律师。无论是民事案件还是刑事案件,法官对于案件的态度都是站在公平正义的角度去合法解决纠纷,去惩罚犯罪,去保护当事人合法权益,而站在律师的对立面并不利于其目标的达成。如果在案件中遇到的是认真负责并且准备充分的律师,在与当事人的沟通上也能尽到自己的职责,则对于法官而言是有利的,这有助于其更加顺利高效地去裁判案件。所以,律师应牢记,法官并不会视律师为敌人,律师更不应该视法官为对手。

(二)法官并非"高不可攀"

不少律师对法官望而生畏,这个心态其实是极其不正确的。法官作为诉讼活动的主导者,虽然在流程上掌控着诉讼的进度,但他们与律师仅是职责和分工不同而已。在诉讼活动中,法官和律师是具有平等法律地位的,法官并非想象中的"高不可攀"。站在法官的角度考虑,作为法官是一份神圣而庄严的工作,但是这份工作也与大部分普通的工作一样,少不了艰辛与阻碍。作为一名司法工作者,法官在工作中需要具有更加专业的法律知识和强大的责任心,所以他们会更多地体现出严肃、庄重的一面,但这并不等于他们拥有高不可攀的地位。作为律师,只有放平自己对待法官的心态,才能够更好地开展工作。

(三)划清与法官的界限

作为一名律师,在与法官的交往中一定要注意与其保持合适的距离。这是律师执业的警戒线,也是红线。这个界限在哪里?我们可以从相关的规定中找到依据,如最高人民法院、司法部印发的《关于规范法官和律师相互关系维护司法公正的若干规定》等。没有规矩不成方圆,律师在与法官沟通的过程中需要保持适当的距离,这可以使整个法治环境更加透明、公正。

二、与法官沟通的语言技巧

谈到与法官的沟通问题,不少律师会产生抱怨,感觉和法官的沟通好像经常不是非常愉快,甚至一些执业多年的资深律师也有这样的感受。但是,如果律师能深刻理解法官的工作,并掌握与其沟通的语言技巧,就会发现与法官的沟通变得顺畅很多。在学习与法官沟通的语言技巧前,我们先站在法官的角度来看一看他们的工作。一线的办案法官往往承受着巨大的工作压力和工作强度,特别是一、二线城市的法院,平均每位法官三天甚至更短时间就要办结一个案件。如此繁重的工作必然导致法官没有足够的时间和精力与律师进行细致的沟通。所以,我们将从以下三方面阐述律师与法官沟通的语言技巧,希望能够帮助律师更高效地与法官沟通,达到自己希望的效果。

(一) 学会理性对话

在代理案件过程中,律师在各个阶段和环节都需要与法官进行交流和沟通,保持理性对话是推动案件进程的必要策略。理性对话有"理性"和"对话"两个层次的含义。理性,要求律师在和法官沟通过程中注意通过客观的事实和需要来表述自己的观点,不要夹杂过多的个人情感和感情色彩。对话,强调的则是双方的互动,是有来有往的交流而非单向的陈述。总之,律师在表达自己观点的时候要注意倾听法官的表达,不仅要听见法官的声音,还要准确领悟法官的意思,并应抓住每一次交流的机会。只有理性对话,才能够确保高效地从沟通中获取案件的重要信息,从而实现沟通的目的。

(二) 运用法官熟悉的语言

作为司法工作者,法官和律师都是法律职业共同体成员,自然应当拥有与其相同的沟通语言体系。因此,律师在与法官沟通的过程中要善于使用法官熟悉的语言,也就是我们所说的"法言法语"。法官的日常工作环境中充斥着法条、专业的法律文献等,诸多内容都是由法言法语构成,而法官撰写的判决书更是具有深度的说理部分以及法律分析,故法官熟悉的语言一定是具有专业性质的法律语言。律师在与法官沟通中,理应熟练地使用这些专业的语言,这一方面能够在与法官短暂的沟通中体现自己的专业程度,另一方面也让法官能够有熟悉的感觉,更愿意与律师沟通。

(三) 掌握以退为进的语言技巧

做到以退为进并非易事,很多律师在得到与法官沟通的机会时,便容易咄咄逼人,不留余地。如果法官提出的某些观点与自己的理解不同,很多律师更是像抓住把柄一般,不肯松手。特别是在办案过程中,在遇到法官驳回自己的申请、观点时,多数律师的第一反应是发挥自己三寸不烂之舌的功夫,想尽一切办法去说服法官。然而,这种做法往往效果都不尽如人意。合理的做法是,律师这种时候应当选择退一步,站在法官的角度去了解其作这样决定的具体原因,而不是急着去反驳。法官也能够通过律师的语言感受到律师的诉求,只有在得到充分理解和尊重的前提下,法官才能够更加心平气和地与其沟通。相应地,律师才能够多角度地掌握案件动态，从而更好地去思考解决的方案。

三、律师开庭的语言技巧

参与庭审是一名诉讼业务的律师必不可少的工作环节，开庭也是直面法官、与法官交流的最庄重、最严肃的环节。律师在开庭时的语言技巧大多体现在细节之处，掌握在法庭上的语言技巧，对开好一个庭来说会起到事半功倍的作用。

（一）法庭发言的音量

法庭发言的音量需要适当，在法庭上无论是声音过大或是音量过低，都不是恰当的选择。声音过大容易让法官觉得嘈杂，并且也与严肃庄严的法庭不相适宜。但音量过小，会令法官难以听清你表述的观点和见解，可能对案件造成不好的影响。律师在法庭上发言的重点并非想尽办法去说服对方律师，而应当是让法官认可我方的观点和分析。所以在法庭上，律师不是要去与对方律师比较谁的声音响，而应当有理有节，让法官能够清晰地听到我方的观点并且理解、赞同我方想表达的意思。

（二）法庭发言的语速

法庭发言的语速应当适当放缓，并且应慢于正常说话的语速。不少律师特别是青年律师在执业过程中有一个误区，认为律师本身就是专业、自信的代表，而滔滔不绝、一气呵成的发言才能给人信心满满、胜券在握的感觉。还有律师认为，以较快的语速表达观点能够反映其思维敏捷、专业知识深厚，从而能够达到从气势上压倒对方的效果。再联想到我们接触的影视剧中的开庭，专业的大律师无一不是在法庭上口若悬河，一副唯我独尊的气势。然而在真正的开庭实践中，律师的语速控制尤为重要，有时甚至可能决定整个案件的走向。律师在开庭时的重要任务是让法官能够清晰掌握我方表达的观点，并且被完整、清晰地记录在庭审笔录中。就法官而言，律师在陈述观点时应突出重点，把握好节奏。在比较复杂的说理部分，应理清逻辑顺序，可以使用一些连接词，使法官更好地理解。同时，律师应当时刻关注法庭记录的情况，确保自己表述的内容都被完全清晰地记录在案。需要注意的是，现在很多法庭已经采用语音自动识别设备进行庭审记录,为适应此类设备要求,律师应当吐字清晰,放缓语速,并且应减少不必要的语气词,以利于其准确、完整地记录下律师所表述的观点。

(三) 法庭发言的其他注意要点

法庭上的语言表达要保持平和,用词规范。在法庭上发言与演讲不同,不需要有过于浓郁的感情色彩。法庭是一个摆事实、讲证据的场合,并不是艺术表演舞台,脱离事实、专注于演绎的发言,只会适得其反。

另外,律师不仅是当事人的委托代理人,也是法律的代言人,在法庭上切忌使用攻击性语言,或是使用指责对方的语句,如"我认为对方律师的陈述漏洞百出",或是一些贬低对方的词语,如"一派胡言""荒唐至极"等。虽然对方的观点确实让你觉得难以接受,但以上表述看似打压对方,实则会让法官及各庭审参与人觉得这样的律师没有涵养。

案例分析示范

【案情简介】

陈律师承接了一个房屋租赁合同纠纷的案件,作为被告的代理律师,陈律师非常认真地了解案情,并且在仔细查看了原告的起诉状和证据后,准备了充分的答辩意见。陈律师信心十足地等到开庭的日子,当事人也一同参与了庭审。

陈律师对此次开庭非常有把握,于是让当事人放一百个心,并告知当事人这个案件肯定没有问题。庭审开始,在原告陈述完诉讼请求后,陈律师开始进行答辩。只见陈律师拿起自己精心准备的将近十分钟篇幅的答辩状,用充满感情色彩的语气,抑扬顿挫地发表着自己的观点。然而,在陈律师仅说了两分钟后,法官便将其打断,要求其简要陈述观点,并将纸质材料提交一下即可。陈律师当庭表示自己是充分准备了答辩意见的,并继续坚持将其陈述完毕。

在后续的庭审环节中,陈律师心中一直心存芥蒂,觉得法官处处针对自己。到答辩环节,法官针对本庭的争议焦点,连续询问了陈律师几个问题,陈律师终于忍不住,公开表达了自己的不开心,并且当庭指责法官针对自己,觉得法官非常不公正。

【思考问题】

陈律师的做法哪些地方是不妥当的？如果遇到同样的情况，你会怎么处理？

【法理分析】

陈律师对待案件的认真态度值得学习，但文书制作应当言简意赅，避免陈词滥调。庭审中会遇到各种突发情况，律师应事先作出预判，并应当做好充分的心理准备来应对各种情形。同时，与法官沟通要注意方式方法，不能夹带过多的个人情绪，这样并不有利于案件的解决。

第四节　提升律师的沟通能力

前文分别阐述了律师与当事人以及律师与法官的沟通技巧之后，本节将对律师的沟通能力进行总体的归纳和提升。

一、懂得尊重

"尊重"这个词，我们从很小的时候就学习过，并且诸多的古诗词以及经典故事中都讲述过尊重的含义。作为律师，在与人沟通中自然应当懂得尊重别人。纵观整个法律行业的从业比例，完全从事法律研究的专业人士不会超过30%，其他的法律职业工作者大部分时间是需要与人沟通的。一名懂得尊重别人的律师，往往能够收获更加高效的沟通。

我们每天需要面对的人或者利益群体形形色色，最迅速获得对方好感的方法，就是尊重对方。在与人沟通过程中更值得关注的往往就是对方的情感需求，没有人愿意成为在交往沟通中被训斥和被教导的角色，更多的人的情感需求在于被理解和尊重。我们可以设想一下，人们一般会喜欢和什么样的律师打交道？是一开口便针锋相对、咄咄逼人？还是懂得礼让、平和交流的呢？很明显，正常情况下人们都会选择后者。

尊重是一种发自内心的态度和教养，伪装出来的尊重很容易在某些特定的情形下露出马脚。绝大多数情况下，在与法官、检察官等案件承办人员的交流沟通上,律师会表现出自己绝佳的尊重态度。但律师在履行法律援助义务的时候,接触到的当事人大概率是文化水平和学历层次比较低的类型的。在与此类当事人的交流中,律师更需要有发自内心的尊重,只有对尊重有深刻理解的律师才能够做到这一点。其实,职业不分贵贱,从事不同的职业只是社会分工不同而已,谁都没有资格和理由去轻视任何人。

需要强调的是,尊重不是无任何原则一味地去恭维对方,不是不经过思考,只是用卑微的态度去迎合对方以博取对方的好感。尊重是在充分理解了他人的行为和态度之后,发自内心地表示理解并且发表自己客观真实的想法的一种表现。对于客户的需求,律师要能够给出具有可操作性的解决方案,并能够将其一一落实,要通过实际行动表示对对方的尊重。

二、学会理解

在与人沟通中,理解对方其实就是站在对方的角度去思考对方为什么会作出这样的决定和选择,为什么会有这样的表达和态度。这个道理听起来浅显易懂,但要真的做到这一点却很有难度,因为人总是习惯性地从自己的角度出发对事情进行评判。

试想一个这样的场景,你的客户在被某项目方进行一番游说后,一拍脑袋决定投资,并且金额不菲。你作为他聘请的律师也在场,并且觉得此项投资具有较大的风险,需要慎重评估后再作出决定。此时,你其实是有义务提示客户各种潜在的风险的,而且绝大部分的律师也能够意识到自己负有提示的义务,但做法却因人而异。那么,应该如何应对呢?不少律师此时会检索相关的法律规定,将法条罗列出来,觉得摆事实、讲道理的方法肯定能够获得客户的认可,但事实可能正好相反。此时比较好的方法就是,站在客户的角度去理解他作出这个决定的原因,去接纳他的想法和情绪。在态度上,你可以表示对他的认可,然后才能鼓励他向你陈述更多的想法和原因。比如,你可以说:"你刚刚说的我也觉得蛮有兴趣的,不知道是不是可以告诉我更多的一些信息。"即先表达自己对客户的理解,然后一步步引导其说出自己的兴趣点以及作出此类决定的主要原因。只有在客户全盘说出自己的想法和重点后,律师才有可能根据其需求给出合理的建议和方案。如果在沟通中对方表现出一些负面的情绪，如不满和烦躁等，则律师要表示理解并及时舒缓客户的情绪，比如可以说："我非常理解你现在的处境，这种情况肯定是让人觉得不舒服的。""换作是我的话，我也会觉得非常困扰。现在，我们可以来看看有什么解决的办法。"这样的言语可以帮助客户稳定情绪，从而将其引导到正面的思考方向上来。

三、获得信服

"信服"是信任与心服的组合，也是人与人产生链接的纽带。放眼古今中外各大成功人士，我们不难在他们的身上发现一个共性，就是值得人信服。他们拥有的一个共同特点就是能够快速地取得陌生人的信任，这是一种极强的与人建立连接的能力，也是引导他们走向成功至关重要的一点。

那么，具有什么样特质的人才能够更让人信服呢？一般而言，这样的人都具有积极、阳光、体贴、周到的品质。与这样的人交流，对方会感觉到自己更加容易被理解，也更加能够放松。当一个人处于放松状态时，其实你已经获得了他的信任。在取得对方信任后，律师可再通过进一步的交流和专业表现来获得对方的信服。

还有一个快速与陌生人建立链接的方式是赞美。人的本能都是会与陌生人保持距离、产生戒备的，而想要迅速获得陌生人的好感，一般可以通过赞美的方式切入谈话。例如，在一个商务社交晚宴上，熟悉的朋友给你引荐一位新朋友，在互相介绍之后难免进行一番寒暄。此时，你通过细致观察找出对方的特别之处并加以称赞，诸如对对方佩戴的特别的饰品或是从事的工作领域等表示赞美。又如，在与客户交流的过程中，当对方提出自己的疑问时，我们可以对问题表示认同，可以说"你这个问题问得非常及时"，或者在对方说完自己的想法后，你可以说"你这样的看法我觉得很有道理"。诸如此类的表述会让对方觉得与你沟通的过程非常舒服，自然能够感受到你的亲和力，从而对你产生信任。

对于律师而言，在建立信任后再发表自己的专业意见，更加易于让人接受，也更加能够达到令人信服的效果。

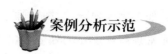

案例分析示范

【案情简介】

陆律师应朋友邀请参加一场商务会议,会议举办地点在市中心某五星级酒店的会议中心。在主办方简短发言后,会议主要以自由交流的形式展开,参会人员大部分是来自各行业的创业者,且他们的企业已经具有初步规模。

陆律师已经执业两年,一直在做民商事方面的案件,因此这次商务会议对陆律师而言是一个结交朋友、拓展客户的好机会。自由交流环节刚开始,陆律师的朋友就向其引荐了一位企业家刘总。原来,刘总的企业遇到一点麻烦,合作客户一直拖欠货款,刘总对此甚是头疼。在从陆律师的朋友口中得知今天的商务会议有律师参与,刘总就想顺便来问问,了解如何处理比较稳妥。

【思考问题】

陆律师在认识刘总后,采用怎样的沟通方式更加合适?

【法理分析】

陆律师应掌握与人交往的基本技能,展示专业又不失礼貌的一面,配合会议的环境和氛围对刘总的问题作简要、适当的回答即可。一般来说,参会时刘总不会带着相关材料,而在没有全面了解事实情况前,律师不宜轻易下定论。陆律师可以和刘总预约一次会后面谈,并请刘总届时准备好相关材料赴约。此外,对于这种商务合作纠纷,律师不要轻易怂恿当事人去起诉,而是根据实际情况进行判断,给予客户一些中肯的建议。

第五节 思考与实训

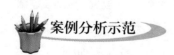

案例分析示范

【案例 1】

【案情简介】

章律师是一名拥有三年执业经验的律师,从实习律师开始便一直在 A 律所工作，A律所是一家国内的知名律所。某天，章律师接到团队合伙人律师的工作安排，要求其在当天下班前草拟一份合同，并告知其已经答应客户，合同会在第二天下午一点前定稿并且给到客户。

　　章律师接下该工作后半小时内，又陆续接到另外两件紧急的工作安排。处理好后两件工作后，时间已经临近下班。章律师立刻整理思路，查看工作群中客户发来的合同细节要求，开始草拟合同。晚上7点，团队合伙人打来电话，问章律师合同初稿是否完成，章律师向合伙人解释了白天的工作，并承诺当晚12点前会拿出初稿。

　　晚上12点，章律师完成初稿，但他觉得这份合同比较重要，还是第二天上班后自己再查看一遍比较稳妥。于是，在没有发送给团队合伙人初稿的情况下，他先休息了。

　　第二天上班后，章律师又接到其他的工作安排，由于比较紧急，他就又先去处理了别的工作。等到忙完，已经是接近中午的时间了。章律师发现，在草拟合同的工作群中，客户已经在询问合同是否草拟好初稿的事情。

【思考问题】

章律师此时应当如何处理比较合适？

【法理分析】

　　章律师对于这份草拟合同的工作其实是认真谨慎的，但是在工作时间安排上欠妥当。本来答应团队合伙人下班前拟好合同初稿，后改为晚上12点前可以上交初稿，但由于自己的一念之差又没有兑现。第二天也由于自己的疏忽而导致再次拖延。此时，比较合适的做法是诚恳地向客户说明情况，并及时将已经完成的初稿发送出去。之后，及时与客户沟通，根据客户的需求及时给出修改版本，以最诚恳的态度和专业的水平完成此次客户委托的事项。

【案例2】

【案情简介】

　　周先生通过朋友的介绍，加了钟律师的微信，向其咨询一个朋友借钱不还的纠纷。钟律师通过了周先生的好友申请，通过微信了解基本案情后，预约周先生来律所面谈。

周先生按时赴约,原来是朋友向他借了50万元,过了应还款的日期却迟迟不肯还款。几经催讨后,现在朋友不回复消息甚至也不接周先生电话了。周先生觉得,借出去的钱要不回来,多年朋友的感情也付诸东流。妻子又一直因为这事情和自己争吵,说当时不允许周先生借钱,周先生坚持要借,现在变成这样的情况,妻子完全责怪周先生。因此,周先生现在是苦不堪言,也不知道如何解决。

钟律师在理清楚民间借贷纠纷的事情脉络后,仔细查看了周先生提供的相关证据。在适当分析后,接受了周先生的委托,准备代理该案件,通过起诉周先生朋友的方式来要回欠款。

钟律师前往法院立案,但开始并没能立案成功,后来几经周折才成功立案。终于到了开庭的这一天,开庭时间为上午9点,周先生早早就等在法院门口,而钟律师因为堵车,开庭前五分钟才赶到法院,匆匆进入法庭开庭。两人进入法庭后发现,对方并没有来参与庭审。法官到场后告知钟律师,开庭通知未成功送达被告,现在只能进行公告送达。相关人员办完简短的手续后,法官离开。当事人周先生全程在场,对情况并不是很明白。出法院后,钟律师向其进行了一番解释。

这次庭审比较顺利,走完了所有程序。庭审结束后,周先生问钟律师是否能够胜诉,钟律师给出了肯定的答复。

【思考问题】

上述案例中,钟律师哪些做法值得我们学习?哪些做法还需要改进?

【法理分析】

钟律师值得我们学习之处在于,在接待当事人时知道把握与当事人交往的节奏和重点,并且认真查看了相关证据,在经过认真思考后才接受委托。在与当事人沟通的过程中,钟律师没有被当事人的情绪感染,也没有夹杂太多自己的个人情感,而是非常理性地对案件进行分析和梳理。在办案过程中,钟律师与立案法官、审判法官等的交流沟通都比较适度,也没有引起不必要的争辩。

钟律师需要改进之处在于,在前期沟通中应当与当事人进一步深入地分析其可能面临的风险以及庭审中可能遭遇到的情形,让当事人有更加充足的心理预判。在庭审结束后,钟律师不应当那么武断地给出当事人会获得胜诉的判断。

第九章

律师综合技能的提升

> **本章概要**

中国律师制度恢复至今已有 40 余年,在这 40 余年中,律师行业的发展呈现出一片欣欣向荣的景象。随着习近平总书记关于全面推进法治中国建设理念的实施,近年来,律师的数量也呈倍数级增长。截至 2022 年年底,全国执业律师的数量达 65.16 万人之多。随着律师数量及专业水平的提升,从大局出发,中国法治建设的理念及依法治国的总目标理应得到更好的贯彻落实。对于律师个人而言,这是一个极其严峻的挑战,同行数量的增加意味着客户选择面将更加宽广。与其他行业面临的难题一样,律师如何在该趋势下依旧保持强有力的竞争力并始终站在行业前端也是一个永久的课题。例如,在餐饮业中,虽然无论男女老少都有喜欢吃火锅的,但与此同时,商场里甚至一层楼能有好几家火锅店,港式的、辣味的、老北京的、牛肉的,各式各样的火锅店层出不穷。即使同一类型的火锅店,也有着许多不同的品牌。而在竞争如此激烈的火锅店中,"海底捞"这一品牌一直广受大家的欢迎,无论是服务、口味还是经营,都得到客人的认可。那么,律师又如何在竞争越来越激烈的行业中获得自己的特殊优势,成为律师界的"海底捞"呢?

在本章中,我们将探讨,作为现代律师,除了不断提升自身的专业水平外,还需要学习、提高哪些重要技能、能力,让自己成为一个全方位、多元化、多能力型的律师,从普通律师中脱颖而出,成为独特的自己,从而轻松取得客户的信赖、完成客户的委托、获得客户的认可。基于以上目标,本章将从高效办公、重新认识办公软件、养成良好习惯三个角度出发,阐述现代律师必备技能,为同学们将来从事律师工作打好扎实基础。

学习目标

能熟练运用本章推荐的软件或者能自行寻找到适合自己的软件并熟练运用,充分利用现代科技提升自身工作效率;学会合理安排工作、休息、娱乐时间,达到高效工作状态,即在工作时,能进入心流或类心流状态,专注工作的每一秒;用软件打造属于自己的知识库,合理编辑、安排知识库内容,即使在知识库庞大后,也能在第一时间找到自己需要的内容。

第一节 高效办公

有没有同学统计过自己每天实际学习时间有多长?一次学习最多持续多长时间不间断、不分心?其实,除天才和家庭具有先天优势的人外,我们大多数人一生能取得的成就基本上取决于其用于学习、工作的时间。这个世界上有许多的不公平,但唯有一样是公平的,那就是时间,每个人每天拥有的时间是一样的。在这公平的时间中,如果能比别人利用得更好,花费更多的时间去学习、工作,吸收的知识就肯定比别人更多,一般也就自然而然会比别人更出色。

也许有人会说,道理我都懂,但我不像别人能专心一意地进行长时间的工作、学习,总有事情让我分心,我的专注力比较弱。这个困扰很多人都有,三十分钟的学习时间里有效学习时间往往只有十分钟,只是看似学习三十分钟而已。这其实就是因为注意力不够,而注意力是可以通过训练或者其他外界工具辅助进行提高的。

电影《绿皮书》中有个很经典的片段,男主角托尼在为其老板唐开车时路过肯德基,买了一个全家桶,唐作为绅士认为托尼用手吃肯德基很不雅,托尼边吃边和唐说了一段其父亲告诉他的话:"我父亲曾经说过,无论你做什么,百分之百地做,工作就工作,笑就笑,吃饭的时候要像最后一顿。"全身心地投入,最高效地工作,才能让你能更充分地利用时间快速成长。无论你是否还是学生,也无论你今后从事什么职业,学会充分利用自己的时间都会让你受益。

一、高效办公之根源——专注力

在心理学中,"心流"是指人在专注进行某行为时的一种心理状态,是一种将个人精神、专注力完全投注在某种活动上的感觉,如艺术家在创作时所表现出来的心理状态。在此状态时,专注的人通常不愿被打扰,故此状态也称"抗拒中断"。心流产生时人会有高度的兴奋及充实感。简单地说,心流就是人在做事时的一种全神贯注的状态,可使人全身心投入,不受外界干扰,忘记时间的流逝。在这种状态下,做事的效率会格外地高。究其根本,就是人的专注力在那段时间里飙升达到顶峰。

有些人明明看似工作学习了一个小时,但实际上可能有二十分钟在玩手机,十五分钟在刷网页,再喝喝水、吃吃零食,真正用于工作的时间没有多少。对照一下,你平时是否有这情况呢?在这种情况下,同样的时间,你的工作、学习效率比进入心流状态的人低多少?而每个人拥有的时间是一样的,在同样的时间里更高效、更专注地工作、学习,其实节省的就是你自己的时间。从另一个角度来说,专注的人的时间比起那些随意工作、学习的人会翻倍甚至翻出好几倍。

所以说,专注是让"真正"的时间翻倍的秘籍之一。那么,怎么才能让自己进入心流状态以更专注工作、学习呢?对这个问题有兴趣的同学可以去网上搜寻一些相关的信息,以下是编者觉得有用的做法。

1. 番茄工作法

大名鼎鼎的番茄工作法,关注过专注力的人都应该听说过。其核心思想就是,用限定的时间倒数,让人更能感觉到时间流逝的紧迫性,通过这种紧迫性中让人体产生激素,让人感到兴奋、恐惧、紧迫,从而提高专注力。下面编者介绍一下自己是如何利用番茄工作法的。

每天到办公室正式开始一天的工作前,编者会先用十分钟时间理清工作思路,列出一天的工作内容,并按工作的先后顺序、重要程度、紧迫性等进行排列。如果当天有比较复杂、庞大、短时间内无法完成的工作,就要对它进行拆分,拆分成几个小工作,这样更容易完成。准备工作做好以后,拿出手机,设定二十五分钟工作时间,开始正式工作。这里需要说明两点:第一,计时工具可以选择手机,也可以选择计时器。编者更喜欢用手机,因为手机用来计时了,待会工作的时候就不会想着玩手机。第二,要选择那种全屏、大字、可锁定、无法退出的计时APP。这是为了让自己能更清楚地看到时间,同时也可避免看到手机上的其他APP而被手机影响。至于为什么计时时间要设定为二十五分钟,大家可以参阅番茄工作法相关资料,在此不再赘述。直到二十五分钟计时结束后,方可选择休息三至五分钟,再进行下一项工作,以此类推。

想提高专注力的同学可以去尝试,随着时间一分一秒地流逝,你的专注力会逐步提高,你会感受到时间在你身后不停追赶着你,让你无法停下手中的事务直至计时停止。

2. 限制下班时间法/提前安排事宜法

限制下班时间法,是指可以通过日程安排将自己的下班时间提前予以固定。比如,提前安排晚上 6 点看电影或约上几个亲朋好友聚餐。这样的话,你在一天工作刚开始的时候就知晓,今天必须准时下班,否则将会浪费昂贵的电影票或者错过来之不易的聚餐。但如果当天工作没完成,那怎么能下班呢?所以,只能"拼着命"去加快工作进度,也就不会去浪费时间,专心工作,间接提高工作效率。

提前安排事宜法。比如,在安排每日工作时尽量准确估算好时间,将约见客户、调查资料等事宜安排在中午左右,这样空出上午的时间进行文书性工作。而只有确保上午将所有文书性工作完成,才能不耽误中午出去约见客户。

这两种小技巧,其原理和番茄工作法是类似的,主要就是通过增加时间上的紧迫性提高专注力。同学们可以尝试安排自己的学习内容,并设定时间限制,比如在晚上安排一场约会或者一次社团活动等,并利用以上方法安排好自己的时间,提高专注力,确保自己白天学习的时间得到充分利用。

3. 寻找良好的工作、学习环境

据说,毛主席为了锻炼自己的意志和专注力,曾特地前往闹市区进行读书。很难想象普通人如何在嘈杂的环境中保持专注,这需要非常强大的意志力才能做到。而我们作为普通人,并没有这个必要做到这一步,我们要做的,就是寻找一个安静、氛围好、不宜被打扰的地方工作、学习,比如图书馆、没人的办公室等。一个良好的环境能让你不受其他影响,能极大地提高你的工作、学习效率。

4. 去除杂念

虽然我们依据上面所说找到了一个良好的环境,也采用了番茄工作法等方法,但人的思想有时候并不受自己的控制,会突然冒出一些想法,比如今天要给妈妈买件衣服,要把明天聚餐的餐厅预定好等。这些想法的出现并不是你不够专注,这是一个正常想象。如果在专注工作、学习时间内突然冒出其他想法,没关系,用笔写下来就行。这样,你就会发现你脑子里关于这件事的想法暂时放下了,可以继续专注于工作、学习,等这些工作、学习任务完成之后再去处理。别小看这一动作,如果你不写下来,会有两种结果:要么就是把这事给忘记了;要么就是这个想法一直在你脑海中闪出闪进,挥之不去,让你无法安心工作。我们的大脑是用来思考的,所以在脑子里出现这样那样想法的时候,写下来,继续专注于手头的工作,就这么简单。

5. 午休/小憩

如果我们平时关注过自己的注意力就会发现,我们的专注力往往在早晨更高,而下午、晚上会逐步下降。有时你想在晚上看一会儿书,会发现很难集中注意力。这是因为你的大脑经过长时间的使用也会累,也需要休息。所以,你可以在经过一上午的"脑部运动"后,午后休息一会儿(可以小憩,也可以选择放空大脑),让大脑得到放松,进行"重启",从而提高自己下午、晚上的专注力。不过要注意的是,休息的时间不宜过长,也不宜过短。午休时间过短大脑得不到充分休息,没有效果;而时间过长则会直接让你睡迷糊,适得其反。一般来说,二十分钟左右为宜。

6. 排除干扰

现代科技给人们带来便利的同时,也给人们带来了更多的干扰。比如,看电子书的时候会不知不觉中就去看网页、刷微博、看视频,这种现象其实很正常。要想专心工作、学习,当然必须尽量排除外部干扰。干扰有很多来源,比如电子产品、他人的声音、自己的思考、外界的反应等。我们不能阻止它们的出现,但我们可以选择其出现概率更低的环境,比如选择没有人的办公室、图书馆等安静的环境,尽可能地排除外界的干扰。又如,尽量看纸质书,手机尽量放在稍远处,不让它干扰到自己(除非你真的在等一个很关键的电话,否则不用担心会因为错过某个信息或电话会产生多大的影响,学习、工作结束后再去回复也是可以的)。当诱惑出现的时候,人有的时候无法抵挡得住,这是正常人的本性,但我们可以选择远离这些诱惑。

7. 工作顺序安排

律师的工作与普通白领不同,除了文书工作,他们还需要经常外出、约见客户、调取材料等。所以,工作安排有时候就很有讲究(当然,前提是有的工作可以由你来安排,比如约见客户的时间等)。由于一天之中人的专注力是有区别的,因此一定要利用好自己专注力最高的阶段,不要有所浪费。比如,将需要高专注力的工作安排在上午完成,包括写文书、思考案子等,而诸如回电话、写邮件、外出调取材料等工作可安排在下午,这些工作并不需要多高的专注力就可以完成。合理的工作顺序安排可以帮助你大大提高工作效率,节省时间。

综上所述,每个人可以思考一下,哪些技巧和方法是适合自己现在用的,又有哪些技巧和方法是适合以后工作中用的,并从现在开始慢慢使用起来,进而让这些技巧和方法成为你的习惯。提高自己的专注力,并充分利用自己的专注力,抓住每一分钟时间,这样你相当于比别人多出了成倍的时间。要想更快更好地成长,就要有比别人更多的时间和更高的专注力。

二、创造时间

所谓创造时间,就是不把时间浪费在无谓的、没有意义的事情上。

1. 充分利用碎片时间

一天的时间是固定的,但我们可以通过提高专注力来充分利用时间,从而实际上享有比别人更多的时间,其原理就是不浪费时间。其实,除了正常的大段时间,一天中还有许多碎片时间,白白浪费甚是可惜,比如坐地铁公交、等待他人等时间。别看可能每次只有二十分钟甚至更短,但如果把一天中这样零碎的时间全部加起来,总量就会很可观。设想一下,如果你一天利用的碎片时间比他人多两个小时,那一周就是十四个小时。这是何等的可观啊!

碎片时间我们可以用来做些什么呢?其实有很多种选择,比如看书,听音视频讲座,看一些有价值、提高自己认知的文章,背英语单词,等等,其实都是很好的选择。可能有的人会说,我一天学习工作都那么累了,想休息一下都不行吗?但请记住,如果想成功,你就要学会付出,所有收获都要通过努力去换取,那也是一种"交易",没有人可以不劳而获。

2. 不要浪费时间

有没有人有"选择困难症"的?点个外卖需要思考半个小时,出门穿什么衣服需要翻箱倒柜,结果一个小时还没拿定主意。这些其实都是一种时间上的浪费。克服选择困难症可以通过以下方式缓解:(1)树立目标。可以在日常生活中提前为自己树立目标,制定选择标准,通常可以缩小选择范围。(2)相信自己。在做决定后,不要再和其他东西进行比较,也不要去管他人的评价,要相信自己,给自己信心。(3)自我肯定。要相信自己的选择是对的,不要过于在意别人的看法。自己决定的事情,不要太过在意别人对自己是否认可,要坚持自己想法。

3. 空间整理

从心理学角度来说,整洁的办公环境、居家环境会让人心情愉悦,而混乱的环境则会使人产生烦躁感。除了心理因素外,一个混乱的环境也会浪费很多时间,可能导致人一直处于寻找物品的状态,而且一找就是十分钟左右,最后很可能还是没找到。而如果对所有物品进行有序存放、统一管理,对电子资料进行重新梳理、按类管理,则无疑会方便以后查找。这样做的目的就是,要用某些东西时,它一定就在某个固定的位置,不用思考,不用寻找,直接去拿即可,这样可以节省很多时间。其实,要做到这些并不难,甚至只是举手之劳而已,而且只要你有意识地记住并践行这些习惯,以后就会节省出混乱状态下不知不觉间溜走的时间,从而让你的时间更多控制在自己手中,为己所用。

三、自由时间

虽然很多人工作、学习繁忙,一天八个小时充分利用都可能完不成一天的目标,但编者并不推崇把一天除了睡觉休息之外的时间全部用于工作。一来除了某些特定人士,大多数人并不需要那么高强度的工作,毕竟除了工作还有生活、娱乐、交际等很多有意义的事情;二来经过一天八小时甚至更长时间的工作,人的身体、精力都已经达到临界值,需要休息放松,强行继续工作势必影响效率。所以,应在工作之外享有自由时间。

在自由时间,并不建议继续工作、学习,但也不建议全部用于娱乐。当然,适当的娱乐也是一种生活调剂,并非不可取,但我们除了娱乐、工作外,还有其他许多更有意义的事情可以做,比如看一部有意义的电影,看一些有助于个人成长的书籍,参加一些拓宽眼界和认知的聚会,和家人共同出去吃个饭、交流感情,学习一门技艺,等等。这些事情的背后都有一个共同点,就是能让自己成长,包括能力上的成长、情感上的滋养等,是一种主动性投资,即用自己的自由时间去投资自己的未来。这样,将来才会见到一个更好的你。

一个人最终能达到的成就,取决于很多方面,如出身、性格、人脉、时间、机遇、运气等,其中只有时间是对于每个人来说是公平的,也是可以通过努力、坚持而让它牢牢掌握在自己手中并加以利用的。利用得越多,得到的回报也就越多。勤能补拙,相信自己,只要你能充分利用时间,提高时间的利用率,将时间这一财富转化为自身能力,必会成就一个更出色的你。

【思考问题】

上述关于高效利用时间的方法有哪些是适合自己的?或者你发现哪些提高时间利用率的其他方法?

第二节 养成良好习惯

好的习惯对人生的意义有多大,相信大家都很清楚。而一个好的习惯的养成有多难，各位也肯定深有体会。那些成功人士，比如律师、企业高层、创业者、部门领导等，成功途径、经历各不相同，但他们几乎都有一个共同的特点，那就是拥有一个甚至多个良好的习惯。比如，每天健身一个小时，每天读书半个小时，每天对自己的工作进行总结，每天进行定时学习等。拥有的习惯可能各不相同，也可能每天花费的时间并不长，但只要能坚持良好的习惯，慢慢地你就会看到相应的变化。同时，坚持好习惯除了其本身所带来的正收益外，还能同时增加许多附加值，如时间管理、意志培养等。

以下列举几个优秀且有用的习惯，这些习惯都有一个共同的特点，那就是它们不但会对你以后的工作（无论是否从事律师行业）起到良好的作用，同时会对你的生活、学习、成长有所帮助，所以不管今后会从事什么行业，都要好好培养这些习惯。

一、笔记记录

可以随身携带一个专用小本子、Ipad 或者使用记事软件，用来记录工作、想法、灵感。

1. 灵感记录

一些对于案件的思考、观点有时会突然出现在你的脑海之中，你可能觉得只是一点想法而已，暂且记在脑子里，回去写下来就行，而结果往往是，等你回到办公室的时候却怎么都想不起来了，一个好的、重要的灵感就这样错过了。

2. 工作记录

有的时候你正在专心一意办一件事，突然会有其他事情进入你的脑海，而该事情又并非如此急切需要你立即处理。这时，你就可以将这件事记录下来，待手上事情处理完毕后再行处理。例如，正在学习的时候突然有其他的事情需要你做，你会选择继续学习还是去做其他事情呢？其实，不管你如何选择，都并非最佳选择。如果并非紧急事宜，就先写下来，等学习完再做。其原理就是：清空头脑，专注当下。大脑一般无法同时思考或做两件事，如果一定要这样做，那你往往会处于分心状态，无法做好任何一件事情。如果你选择继续学习，这件事又会一直萦绕在脑海中，让你无法专心学习。如果你选择放弃学习先去处理这件事，那你的学习节奏就会被打断,无法达到学习效果。所以,我们要做的就是把它写下来,然后暂时忘记它,专心学习,待学习任务完成后再去处理。

俗话说,好记性不如烂笔头,一定要养成记下来这个习惯。比如,第一次见到一个人,你可以写下其姓名、特征等重要信息,以防忘记,这样第二次见面时你就能直接叫出对方的姓名,那对方对你的印象一定会大大加深。

二、读书/学习

读书/学习的重要性不用多说,多读好书可以帮你开阔思想,拓宽视野,提高认知。既然是大家都知道的事,为什么编者又要在这里再次提到呢?不是谁都应当知晓并去做的事情吗?

在离开学校进入职场之后,你就会感受到职场的残酷,抽时间吃饭、加班赶报告等几乎已经成为职场的标配。当忙完一天的工作回到家中的时候,你多半已经累得只想睡觉休息了,读书/学习就会成为一件奢侈的事情,律师这个终生学习的职业更是如此。一部1260个法条的《民法典》、大量的司法解释以及修订的法律法规等,如此多的知识量,作为律师,要学、要懂,而在你忙完一天的工作后,又有多少时间让你来学习呢?但是,如果不学习、不进步的话,你就会跟不上知识的更新速度,逐渐落后直至被淘汰。

因此,一定要养成读书/学习的习惯,无论多忙、多累,都要坚持每天学习至少三十分钟的时间,给自己充电。也许一开始很难,也总有想偷懒的时候,但只要坚持,它慢慢地就会变成你的习惯。如果觉得很难坚持,不妨借助外界的力量,比如与同学一起组队坚持学习打卡,每天在朋友圈发布学习打卡,每连续坚持七天可以奖励自己一些东西等,给自己动力,使自己学习,让自己出色。

三、服务思维

说到火锅店,很多人第一个想到的会是海底捞。是因为他家的味道比起其他家出色很多吗?还是因为他家的价格比其他家便宜很多呢?其实都不见得(当然这个评价问题见仁见智),海底捞最引以为傲、最大的招牌是它的服务,可以说,它将服务做到极致。这里不讨论它的服务是如何做的,在各行业同类化、同质化趋势日渐明显的今天，顾客在选择商品时已并非将商品本身的质量作为唯一选择要素，周到细致的服务、为顾客着想的思维模式等也是他们作出选择的重要因素。

而律师除了专业标签外，法律服务本身也带有一定的销售属性。概括来说，律师所要做的事就是运用自己的能力为客户提供法律服务，解决客户遇到的问题，从而使客户满意。怎么样才能得到客户的认同呢？那就是在为客户提供法律服务、解决问题的过程中，律师要让客户感觉我们事事都在为其着想，整个过程让其感到舒心而又不做作，并且尽量达成让其满意的结果。

事实上，越来越多的客户在选择律师时会考虑其服务品质，比如对于案件进程汇报、文书质量、意见建议选择等方面的要求。编者曾碰到过一个非诉讼客户，案件做到一半的时候坚决要换律师，他的理由就是律师给出的资料列表及其他文书都只用一个 Word 文件简单地列出，既不美观，也看不出用心，所以他坚决更换律师。而后面的律师给出的内容其实是一样的，只是他们更用心，制作的 Word 文件更美观，并附有相关法条。

律师提供法律服务时，服务思维或者说换位思考非常重要。实际上，如何尽可能让客户感到满意、舒心，让客户感觉自己受到尊重，这在当今任何行业的竞争中都至关重要。因此，在做任何事之前，都要在头脑里考虑清楚如何才能做到让客户满意。只有为对方想得多在前，之后对方才会更多地想起你。

四、健身

当下，无论是新手实习律师还是老律师，工作强度都非常大，早晨五六点起床、晚上一直工作到凌晨的现象相当普遍，很多学校刚毕业的学生都表示一下子无法适应。近年来，由于过度劳累，不时有律师倒在自己热爱的律师岗位上。一副好身体是努力工作的基础，这个道理谁都懂，但为什么很多人却没有想办法保持身体健康呢？

"忙"是他们最大的说法，但"忙"真的能成为你不锻炼身体的借口吗？锻炼分很多种，户外跑步、健身房锻炼、快走等都是很好的锻炼项目，甚至在办公室都可以利用一小块空间做做简单的操，那也是一种锻炼。同样地，一个小时的高强度锻炼、五分钟的随意走动也是一种锻炼,无论什么样的锻炼方式、锻炼时间,只要坚持,都会对身体健康起到有益的作用,身体素质也会逐渐得到改善。例如,在时间富余的情况下,去健身房锻炼一个小时;如果工作比较忙,就利用每项工作间隙时间活动活动自己的身体,比如俯卧撑、平板支撑、上下楼梯等。即使再没时间,也可以在饭后靠墙站桩三十分钟,站着的时候同时思考工作,工作锻炼两不误。

坚持锻炼身体,除了保持身心健康外,其实也是一种意志的锻炼。每一个习惯的坚持都是一种意志的锻炼,健身更是如此。身体的运动有时能帮人去除天生就有的惰性。每天抽出一点时间进行锻炼打卡,一开始你可以把它当作一种任务,渐渐地你就会发现,哪天不运动你就会浑身难受,那个时候你就已经真正把锻炼当成一种生活习惯。

五、文章收藏

以前,我们会为了一本书一整天泡在图书馆里,为了查询一个知识点翻遍上百本书去求证,为了追踪喜欢的明星的资讯每个星期都买本杂志。而现在,我们已经彻底进入信息化时代。只要你一打开互联网、APP,不论你是否愿意,成千上万的资讯都会向你扑面而来。你需要的、不需要的,都会进入你的视野,不得不主动或被动接受资讯。现如今,虽然我们可以轻易获得大量资讯,但其中充斥着无数毫无营养的内容。人要成长,只有多读书、多获取优质资讯,才会让你从中受益匪浅。好书值得我们反复阅读,用心体会。同时,优质资讯也是一种特有的财富。钱,我们会储存在银行;优质资讯,同样值得我们保存。

那该怎么保存呢?其实很简单,现在我们得到的资讯几乎都是来自网络、APP,我们只需要根据指引操作就可以了,将其分类保存、统一保存或标签式保存,以便今后能随时翻阅,重温经典。纸质的图书、杂志也很简单,除了直接保存外,我们还可以将其扫描成PDF,统一存放在电脑中。

从现在起,有意识地养成收藏优质资讯的习惯。收藏动作花不了几秒钟,而这几秒钟的时间却可以让你把从成千上万条资讯中找到的优质资讯永远地保存下来。优质资讯好比一个个良师,可以指导你前进,帮助你成长,而在海量资讯中,错过了可能就是永远错过。

六、头脑风暴

"三个臭皮匠,顶一个诸葛亮。"这句话大家从小都听过,但你是否真正地体会过这句话在实践中的价值呢?编者在这些年实际办案过程中越来越体会到这句话的力量所在。

无论是知识的储备、观点的角度、对事物的理解,人们都很难没有其主观性和片面性,以致无法从多角度对事物进行全面分析。在办案过程中,律师有时会被案子的难点困扰许久。这时,如果叫上几位同事,共同对案件进行分析研究,发表各自的看法。而在激烈的讨论过后,参与者往往会对案件的处理有一种醍醐灌顶的感觉,会发现整个案件的脉络、各个方案的优势及风险都清晰可见,案件难点也得到解决,这就是相互提点、讨论的力量。

头脑风暴有许多方法和不同类型,但它们都有一个共同点,那就是思想上的碰撞。灵感会在争论中闪现,脉络会在激辩中清晰。在头脑风暴过程中,参与者之所以产生争论,是因为不同的人对争论事项的理解不同。有时不必分对错,目的是通过讨论让争议事项更清晰、更准确,而不是展示个人的能力,也不是想方设法战胜甚至通过言语羞辱某个人。这是真正理解头脑风暴的本质和方法。

遇到困难和不懂的,当然而且也应该自己思考和查找资料,但千万不能一条路走到底。也许你一个人可以思考出答案,但需要花费很长的时间成本。更重要的是,你思考出的答案可能并非最完美、最正确的。因此,要试着利用外援,和别人一起研究讨论,如进行头脑风暴,也许很快就能有豁然开朗的感觉。

七、沟通

就案件或疑难点进行头脑风暴,主要是对内,而沟通则主要是对外,和外部人员进行沟通交流。这里的"外部人员",对律师而言,可能是法官、办案人员或政府部门工作人员,也可能是同事、同行、客户等。沟通是包括律师在内的优秀职场人的必备技能之一。

"沟通"可以分为两方面:沟通胆识和沟通技巧。可能有的同学会说,我胆子大得很。但是,平时的胆子大和沟通胆识是不一样的。学生时代,你的沟通对象更多是父母、同学、老师,而在你成为一名律师后,你的沟通对象更多是同事、领导、当事人。例如,当你参加一个重要会议时,你的沟通对象可能是政府部门领导、甲方CEO、警察、法官等,与平时的沟通显然不同,是管理者与被管理者之间的沟通或是你有求于对方的沟通,稍有差错,轻则完不成任务,重则毁掉职业前程。当你有这些顾虑的时候,还能有平时那份胆量说话吗?

在有了沟通的胆量、敢于沟通后,你会沟通吗?有沟通技巧吗?你能揣摩出对方话中的意思并给出最合适的回话吗?这些场景在工作中会经常遇到,都需要提前学习并锻炼。

我们常听人说,沟通是一门艺术,同样一个意思,不同的说法将会产生不同的效果。中国语言博大精深,在沟通时要针对不同的场合、不同的对象、不同的时间进行选择,要选择最适合的文字、最恰当的语气、最完美的表情。同学们可以在脑子里搭上这根弦,平时说话的时候尝试着想想该如何说话,该说什么话,让这慢慢成为你的习惯,必将对你大有裨益。

八、总结

每天晚上睡觉前,同学们都会做点什么呢?看剧,听音乐,还是玩游戏?有没有总结过今天一天做了什么事、学习了哪些知识呢?

有没有同学喜欢用记账册的?就是每天记录消费开支的那种,其实它也是一种总结,一种对金钱的总结。有这个习惯的同学刚开始使用时一定会非常惊讶:天呐,我居然用了那么多钱,看着触目惊心的。同时,是不是还有一丝心疼?并会在心疼的同时进行反思和总结,哪些钱该用,哪些钱其实可以省下来的,如每个月花费在衣服上的钱太多了……一段时间后,你会对日常花费进行预支计算,避免一些不必要的支出,同时你也会清楚地知道每个月总计花费了多少钱,钱都花去哪里了,从而逐渐学会有计划性地用钱。

看,这就是通过每日总结所带来的改变,是一种积极向上的改变。同样的道理,你可以每天晚上对自己的一天进行总结,看看自己的时间用在哪里了,是否有浪费时间的行为。当你有这个意识的时候,就会开始计划性地使用时间,将时间更多用于自己的成长。

编者平时办案结束后,都会及时对案件进行总结,包括案件所涉法条、法院观点、疑难论点等,并将其纳入自己的法律知识库,伴随自己的成长。

同学们可以先从小事开始尝试,比如及时总结日常开支、学习、感悟等。一个月进行一次大总结,回想一下这个月究竟学到了什么,有什么进步。在养成习惯之后,你就会发现自己的成长,收获属于自己的那份快乐。

以上便是编者为各位同学列举出的八大习惯,习惯的养成并非一朝一夕之功,需要时间,同时并非所有的方法都适合每个人,你可以用自己的办法去养成良好的习惯。事实上,只要选择自己喜欢的方法就行,方法不重要,重要的是结果。也可以从这些习惯中先选择一两条,用软件记录习惯的养成过程,并在一个月后进行总结。你要做的,就是坚持下去,不要半途而废。等进入职场,你就能体会到这些习惯带给你的益处。

【实习实训】

思考自己的坏习惯,用笔写下来,列出改进的方法,每日检查并记录当日是否克服了坏习惯。

第三节 重新认识办公软件

很多同学在看到本节题目时会感到疑惑,是要教我们如何使用电脑吗?我聊天打字飞快,查找资料也得心应手,很多常用不常用的软件我都正在使用、尝试使用过或听说过,是不是可以跳过这节内容了呢?别急,先回答几个问题:你会用软件,但你会用办公软件吗?你知道哪些软件属于真正的办公软件吗?在那么多同类型的办公软件中,你知道哪些办公软件最适合办公吗?你知道怎么用软件来打造属于自己的知识库、建立知识体系、提高工作效率吗?

一、运用现代化办公软件的意义

通过观察、分析前十年甚至二十年的律师办公模式可以发现,如果以一个小时的工作为单位,在这一个小时中,他们会有将近一半的时间用于非工作。什么是"非工作"呢?就是文书资料查找、起草文书、手动进行知识归档整理等一些事务性工作。而这些"非工作"一般会占用律师近一半的工作时间,大大降低了他们的工作效率。如果以一天八个小时的工作时间来看,他们真正有效的工作时间不到五个小时甚至更少。

随着现代化科技的发展,现阶段律师的办公方式已经发生巨大的改变,律师可以借助各种各样的办公软件甚至自动化软件去完成大量的事务性工作,有效办公时间得到大幅度提高。例如,以前查找法条,律师得拿出厚厚的几本书,然后逐页查找,往往需要花费大量时间。但现在,我们只需要打开网页,输入关键字,相关法条就全部展示出来了。

同学们,时代、科技在进步,我们要学会使用科技带给我们的便利,将时间专注用于工作、学习,提高自己的工作、学习效率。相应地,你将会有更多的空余时间用于生活、娱乐、家庭、成长,会有更多的时间去享受生活。实际上,合理运用适合的软件除了能够提高工作效率外,更重要的作用是它可以帮助你管理你的工作学习、理清你的思路,就好比把一堆杂乱无章地丢在衣柜里的各类衣服分门别类、整整齐齐地叠放在衣柜里一样,让你用起来更简便,想起来更舒心。

二、运用办公软件的思维、目的

1. 搜索、标签思维

大家有没有用过微信收藏?是否知道在收藏文件后,还可以对收藏进行自定义关键字,之后只要根据关键字搜索,就可以查找出相关文章。这个操作背后的意义就是效率,可以节省你大量的时间。除了微信,其他软件甚至Windows、Mac电脑系统都可以用搜索、标签思维进行办公及学习的管理,熟练运用搜索、标签思维后,你的工作效率会大幅度提高。

2. 效率、简洁、轻松

办公软件的本质只是工具,是办公、学习的工具。工具是人们从事生产劳动所使用的器具,因此从本质上来说,办公软件的属性也只能是工具。我们使用工具的目的是让工作、学习更有效率、更便捷、更轻松,如果达不到这些使用目的,那这些工具就不再值得我们使用,或者说我们应该变更使用办法,让工具的使用满足我们的目的。

3. 多元化

在选择工具时,我们要尽量选择具有多元化属性的工具,其好处是可以尽量减少使用的工具数量,以减少学习、使用工具本身的时间。

4. 全平台性

现在电子通信技术发达,手机、平板、电脑都可以用来办公,随时随地办公已经成为新的办公方式,是一种常态。作为律师,平时并不经常在办公室办公,需要出去会见客户、开庭等。曾经有一句戏言:诉讼律师不是在开庭,就是在去开庭的路上。虽然这话有点夸张,但也从侧面描述了律师的工作状态。

对于律师来说,时间就是金钱,效率就是准则。工具的全平台性可以让你外出时,在手机、平板甚至非常用电脑上都能够随时调用自己的办公数据,第一时间处理工作并实现同步。

三、优秀办公软件选择

在本部分中,编者将从众多软件中挑选一些必备软件作更进一步的推荐与讲解,具体更偏重于对相关办公软件应用的理解及使用思路,旨在帮助同学们理解究竟该如何使用各该类型软件进行知识体系、知识框架、自身知识库的搭建和使用。软件的优与劣并非本部分重点,软件本身只是协助我们工作的工具,确立使用思路后,同学们可以根据自己的喜好、软件的迭代进行选择。

1. 随身知识库——网盘类软件

编者推荐的第一个软件并非单独的软件,而是一个软件类别——网盘类软件。它的主要作用正如标题所言,是一个随身知识库。

说到网盘类软件,相信大家脑海中第一时间反映出来的就是百度云盘,主要用来储存个人照片、资料、电影等。大家平时在生活中经常用到,可以说普及率及使用率都相当高。但该类软件在生活中使用时是一个好帮手,而如果将它用于工作,效果则未必尽如人意。并不是说它不能用来储存工作资料,只是用起来可能不是那么顺手。可能的运用场景是这样的：我们赶在下班前写完一个报告，还需要打开网盘上传保存。当你回到家里，要对这个报告再进行更改的话，你得在手机或者家里电脑中打开网盘先下载，再进行修改，修改完毕后再上传至网盘。第二天上班后还要再从公司电脑中打开网盘进行下载，以保持文档版本的最新。是不是很麻烦？更糟糕的是，如果文档多，你不停下载、上传后很可能自己都搞不清哪个版本是最新的，有时候还会忘记上传，一来二去你会发现自己都不知道最后修改过的文件去哪里了。这里推荐的网盘类软件并非这类软件，而是特指那些协同同步类网盘软件，该类网盘是一个系统生态，可以帮助你实时进行同步操作，让你专注于工作本身，提高效率，不用再像上述场景中那样为保存、更新烦恼。这类生态软件目前最典型的就是苹果 iCloud 以及华为云空间，下文以 iCloud 为例说明。

iCloud 是苹果公司所提供的云端服务，它可以与所有苹果设备实现无缝对接。简而言之，当你在 Mac、iPad、iPhone 等所有苹果终端设备上登录同一个 iCloud 账号时，这些苹果终端设备上的资料将进行无缝对接，无论你在哪一个设备上进行资料输入，其他设备均会实时同步。使用 iCloud 办公，具有方便、迅速、简洁、安全的优点。

第一，使用该生态网盘软件，你可以在电脑中写完一篇文章后直接保存（比如保存在桌面），关机下班即可（有的 APP 甚至可以自动保存，不用你手动，你操作完毕直接关机即可）。在家中时，你可以随时打开电脑、平板、手机找到网盘中的文件进行查看、编辑。同样地，操作完保存即可，第二天你办公室电脑中的文件便是昨晚你在家里修改过的文件。瞧，这多方便啊！同时，因为是实时自动同步，你再也不用担心自己辛苦码字半天的成果因为电脑死机等原因丢失了（前提是你选择了有实时自动保存功能的软件，Word 等还是需要手动点击保存文件）。

第二，除了文档使用的安全、便利，网盘生态还可以帮助你把所有工作资料进行除物理备份外的网络备份。虽然发生概率较小，但也免去你可能因为电脑硬盘损坏而导致工作文件丢失的烦恼。

第三，律师工作较为特殊，即使你在休假，也随时都有需要工作的可能性，而工作需要大量的文件资料是不可避免的,你需要随时调用你自己的知识库、工作文件库来进行工作。如果你在国外休假,而需要的文件资料又在律所的电脑里,你该怎么办?现在,你只要使用 iCloud 类网盘,该类生态网盘软件就能够与平台实时同步,所以只要有手机在身边,你就等于拥有了全部工作资料,可以用手机直接调取,方便又轻巧。

同学们,在正式开始工作前,最好能花一点时间去了解各种办公生态系统,然后选择自己喜欢、适合的一种进行生态搭建,并且电脑、平板、手机、软件均选择使用同一生态类产品。一旦选择了,就不要随意更换,因为更换会带来较大的成本,比如经济成本(需要重新购置相关产品)、时间成本(需要将大量资料进行空间转移并重新学习、习惯新生态)、风险成本(在转移过程中可能发生资料丢失、混乱等)。

生态类网盘软件其实是一种多维一体的办公软件,它可以让你更专注于手中的工作,不把时间浪费在不必要的资料整理上,而且它也更方便、更迅速、更简洁、更安全。

2. 头脑管理类软件

如果我们把头脑设想成一个中心点,人的思维流线就有两种:一种是从中心点出发,向四周随意扩散,形成无数条线,即思想的扩散;另一种是从无数个点向中心点统一汇集,最终汇入中心点内,即思想的汇集。

在律师日常工作中,这两种思维方式都会经常用到,其中扩散性思维常常被用于案件分析,比如我们在进行案件开庭准备时,会以一个点(案件事实)为中心出发点,不停地向四周进行扩散型线性(以案件事实所引发的种种案件风险)思考。而汇集性思维常常被用于文书起草,同学们可以将之理解为写作提纲。在起草文书时,我们会将各个想法统一归纳为一个中心观点,形成以该总观点为中心、小观点以逻辑结构依序排列的提纲。这两类头脑管理代表性的适用软件分别为"思维导图""幕布"。

(1) 思维导图

这里所说的思维导图软件是一个类型软件,市面上典型的软件有 Xmind、MindManager、MindNode 等。这些思维导图各有特点,有简洁美观的,有高效专业的,同学们可以一一尝试,选择自己喜欢的即可。这里主要讨论的是思维导图的理念。

思维导图是一种表达发散性思维的有效图形思维工具,它不仅可以用在工作中,在日常的写作、生活中也会用到,所以同学们可以先尝试用起来,然后慢慢养成使用习惯。比如,当你想进行一次暑假旅游而又没想好去哪里时,就可以使用思维导图软件:进入旅游专用思维导图界面,新建一个"暑假旅游计划",接着你要做的事就很简单了,在平日学习生活之余,当你脑子里突然闪现某个旅游目的地时,只要用手机打开你的"暑假旅游计划"界面,输入目的地,然后就不用去管它,继续你的学习生活。当你对于该目的地有特别想去的景点、需准备的物品、去该地旅游的注意事项等各种想法时,同样地随时记录就行。渐渐地,在你打开该软件正式做暑假旅游计划时,你就会发现这段时间以来零碎的想法和记录所带来的成果:多个想去的目的地,各个目的地的景点及其花费的时间、金钱、优缺点等,现在你所要做的仅仅是进行对比并从中作出最后的选择。是不是很奇妙?使用思维导图就是以点为中心,进行灵感式记录,不用限制自己的思维,想到什么记录什么,而记录也仅仅是打开手机或敲敲键盘而已。

(2) 幕布

幕布是一款中国人开发的轻巧、简洁的头脑管理软件,可以很好地帮助你进行归纳总结(当然,同类型软件有很多,编者在此仅以幕布为例进行介绍,同学们可以根据自己的喜好寻找适合自己的软件)。

以毕业论文为例,毕业论文可不是一件简单的事,把毕业论文写好、写得有逻辑是件很费精力的事。万事都要打好根基。就和小时候写作文一样,第一步要先列好提纲,而幕布类软件就是一个很好的助手:确定主题,分列要点,细化观点,逐层分析,让你在之后写作中逻辑更加清晰。

无论是哪一类头脑管理软件,它的作用都是帮助你去管理你的思想、整理你的逻辑、理清你的思路,让你的思维不会混乱。上述使用方法仅为举例说明而已,更多的用途同学们可以自行去发掘。

另外值得一提的是,网盘类软件有的自带平台属性,有的可以借助生态系统实现平台属性。也就是说,无论是使用电脑、平板、手机,都可以实时同步,用起来十分方便。例如,对于临时迸发的思想火花,你只要在乘坐地铁或外出公干之余随时用手机记录就行,它会立刻自动同步到各该平台,你只要最后在电脑上进行统一整理汇总,不用再进行数据导入或找台电脑登录去记录灵感(那时可能灵感早已去无踪),十分简便、实用。

3. 印象笔记

印象笔记具有十分强大的功能。它就好比是一个随身笔记本,可以随时记录、收藏你喜欢的资讯。具体使用方法网上有很多教程,在此不再重复,有兴趣的话只要去网上一搜就可以立即找到教学视频学习。

印象笔记的功能十分强大。可用于记录、收集、管理等,如用于收集看到过的文章、相关法律规定、看到过的案例,以打造个人法律知识库。

优势1:随时收集资料

印象笔记有个叫作"剪藏"的功能。无论是网页还是微信朋友圈,只要你看到想要保存的文章,点击"剪藏",就能自动保存到印象笔记的笔记本中,十分方便。同时,你还可以根据自己的需求,选择整个页面、网页正文、隐藏广告和网址等进行剪藏,轻松快捷。这样,就不用再为找不到文章而困扰了。

优势2:分类整理

如果无规律地随意搜集,文章又多又杂,你很快就会发现难以在几百条文章中找到你想要的那篇,这个时候我们就会用到分类整理功能。印象笔记中的类别是按笔记本和笔记来定义的,其中笔记本可以理解为抽屉。我们可以在"抽屉"外面自行贴上分类标签,比如"衣物",这样以后要找衣物的时候就知道打开哪个"抽屉"了。我们可以根据自己的喜好在印象笔记中为一个一个"抽屉"——笔记本进行命名,然后将相关的文章放入其中,这样以后找起来就方便多了。需要说明的是,在进行剪藏时,可以直接选择你想要放入的笔记本,不用等剪藏完毕后再进行集中整理。

优势3:标签功能

随着时间的推移,我们所收集的文章越来越多,即使有合理分类,也很难第一时间找到我们想要的内容。不用怕,这个时候印象笔记最重要的功能就派上用场了：标签及搜索功能。可以说，印象笔记的标签及搜索功能非常强大，是同类软件中最好用的。

在剪藏的时候，你可以为该篇文章输入标签，一篇文章中可选出两三个关键字设为标签。这样，之后想要查询的时候，你只要在搜索栏里输入关键字，它就会在所有收藏笔记中列出含有该关键字的文章，几乎能做到秒找文章。印象笔记的搜索功能，不但可以搜索你所列的标签、文章标题，而且可以直接搜索文章内容，简直太强大了。

同学们可以尽早使用起来印象笔记或者类似笔记软件，从现在起开始建立你的法律、生活等知识库。知识库需要慢慢累积，在你累积到一定程度后，它就是一笔属于你个人的财富。另外，无论你选择何种笔记软件，都请记住，它一定要具有便捷这一特征，既要收集便捷，又要查找便捷，不要把时间浪费在查找上。

4. Notion

Notion 这款软件是近几年来火起来的。遗憾的是它暂时没有中文版，但这并不妨碍其功能的强大。你可以将其想象为乐高积木，使用这款软件，你可以随意"拼搭""设计"，实现你想要达到的目的。

Notion 严格来说也是一款笔记类应用软件。它秉持一切皆对象的原则，提供高自由度的使用方法。该软件真正强大之处在于，可以让你将自己生活、工作、学习安排得井井有条，并且可以根据自己的习惯和喜好去设计内容，简洁美观。下面介绍两个可用于工作的 Notion 的用途：

方法一：案件管理和跟踪

每个案件都有自己的处理周期，这就导致一名律师往往同时处理处于不同阶段的案件。为了避免案件办理中的错乱或遗漏，我们需要一款软件对案件进行管理，而 Notion 可以有效地帮助我们做到这一点。如图 9-1 所示，将个人正在办理的案件一一记录在软件中，可根据使用者自己的需求和习惯，对当事人、案由、案件状态、年份、案源等项目进行填写，从而全面掌握案件处理情况。

🚀 案件管理

Default view ▼							Properties Filter Sort Q Search ··· New ▼		
Aa 当事人	● 案件类型	● 案由	≡ 原告	≡ 被告	≡ 被告人	● 案件状态	● 年份	● 案源	+
YY	民事	相邻权	ZZ	YY		在办	2021	法援	
XX	刑事	开设赌场			XX	在办	2021	个人	

图 9-1　案件管理

使用 Notion 进行案件管理时，点击进入个案，即可填写和更新案件进展信息，适时记录和跟踪自己的工作动态及案件进展，以防忘记。如图 9-2 所示：

案件进展

Aa 进度管理	≡ 时间	≡ 工作	+
	210219	会见	
	210220	阅卷	

图 9-2　案件进展

方法二：会议纪要

作为一名律师，经常要参加各种大大小小的会议，但一段时间后可能发现，虽然当时已经尽力将会议要点记录在本子上，有时也难免会有遗漏或是将会议内容记录在其他地方。这样，在需查找以前的会议内容时，往往会找不到当时记录的本子了，或者本子虽在身边，却找不到所需的会议内容，这些都让人既尴尬又抓狂。而使用 Notion 进行会议记录，则能够方便保存和随时查看。图 9-3 就是会议纪要模板，十分简单，但很实用。

由于篇幅原因，Notion 的用途就不再展开了，同学们有兴趣可以自行研究。总之，它可以让你随心所欲地创作自己的笔记，相信同学们会用得更加出色。另外，Notion 不但可以用于工作，还可以用于你的生活，比如读书笔记、每日计划、旅游计划、每日总结、游戏评测等，只要你想得到的，它都可以实现。

以上就是笔者精心挑选的四类（种）软件，用头脑管理软件管理自己的想法，用印象笔记去收集有用的知识，用 Notion 去计划管理自己的生活、工作，用生态

图 9-3　会议纪要模板

类网盘软件让自己的所需知识随时携带,完美!

正如前文所说,软件只是工具,我们真正所追求的并非软件本身,工作的便利、高效、舒适才是我们的目标。

也许有同学会说,那么多习惯、技能,我一下子也学不会,该怎么办呢?其实,编者只是把自己的工作经验分享给同学们。同学们可以根据自身的实际状况选择一些对自身有帮助并且也确实可以进行实际练习的内容进行锻炼。

四、提升自我的小经验

一是早。在这个社会中,有一个千古不变的道理,万事要趁早。有人会说,不对啊,虽然万事要趁早,但在那些趁早的人中,我们看到的只是成功的那一批,失败的人多着呢,只是我们没看到而已。说得没错,但以上只是举例而已,把这些道理用到我们的成长技能学习中就能发现,它们是百利而无一害的,越早锻炼,我们就能比别人得到更多的成长时间,无论这个成长幅度有多大,你都会因此抢到"杆位"。

二是坚持。坚持的意义和影响我相信谁都懂,这里就不多说了。太多的人在看完鸡汤类文章后都会热血沸腾,恨不得马上照着文章所教的那样开始操作,但往往在几天甚至一天后,那股劲过了就放弃了。有的人说,鸡汤类文章根本没用,这话对吗?对。不管什么文章、什么课程,光读是没用的,你得行动起来,跟着它思考,跟着它学习,那才有用。同时,学习、锻炼是一个长期坚持的过程,各行业的成功者哪个不是在背后通过长时间的训练和坚持才取得成就的?所以,无论你做什么、学什么,都要坚持,要相信坚持总会有收获。

三是思考。俗话说,有因必有果。相应地,有果也必有因,而且相比果来说,有的时候因更重要。当你站在他人肩膀上的时候,你可以借助他们的成果,但那仅仅是拿去使用,其中的原理你并不知道。在做一件事的时候,你要自己主动思考,要追问你所获取的知识、材料、物件、结构、理论等的原理。如果只是单纯地使用,那没关系,可以直接用,但如果它对于你的成长、对于你的思维有帮助,那就务必开动脑筋思考,思考它的原理,思考它的因。因为只有通过自己思考得出来的结论、形成的知识才是真正属于自己的,才能为自己一生所用。

成长是个漫长的过程,也是持续终生的过程。现如今单一技能人才已经无法满足高速发展中的现代社会对于人才的需求。同学们,无论今后是否走上司法道路,都要从现在起全面提升自己,也许很苦,也许很累,但在你将来成功的那一刻,你会感谢自己现在的努力。

【思考问题】

如何使用现代化工具去替代以往传统的工作方法,从而提升工作效率?

【实习实训】

1. 寻找三个适合自己习惯的软件并运用到学习、工作中。
2. 用软件打造自身的知识库。

第十章

律师的职业道德边界

本章概要

本章通过分析律师在日常执业过程中应当遵守的职业道德、违规后产生的法律后果、惩罚手段等,让学生了解律师职业道德建设的内容和重要性,从我做起,时刻保持警醒,为实现民主法治、建设法治文明、促进社会公正奠定基础。

学习目标

通过本章学习,学生应了解律师的职业道德规范,正确认识律师职业道德,认识这份职业的特殊性和社会性,敢于在日后的职业生涯中对违背职业道德的行为勇敢说"不"。

第一节 律师的职业道德

一、律师的职业与信仰

(一) 律师的职业

律师是指取得律师执业证书,接受委托或者指定,为当事人提供诉讼代理、辩护等法律服务的执业人员。按照工作性质划分，律师可分为专职律师与兼职律师，大多数律师都是专职律师，兼职律师多为高等院校、科研机构中从事法学教育、研究工作的人员。按照业务范围划分，律师可分为民事律师、刑事律师和行政律师。按照服务对象和工作身份划分，律师可分为社会律师、公司律师和公职律师。

律师业务主要分为诉讼业务与非诉讼业务。根据现行《律师法》第28条："律师可以从事下列业务：（一）接受自然人、法人或者其他组织的委托，担任法律顾问；（二）接受民事案件、行政案件当事人的委托，担任代理人，参加诉讼；（三）接受刑事案件犯罪嫌疑人、被告人的委托或者依法接受法律援助机构的指派，担任辩护人，接受自诉案件自诉人、公诉案件被害人或者其近亲属的委托，担任代理人，参加诉讼；（四）接受委托，代理各类诉讼案件的申诉；（五）接受委托，参加调解、仲裁活动；（六）接受委托，提供非诉讼法律服务；（七）解答有关法律的询问、代写诉讼文书和有关法律事务的其他文书。"简单来说，诉讼业务就是打官司，可以是民告民，也可以是民告官。而非诉讼业务包括提供法律顾问服务、起草律师函、起草法律文书、解答法律咨询，等等。律师的服务对象是不特定的，包括自然人、法人等。

中国的律师资格考试始于1986年，从1986年全国律师资格考试到2002年国家司法考试，再到2018年开始实行的国家统一法律职业资格考试，该职业资格考试为中国律师行业遴选了一大批法律专业人才，其中很多人已成为律师行业的骨干。在律师行业，每年都有大量的青年怀揣着美好的期望努力通过被称为"天下第一考"的司法考试，因为律师必须通过法律职业资格考试并依法取得律师执业证书才可以执业。现实中，的确存在一些无证人员从事法律服务，骗取当事人律师费，这些人俗称"黑代理""黄牛"，其实并非真正的律师。根据《律师法》第13条的规定，没有取得律师执业证书的人员，不得以律师名义从事法律服务业务。

就律师的任职资质而言，其一，应具有一定的专业法律知识。按现行《律师法》之规定，应为高等院校本科及以上学历，在法律服务人员紧缺领域从事专业工作满十五年，具有高级职称或者同等专业水平并具有相应的专业法律知识的人员;其二,通过国家统一法律职业资格考试,取得法律职业资格;其三,经国家司法行政部门批准,取得律师执业证书;其四,为社会提供法律服务,并以此为职业。律师执业证与律师资格证不同。律师资格证是取得律师执业证的一个必要前提,仅有律师资格证却无律师执业证,是不得从事律师执业活动的,所以通过国家统一法律职业资格考试并非就能成为一名律师,只是代表你有成为律师的资格。

据统计,在律师执业前期的三至五年,有20%左右的律师会选择转行,原因多是案源少、收入低、无法维持生计。律师在前期执业过程中难免会遇到窘境,想要成为一名优秀的职业律师,应当熟练掌握法律人特有的法律知识、法律技术和技巧。虽然在成为职业律师之前,都要经历职业资格考试,但是仅仅通过职业资格考试是远远不够的。在工作中还要不断地巩固和学习专业法律知识,律师的职业生涯就是活到老学到老,但凡有新的法律法规和司法解释颁布,律师就应当及时地去学习和思考。尤其是广大青年律师,在执业前期一定要树立正确的法律信仰,培养好自己的专业素质,对于执业中的作风、态度、水平等各方面都要有全面认识,才能成为一名优秀且成功的律师。将律师执业作为终生奋斗的目标,享受工作,最大限度地投入自身精力和兴趣,脚踏实地走好每一步。

(二) 律师的信仰

一名优秀的律师不仅要有独立的法律信仰、诚实守信的品格,还要不断学习和成长。同时,虽然术业有专攻,但在不断完善自己的专业能力的同时,律师也要承担力所能及的社会责任,为法治事业做出无私的贡献,多参与社会公益性的活动和法律援助,做一名有社会责任感的律师。在追求个案正义的同时,将追求真理和维护公平作为一生的价值追求和价值观念,因为良好的职业道德和责任感也是每一名律师需要具备的品格。

美国比较法学家伯尔曼教授说过:"法律必须被信仰,否则它将形同虚设。"建设法治社会,树立法律信仰应为必经之路。法律信仰并非一朝一夕就能养成,而是要从小事做起、从现在做起。有些律师因意志薄弱或社会经验不足容易产生误区,可能存在急功近利的心态。每个律师的成长环境不同,追求的目标也不同,对于律师职业的定位和理解也不同,当然也会随着职业成长和执业环境的变化而产生相应不同的认识。

一名优秀的律师需要具备优秀的职业道德、扎实的专业理论基础、完善的人生目标追求、优秀的与人沟通交流能力、缜密的逻辑思维及写作能力,并且要不断学习,提升自己。年轻律师更要不断学习,才能达到充足的知识储备。当然,对于律师而言,案源是关键。那么,如何开拓案源呢?我们时常会听到有人说,律师就是熬年头,等年纪大了就好了。真的等到年纪大了,就会有案件自动送上门吗?其实并不是这样,培养业务关系和开拓客户是一名优秀的律师所必须具备的能力。如果不善于表达、不善于交际沟通,就算是熬了多年的老律师,可能案源还是远远不及那些执业年限较少但交际能力强的青年律师。

二、律师职业道德的底线

律师和其他的各行各业一样,有着自己的职业规则与操守,这种职业规则与操守也是律师执业行为的法律底线。《律师执业行为规范(试行)》专设第二章"律师执业基本行为规范",其中第 6 条规定:"律师应当忠于宪法、法律,恪守律师职业道德和执业纪律。律师不得利用律师身份和以律师事务所名义炒作个案,攻击社会主义制度,从事危害国家安全活动,不得利用律师身份煽动、教唆、组织有关利益群体,干扰、破坏正常社会秩序,不得利用律师身份教唆、指使当事人串供、伪造证据,干扰正常司法活动。"第 7 条规定:"律师应当诚实守信、勤勉尽责,依据事实和法律,维护当事人合法权益,维护法律正确实施,维护社会公平和正义。"第 8 条规定:"律师应当注重职业修养,自觉维护律师行业声誉。"第 9 条规定:"律师应当保守在执业活动中知悉的国家秘密、商业秘密,不得泄露当事人的隐私。律师对在执业活动中知悉的委托人和其他人不愿泄露的情况和信息,应当予以保密。但是,委托人或者其他人准备或者正在实施的危害国家安全、公共安全以及其他严重危害他人人身、财产安全的犯罪事实和信息除外。"这些是非常明确的律师执业行为规范,但是实践中,总有律师会突破这些红线。

现实中不乏律师为了赚取更多的律师费向法官、检察官行贿,帮当事人作伪证等,以致丢了律师证甚至锒铛入狱;还有一些律师,为了案件的胜诉一直在道德甚至违法犯罪的边缘游走。并非名气大、案子多、律师费高,律师的道德水平就高。律师需要不断修炼和提升自己,不能被金钱蒙蔽了双眼,迷失了正确的方向。例如,北京锋锐律师事务所主任周某因犯颠覆国家政权罪被判处有期徒刑七年,剥夺政治权利五年。全国律协负责人说,周某以律师职业为掩护从事违法犯罪活动,甘于充当境外势力主导的"颜色革命"马前卒,其行为危害国家安全,严重干扰正常司法活动,严重扰乱社会秩序,与律师职业和律师执业活动没有任何关系,但其行为败坏了律师职业的声誉,损害了律师行业的整体利益。这类案例基本上每年都发生,对于广大的律师来说,这些无疑是一次次深刻的警示。

律师一定要保持良好的心态,包括对于工作、对于法律的信仰,要有一颗感恩和谦卑的心。在律师队伍中可能出现极个别违法犯罪的行为,但这不能代表主流,绝大多数的律师还是有良好的思想政治素质和专业素养的。做人需要谦虚,做律师也一定要谦虚,要有一颗能发现自身不足的眼睛,同时也要善于发现其他律师的优点和长处,保持良好的心态。律师在执业中,要以事实为根据,以法律为准绳,依法维护当事人的合法权益,不能有越界的行为,同时也要善于规避风险。

近年来,司法部对于律师的职业道德也十分重视,在2014年5月发布了《司法部关于进一步加强律师职业道德建设的意见》,该意见指出,职业道德建设是律师队伍建设的重大问题,关系到律师工作的质量和生命。进一步加强律师职业道德建设,是贯彻落实党的十八届三中全会精神的重要措施;是推进平安中国、法治中国建设的必然要求,也是建设高素质律师队伍的迫切需要。当前和今后一个时期加强律师队伍建设的主要任务是,大力加强以"忠诚、为民、法治、正义、诚信、敬业"为主要内容的律师职业道德建设,教育引导广大律师切实做到坚定信念、服务为民、忠于法律、维护正义、恪守诚信、爱岗敬业。要把大力加强律师职业道德建设作为当前和今后一个时期全面加强律师队伍建设的重要任务,下大气力进一步健全完善加强律师职业道德建设的长效机制。实际上,对包括律师在内的法律人来说,没有法治信仰,就不能算是一个真正的法律人。而要成为一名好律师,就要先成为一名好人。一个没有法治信仰、道德败坏的律师,是不可能成为一名守护法治的律师的。

三、律师的职责和使命

有人会问,律师的职责和使命是什么?身为律师,究竟应该做些什么?《律师法》第 26 条规定:"律师担任法律顾问的,应当按照约定为委托人就有关法律问题提供意见,草拟、审查法律文书,代理参加诉讼、调解或者仲裁活动,办理委托的其他法律事务,维护聘请人的合法权益。"第 30 条规定:"律师担任诉讼法律事务代理人或者非诉讼法律事务代理人的,应当在受委托的权限内,维护委托人的合法权益。"第 31 条规定:"律师担任刑事辩护人的,应当根据事实和法律,提出证明犯罪嫌疑人、被告人无罪、罪轻或者减轻、免除其刑事责任的材料和意见,维护犯罪嫌疑人、被告人的诉讼权利和其他合法权益。"从法条上来看,律师的职责是为委托人以及当事人提供法律顾问、民事或仲裁案件诉讼代理人、刑事案件辩护人等法律服务。通俗来讲,律师的使命就是维护社会公平正义、维护法律正确实施、为委托人以及当事人争取最大利益。律师在为委托人以及当事人维护合法权益的同时,也为维护社会公平和正义做出了相应的贡献。当然,律师最大的使命还是保护私权利,也就是维护委托人以及当事人的合法权益,而社会的公平正义等更多由公权力加以保护,律师只能起到辅助作用。例如,在故意杀人罪刑事案件中,律师作为被告人的辩护人,如果奔着维护社会公平正义而不是被告人的利益最大化去辩护,那有可能出现的场景就是律师不是为被告人进行辩护,而是对被告人进行斥责、教育,这就有违律师作为辩护人应当维护被告人合法权益的出发点。此时,法律的作用并非完全为了惩罚罪犯,同时也是为了约束公权力,让每一个当事人都能得到公正的保护,从而让每一个当事人都能在案件处理中感受到公平和正义。

第二节 律师与公检法之间的关系

"公检法"是公安机关、检察院、法院的简称,其中法院是审判机关,依法独立行使审判权;检察院是法律监督机关,行使国家的检察权;而公安机关是行政执法机关，同时担负着刑事案件的侦查任务，公安机关是政府的一个职能部门，依法管理社会治安，行使相关的国家行政权。公检法三个部门分别行使不同的职权，职能也各有不同。在办理刑事案件中，律师难免会和公检法三个部门打交道，在交往过程中律师要时刻警诫自己和公检法三个部门保持恰当的距离。律师的依法执业，可以促使办案人员依法办案，让案件得到公正处理，让有罪之人受到惩罚，从而增强执法部门和司法部门的权威和公信力。此外，律师与公检法之间也是一种互相监督的关系，让案件最后得以公正处理，虽然各方的侧重点会有所不同，但都是以事实为依据，以法律为准绳。

律师只有依法执业，将法律作为执业的底线，才能够正确有效地处理好其与公检法之间的关系，也才能真正地获得司法人员和当事人的尊重。根据《律师法》第40条第4、5款的规定，律师在执业活动中不得有下列行为：违反规定会见法官、检察官、仲裁员以及其他有关工作人员；向法官、检察官、仲裁员以及其他有关工作人员行贿，介绍贿赂，指使、诱导当事人行贿，或者以其他不正当方式影响法官、检察官、仲裁员以及其他有关工作人员依法办理案件。据此，律师在执业中，是不能违规约见法官、检察官等人以及采取贿赂等不正当行为诱导其违规办理案件的。涉嫌行贿法官并经法院生效判决确认属实的律师，不仅要承担相应的法律责任，还会被吊销律师执业证书。遵纪守规是每一名律师职业道德与执业纪律的基本要求，律师在办理案件中，一定要谨言慎行，严格自律，把精力花在实务而非人际关系上。同时，律师不得在当事人面前提及自己与司法人员或办案人员之间的关系，严格遵守三不原则，即不承诺"捞人"，不风险代理，不借刑案扬名。

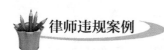 **律师违规案例**

江苏省徐州市司法局在2020年1月29日发布了两起律师违规惩戒典型案例。两名律师因与同一法官在交往中存在违法违规行为，分别受到行政处罚和行业处分。其中一起是孙某律师为使法官董某向其介绍案件及在案件审理方面获得帮助向其赠送现金。徐州市律师协会根据《律师协会会员违规行为处分规则（试行）》第29条、第18条第2项等相关规定，给予孙某律师中止会员权利十

个月的行业处分,同时向徐州市司法局提出给予其行政处罚的建议。徐州市司法局根据市律师协会查明的事实,认定孙某律师的行为违反了《律师法》第26条"律师事务所和律师不得以诋毁其他律师事务所、律师或支付介绍费等不正当手段承揽业务",《律师和律师事务所违法行为处罚办法》第6条"(二)以支付介绍费、给予回扣、许诺提供利益等方式承揽业务的",《律师法》第40条"(五)向法官、检察官、仲裁员以及其他有关工作人员行贿,介绍贿赂或者指使、诱导当事人行贿,或者以其他不正当方式影响法官、检察官、仲裁员以及其他有关工作人员依法办理案件",《律师执业管理办法》第36条"律师与法官、检察官、仲裁员以及其他有关工作人员接触交往,应当遵守法律及相关规定,不得违反规定会见法官、检察官、仲裁员以及其他有关工作人员,向其行贿、许诺提供利益、介绍贿赂……影响依法办理案件"的规定。根据《律师法》第47条第2项、第49条第2项的规定,2020年11月20日,徐州市司法局作出行政处罚:孙某律师构成"以不正当手段承揽业务"行为,给予停止执业三个月处罚;构成"向法官行贿"行为,给予停止执业一年处罚,并处罚款人民币3万元,决定合并执行停止执业一年、罚款人民币3万元的行政处罚。

在这个案件中,孙某虽然最后没有被吊销律师执照,但是对于律师而言,停止执业也是整个执业生涯的污点,当事人可以在网上查询到其被处罚的信息,未来客户对其信任感可能因此降低。

在实践中,律师和公检法人员之间存在不正当关系的案例并不罕见。2017年7月27日,湖南金雁律师事务所符某某律师因涉嫌行贿罪被祁东县人民检察院决定刑事拘留。同年8月3日,符某某被该院变更强制措施为取保候审。同年12月29日,祁东县人民检察院作出不予起诉决定。经衡阳市律师协会调查认定,符某某律师有向政府工作人员行贿的情形(情节轻微),且未将其被刑拘等情况及时向律师事务所、主管司法行政部门和律师协会报告。2019年1月20日,衡阳市律师协会给予符某某律师中止会员权利一年的行业纪律处分。在这个案件中,律师行贿情节严重的,必定会被检察院起诉,在因故意犯罪而被刑事判决后,律师执业资格也会随之被取消。这些都是需要引以为戒的。

《律师法》严格要求律师执业必须遵守各项法律、律师的职业道德和执业纪律,《律师法》第 40 条规定,律师在执业活动中,不得违反规定会见法官、检察官、仲裁员以及其他有关工作人员,或者以其他不正当方式影响依法办理案件;不得向法官、检察官、仲裁员以及其他有关工作人员行贿,介绍贿赂或者指使、诱导当事人行贿。对此类案件作出严肃处理,让每一名律师引以为戒,对于指导青年律师依法执业,净化行业风气,具有警示作用。

律师行贿,公检法人员受贿,尽管是少数人的行为,但是这些现象的存在,不仅损害了公检法的形象,影响了司法公正,损害了当事人的合法权益,同时也损害了司法的权威性。在实践中,有的律师法律知识并不完善,对于法律规定并未深入了解,但是强行接下当事人的案件后,又害怕日后在法庭上的表现不理想,而律师行业一直以来都是竞争相当激烈,这些律师为了争取客户信任和成案率,不得不通过各种途径,比如行贿或给予法官其他好处等方式想方设法"说服"法官尽可能多地"关注""采纳"其辩论或辩护意见。

2020 年,吉林省高院原副院长吕洪民被双开,其与律师、案件当事人不正当交往的新闻登上各大媒体头条。官方通报称,吕洪民身为司法机关党员领导干部,理想信念丧失,宗旨意识淡漠,受利益驱使,背离"公正、廉洁、为民"的司法核心价值观,与律师、案件当事人进行不正当交往,以权谋私,大搞权钱交易,利益输送,司法不公不廉,严重损害法官职业形象,且在党的十八大后不知止、不收敛、不收手,其行为严重违反党的纪律,构成职务违法并涉嫌受贿犯罪,性质严重、影响恶劣,应予严肃处理。他被"双开"并移送检察机关依法审查起诉,所涉财物随案移送。

该案给广大的法官和律师以警示,法官务必加强自身修养,对党和人民负责,对自己和未来负责。人情、友情、爱情等方面,往往是对法官最为严峻的考验。作为法官,要堂堂正正办案、清清白白做人,减少与律师、当事人之间私下的交流和接触。从很多案例中可以看出,律师往往通过解决公检法人员子女升学就业、投资、买车买房等需求来变相地行贿,逢年过节时以家有喜事的名义给法官送红包、送礼。因此,不管是律师还是公检法人员,谨慎地对待任何一段"友情"都是有必要的,否则可能不仅丢了饭碗,还会把自己送进监狱。

第三节 律师与客户之间的关系

一、律师选择客户的自主权

律师的自主选择权包括律师可以自由选择是否和某个客户建立委托关系,是否接受其委托的案件。例如,在沟通案件的过程中,律师发现该客户明显有虚假诉讼或造假证据的可能性,则可以根据自己的职业判断拒绝该名客户的委托。但是,一旦建立了委托关系,没有特殊事由,律师是不能随意解除委托关系的。当然,除了律师有权选择客户外,客户更有权自由选择律师。虽然客户的专业法律知识远远不及律师,而客户在委托案件的时候也更多希望律师能够通过其专业法律知识帮助自己顺利解决"难题",但律师不能对客户有高高在上的优越感,迫使客户顺从自己。

由于律师是专业法律人士,相对于客户而言,律师的专业性能够更好地为客户提供有利的服务方案和案件思路。一般情况下,双方一旦建立委托关系,客户相对而言也是对律师充满信任感的,所以一般会尊重律师的专业知识和技能。当然,在委托代理过程中如果客户发现律师的专业性并不符合原来的期待或双方发生分歧无法达成一致,那么客户是可以随时取消委托代理的,但是律师费用要根据双方签订的委托代理协议确定是否能够全额退还。

除此之外,很多客户都是朋友或是朋友介绍的,律师在接受案件委托后,需要保持律师和客户之间的距离,以确保律师不因个人感情而影响自己的职业判断,从而对客户进行正确的指引。比如,在离婚案中,有的律师接受弱势一方的委托,对客户产生同情怜悯之情,但律师要在情感上拿捏好分寸,防止这种夹杂着其他情感的感情导致专业判断出现偏差。同时,律师绝对不是客户的"仆人",律师虽然应当承担对客户时刻保持忠诚的义务,但是律师也有权根据相关法律法规拒绝客户无理的要求,而并非要对客户言听计从。因此,律师在执业过程中应当始终与客户保持职业距离,这样才能保证律师执业的独立性。

一名优秀的律师需要对客户负责,具体包括两个方面:一是做出令客户满意的结果,比如法院全部支持了客户方的诉请,或是刑事案件中将量刑控制在最低刑期;二是为客户提供令其满意的服务过程,有的律师在接案的时候根据证据材料就知道案件难度非常大,胜诉的概率非常低,但是在整个服务过程中客户对于律师的专业和态度都相当满意,那也是律师对客户负责的体现。

有的律师投机取巧,会暗示客户或当事人去行贿。例如,2019年1月25日,四川省自贡市律师协会接到中共自贡市纪律检查委员会案件监督管理室移送的函,反映四川泽仁律师事务所代某某为影响二审判决结果,向委托人提议行贿法官。经自贡市律师协会调查认定,代某某律师确有主动向当事人提议行贿法官的违规行为。2019年3月22日,自贡市律师协会给予代某某律师公开谴责的行业纪律处分。这样的行为是万万不可取的,律师应该正确地引导客户应该做什么、不应该做什么,而不是让客户去从事某些违法犯罪的事情以达到其追求的案件结果。

二、律师的忠诚和保密义务

《律师法》第39条规定:"律师不得在同一案件中为双方当事人担任代理人,不得代理与本人或者其近亲属有利益冲突的法律事务。"《律师和律师事务所违法行为处罚办法》第7条规定,"(一)在同一民事诉讼、行政诉讼或者非诉讼法律事务中同时为有利益冲突的当事人担任代理人或者提供相关法律服务的;(二)在同一刑事案件中同时为被告人和被害人担任辩护人、代理人,或者同时为二名以上的犯罪嫌疑人、被告人担任辩护人的;(三)担任法律顾问期间,为与顾问单位有利益冲突的当事人提供法律服务的;……"以上都属于《律师法》第47条第3项规定的律师"在同一案件中为双方当事人担任代理人,或者代理与本人及其近亲属有利益冲突的法律事务的"违法行为。

根据法律规定,律师对客户是负有忠诚义务的。"忠诚"在律师职业道德体系中居于最重要的地位,因为律师和客户之间的关系是建立在信任的基础上的,而律师只有忠于客户,才能在后续工作中去追求客户利益最大化。从律师的角度而言,律师必须对客户忠诚,才能不辜负客户的期望,从而更好地完成委托事项。虽然现有的法律法规没有对忠诚责任作出具体的规定,但从律师执业本身而言，这是处理律师和客户关系的基石。同时，律师对客户的忠诚也可以从侧面体现律师对于法律的忠诚，以及对自己职业生涯的忠诚。如果律师用谎言骗取客户的信任，那么客户可能上一次当，但是不会有第二次、第三次。更严重的后果是，该律师的口碑也会因此大受影响。

对客户保持忠诚还体现在不能在同一案件中为双方当事人同时担任代理人。2018年11月1日，广东省深圳市司法局因广东广和律师事务所律师潘某某在同一案件中为双方当事人担任代理人、私自接受委托、私自收费，给予其停止执业三个月的行政处罚。2019年2月22日，深圳市律师协会给予潘某某中止会员权利三个月的行业纪律处分。从该案例可以看出，律师如果接受同一案件中的一方当事人的委托，那么他就不能再担任另一方当事人的代理人。律师对其客户要时刻保持忠诚的态度，不能为了律师费私下和对方当事人勾结，损害客户的合法权益。

除了忠诚之外，律师对客户也负有保密义务。在很多案件中，只有客户对律师全盘讲出案件事实，不论是对其有利的还是不利的、是否违法，都应当对律师坦诚地说出来，这样才有利于律师对案件进行全盘分析，才能有针对性地代理或抗辩，才能够真正地对症下药。正因为如此，律师才更需要对客户履行保密义务。如果律师擅自泄露客户不为人知的秘密，则势必使得客户对律师丧失信任，也会让客户处于尴尬的境地。而客户一旦对律师丧失了信任，就不会再把其他相关的案件事实告知律师，最后可能导致律师无法对全案进行系统性的分析、无法履行好职责，客户合法权益也得不到全面的维护。总之，为客户保密是律师的法定义务，也是律师应当遵守的职业道德。

三、律师对客户的义务

律师的职业生涯可以说是一场无休止的学习，通过法律职业资格考试只是一个开始，工作之余还要不断参加培训和研讨，以及旁听其他案件，学习其他律师是如何办案的，开阔自己的眼界。有时候，律师可能对某个案子付出了很多心血，但是最后还是输了官司，付出得不到相应的回报。因为案件本身的难易程度和胜负结果很大程度上取决于证据材料的完整性和充分性，而证据材料是律师无法捏造出来的,这就可能导致最后结果的不理想。

一般情况下,律师对于简单、普通的案件都有准确的判断、辨别能力,而某些特别的案件则需要特别的专业知识,比如医疗纠纷案件,需要律师具备一定的医疗知识。因此,律师要通过学习和培训开阔自己的眼界,在新的领域中提供代理服务,为服务好客户做更充分的准备。事实上,不管什么样的律师,都需要努力钻研业务,掌握执业所需要的法律知识和服务技能,并且要不断学习,充实自己的知识库,提高业务水平。

在办理诉讼案件时,除了自身的业务能力之外,律师要提前做好充分的庭前准备。例如,有些证据材料当事人无法自己获取,但可能对案件起到一定的作用,那么律师就要在庭前向法院申请调查令去帮客户调取资料。一个案件的成败往往在于事先的准备工作,而不是在开庭时的临场发挥。律师都应该知晓,一旦进入这个行业,法律知识的海洋是没有边际的,每年有那么多的司法解释和法条修改,所以律师必须树立不断学习、终身学习的目标,正如老话所说的:"活到老,学到老。"

除此之外,律师应为当事人谋取利益,而非为自己谋取利益。《律师法》第40条第2项明确规定,律师在执业活动中不得有利用提供法律服务的便利牟取当事人争议的权益的行为。《律师执业管理办法》第34条明确规定,律师承办业务,应当维护当事人合法权益,不得利用提供法律服务的便利牟取当事人争议的权益或者不当利益。

第四节 律师与律师事务所之间的关系

一、律师与律师事务所

目前,根据我国的相关法律,律师事务所的形式有三种,即合伙律师事务所、个人律师事务所、国家出资设立的律师事务所,律师事务所对律师有管理权。实践中比较常见的形式为合伙律师事务所,设立合伙律师事务所应当有三名以上合伙人,设立人应当是具有三年以上执业经历的律师。

《律师法》第10条规定:"律师只能在一个律师事务所执业。律师变更执业机构的,应当申请换发律师执业证书。律师执业不受地域限制。"律师在接受委托时,不能以个人名义与客户签订合同,必须通过律师事务所统一接受委托指派,才能承办案件,因此,律师不是与客户签订律师聘用合同的主体,律师事务所才是。对外承担责任的主体都是律师事务所,而非律师本人,但是律师事务所可以对内向律师本人进行追偿。

实践中,律师一般分为两种类型,一是授薪律师,二是提成律师。一般来说,授薪律师的案源均来自事务所的合伙人或其他律师,每个月由律师事务所固定发放工资、缴纳社保,其工作内容由律师事务所安排,大多能按时上下班。而提成律师是将执业证书挂靠在律师事务所,每个案件都给予律师事务所一定比例的提成,每个月或每季度可能给予律师事务所座位费、管理费等,具体由律师事务所和律师个人协商确定比例和金额,而且他们大多需要自己开拓案源。可以说,这类律师是为自己打工,而非为律师事务所打工,律师事务所只是为律师提供一个平台,对其进行挂靠、管理。

二、律师事务所的管理义务

律师执业必须挂靠律师事务所,而律师事务所对律师负有管理义务。具体表现在,律师事务所可以适当给律师分派工作,公平分配案件,给青年律师提供优质平台以利于其后续发展,完成各级司法行政机关及律师协会的考核、评优活动等,使律师事务所的综合实力不断提升。

除了日常管理律师的执业活动外,律师事务所往往会积极开展文体活动,如组织打羽毛球、踢足球、踏青等活动。因为律师除了需要良好的业务能力之外,良好的身体素质也是必不可少的。

三、律师与律师事务所之间的关系

《律师法》第25条第1款规定:"律师承办业务,由律师事务所统一接受委托,与委托人签订书面委托合同,按照国家规定统一收取费用并如实入账。"第40条第1项规定,律师在执业活动中不得"私自接受委托、收取费用,接受委托人的财物或者其他利益"。《律师和律师事务所违法行为处罚办法》第10条对此进行了细化：(1)违反统一接受委托规定或者在被处以停止执业期间，私自接受委托，承办法律事务的；(2)违反收费管理规定，私自收取、使用、侵占律师服务费以及律师异地办案差旅费用的；(3)在律师事务所统一收费外又向委托人索要其他费用、财物或者获取其他利益的；(4)向法律援助受援人索要费用或者接受受援人的财物或者其他利益的。以上情形均属于"私自接受委托、收取费用，接受委托人财物或者其他利益的"违法行为。根据相关的法律规定，律师接受当事人委托的，必须由律师事务所统一收案、收费后再分配给律师。但是实践中，有的律师为了规避应交律师事务所的一部分代理费用，私自和客户签订代理合同，也不开具正规的发票。

例如，律师曾某系重庆一家律师事务所执业律师。2010年9月25日，廖某以其亲属张某涉嫌职务侵占一案与曾某签订法律事务委托合同，约定曾某为张某办理取保候审手续。合同以曾某所在的律师事务所的名义签订，却未在该委托合同上加盖该律师事务所的公章。对此，曾某给廖某的解释是律师事务所负责人外出不在。曾某就此收取了廖某风险辩护费4万元，之后他也没有向廖某开具正式发票，而是出具了一张收条。随后，根据案情，公安机关对张某作出了取保候审的决定。

2012年2月28日，重庆市相关司法部门得知此事后，以曾某私自违规收案为由，对其作出停止执业3个月、没收违法所得的处罚。事后，廖某以曾某收费行为不合法，且没有为其提供法律服务为由诉至法院，要求曾某退还所收取的风险辩护费。

一审法院审理后认为，曾某提出法律事务委托合同是律师事务所与廖某签订的，应举示相应的证据予以证明。他既未举示律师事务所委托自己以其名义签订法律事务委托合同的相应证据，也未举示该律师事务所事后追认的相应证据，所以该合同的相对人是曾某与廖某。根据《律师法》相关规定，律师在执业活动中不得私自接受委托、收取费用，故该合同应为无效合同，判决曾某返还向廖某收取的风险辩护费，但曾某为委托人处理部分事务所产生的合理费用可酌情予以扣除。

宣判后，曾某不服一审判决，提起上诉。二审判决驳回曾某的上诉，曾某应返还向当事人廖某收取的风险辩护费 3.15 万元。

　　实践中还有律师未将律师费转入律师事务所账户、不开具或部分开具发票、私自向客户收取差旅费等违规情形。此外,还存在同一个律师在两个以上的律师事务所执业的情形。根据《律师法》第 10 条的规定,律师只能在一个律师事务所执业。律师变更执业机构的,应当申请换发律师执业证书。